Sylvie

Histoire
de la musique
anglaise

DU MÊME AUTEUR

Les Philosophes, roman, Le Scorpion.
« La musique de la Révolution française » et « César Franck, les franckistes et Chabrier », in *Histoire de la musique occidentale,* Fayard.
Furtwängler, une biographie par le disque, Pierre Belfond.
Augusta Holmès, l'outrancière, Pierre Belfond.
L'Assassinat de Jean-Marie Leclair, Pierre Belfond.
Portrait d'un homme du siècle, traduction et adaptation de l'autobiographie de Franco Zeffirelli, Pierre Belfond.

En préparation :

La Musique et la foi en Occident, première partie : du sacré au rituel, Fayard.

Gérard Gefen

Histoire
de la musique
anglaise

FAYARD

Collection
LES CHEMINS DE LA MUSIQUE

Cette collection se propose d'offrir au grand public, amateur de musique, de brèves synthèses sur des périodes de l'histoire de la musique, sur des courants esthétiques, sur l'évolution des formes musicales, voire sur certains compositeurs, selon une approche historique, sociale et culturelle.

Paul Griffiths, *Brève Histoire de la musique moderne*

A paraître

André Boucourechliev, *Le langage musical*
Michel Chion, *Le poème symphonique et la musique descriptive*
Guy Erisman, *Histoire de la musique tchèque*
Michel Fleury, *L'impressionnisme et la musique*
Frans Lemaire, *Soixante-quinze ans de musique soviétique*
Isabelle Moindrot, *L'opéra seria*
Alain Poirier, *L'expressionnisme et la musique*

© Librairie Arthème Fayard, 1992

Avant-propos
Le mur de l'Atlantique

« *Music to hear, why hear'st thou music sadly ?* » (La musique que tu écoutes, pourquoi l'écoutes-tu tristement ?) Ce vers d'un sonnet de Shakespeare semble résumer la manière dont on apprécie, sur le continent et notamment en France, l'offrande musicale de la civilisation britannique. En réalité, nous n'accordons pas même à cette musique la faveur de l'écouter tristement : nous ne l'écoutons pas du tout. Beaucoup, qui reprennent une formule lapidaire de Schumann, sans jamais tenir compte des circonstances très particulières dans lesquelles ce jugement fut prononcé, ne craignent pas d'affirmer : « L'Angleterre est un pays sans musique. »

Certains, pourtant, se rappelleront l'âge d'or élisabéthain, Purcell, la version originale de l'*Opéra de quat'sous*, l'invention de la musicologie par le Docteur Burney, la « renaissance » victorienne, les opéras de Benjamin Britten. Ils admettront aussi (et peut-être surtout) qu'un bon nombre de grands interprètes de notre temps (et singulièrement dans le domaine de la direction d'orchestre, le plus proche de la composition), sont venus de l'autre côté du Channel, d'Adrian Boult à John Eliot

Gardiner en passant par Harty, Barbirolli, Beecham, Sargent, Marriner, Davis, etc. En dehors des pays de langue allemande, c'est du reste en Grande-Bretagne que Wilhelm Furtwängler préférait diriger. (Sir) Georg Solti ou (Sir) Yehudi Menuhin sont des exemples de l'hospitalité musicale anglaise. Mais on ironisera alors sur l'ardeur importatrice des Britanniques qui, faute de production nationale, attirèrent ou s'efforcèrent d'attirer chez eux Handel[1], Jean-Chrétien Bach, Mozart, Haydn, Weber, Mendelssohn, Wagner et même Gounod, sans parler de Beethoven qui y songea sérieusement. En oubliant que si l'on refusait à Handel sa nationalité britannique, les Français devraient restituer (entre autres) Lully et Cherubini à l'Italie, Josquin des Prés, Grétry et César Franck à la Belgique, Rousseau et Honegger à la Suisse, Offenbach et Meyerbeer à l'Allemagne et même Onslow... à l'Angleterre !

En fait, la défaveur dont souffre la musique britannique ne repose guère que sur des préjugés qui, incitant à l'ignorance, se nourrissent à leur tour de celle-ci. Pour une fois, cependant, la rumeur repose sur d'obscurs fondements que l'analyse des goûts musicaux et de leur évolution permet de dégager.

Première constatation : le grand public a longtemps considéré que la « grande époque » de la musique commençait avec le *Sturm und Drang* pour finir avec le romantisme, soit de Mozart jusqu'à la mort de Wagner. Or, c'est pendant cette période, précisément, que les compositeurs britanniques, en dépit d'une vie musicale extrêmement active, se sont montrés les moins entreprenants et les moins brillants. En revanche, c'est avant le XVIIIe siècle et depuis la fin du XIXe que la musique britannique a connu ses âges d'or. Et, si le renouveau de l'intérêt pour la « musique ancienne » a remis au goût

---

1. Puisqu'il s'agit ici de la musique britannique, on adoptera, une fois pour toutes, la graphie anglaise : « Handel » (George Frederic).

du jour les grands élizabéthains ou Purcell, le phénomène reste encore trop récent pour avoir permis de révoquer le préjugé anti-britannique.

Quant à la méconnaissance de la musique post-romantique et contemporaine britannique, d'une extraordinaire richesse, il faut l'attribuer à des causes plus complexes. Contrairement à ce qui se passait sur le continent, et notamment en France, les compositeurs anglais ne se sont guère engagés dans les grands débats (et les petites querelles) sur le langage musical. Dans ce domaine comme dans celui des institutions politiques, les Britanniques, quitte à passer pour des tièdes où à se faire oublier, préfèrent depuis trois siècles l'innovation discrète à la révolution bruyante. Conséquence : les batailles idéologiques n'ont jamais servi de caisse de résonance à la vie musicale britannique.

Enfin, l'opéra a représenté pendant des générations (et représente toujours pour certains) le genre musical par excellence. Mais, si l'on admet que les « semi-opéras » et les « masques », spécialités exclusivement britanniques[1], n'appartiennent pas au grand répertoire lyrique, il aura fallu attendre Benjamin Britten pour voir l'opéra anglais occuper une place majeure dans la musique occidentale.

A ces causes de la défaveur dont souffre encore la musique britannique, on peut en ajouter d'autres, de nature historique, voire politique. Les traditions, les valeurs, les mœurs britanniques, si différentes de celles du continent, ont souvent découragé la compréhension d'une culture sociale dans laquelle, plus profondément encore qu'ailleurs, la pratique musicale est ancrée. Sans compter une longue et orgueilleuse volonté de puissance, mise en musique dans le fameux *Rule Britannia*, et qui

---

1. Pour ne pas parler des « Savoy operas » de Gilbert et Sullivan qui, malgré leurs grandes qualités musicales et littéraires et leur immense popularité dans les pays anglo-saxons, demeurent pratiquement inconnus ailleurs.

a fait de l'anglophobie une maladie endémique de l'opinion continentale, l'anglomanie se limitant, au contraire, à une mode superficielle.

Il y a pire encore. Érasme qui connaissait et appréciait fort leur pays remarque dans l'*Éloge de la folie* que « les Anglais revendiquent, entre autres, le talent musical ». Mais, depuis le terrible jugement de Schumann, les Anglais eux-mêmes en viennent parfois à douter de leur propre musique. Cette humilité injustifiée — sentiment qu'il arrive aussi aux Français d'éprouver, pour ce qui les concerne — aggrave tout naturellement la surdité des Continentaux. On ne saurait pour autant lui donner valeur d'argument. Chez les Britanniques, toujours prêts à accueillir avec une hospitalité extrême, sinon excessive, les musiques qui leur parviennent de l'autre côté du mur de l'Atlantique, une telle attitude traduit plutôt une « mentalité de colonisé », par ailleurs bien inhabituelle. Le fait n'avait pas échappé au plus grand acteur de la « renaissance musical » anglaise, Elgar, voici plus d'un siècle.

En vérité, on ne pourrait trouver de meilleur exemple que l'œuvre d'Elgar pour illustrer le caractère dérisoire du débat : « Existe-t-il, ou non, une musique anglaise ? » De ce très grand musicien qui dut se battre sans cesse contre l'*establishment* (il était catholique, d'extraction provinciale et modeste, pratiquement autodidacte), le public d'outre-Manche ne connaît guère plus que le thème, au demeurant fort beau, de la première des cinq marches justement nommées *Pomp and Circumstance*. Et, ignorant les deux admirables symphonies, le concerto pour violon, celui pour violoncelle, les oratorios, la musique de chambre, d'ironiser sur cet art victorien aussi pittoresque, mais aussi insignifiant que la relève de la Garde, les rouflaquettes de Sherlock Holmes ou les jetées de Brighton. Sous d'autres espèces, un préjugé non moins solide s'appliquait du reste, naguère encore, à Lully, Berlioz, Brahms ou Mahler...

Que le lecteur veuille donc bien oublier ce que la rumeur lui a trop longtemps répété. Un ouvrage de ce genre n'étant jamais que l'ombre muette, inanimée, des joies vivantes qui l'ont inspiré, qu'il accepte de n'en croire que ses oreilles. Forcé le mur de l'Atlantique, il découvrira un nouveau continent musical : celui du roi Arthur, chanté par Dryden et Purcell : *Fairest Isle of Isles excelling, seat of pleasures and of loves...*

I

Britannia, Angelcynn, Englaland
La musique de l'Angleterre médiévale

De même que, dans une peinture en perspective, les lointains occupent beaucoup moins d'espace que les personnages ou les objets rapprochés, la musique des temps les plus anciens prend peu de pages dans les histoires générales. Il n'en sera pas autrement ici puisque ce chapitre couvre pratiquement huit siècles, du début du VIIe à la fin du XIVe. Cet effet d'optique ne tient pas au manque d'intérêt supposé de la part des lecteurs : depuis plus d'un siècle, et singulièrement depuis quelques décennies, la musique médiévale gagne constamment de la place dans nos pratiques d'exécution et nos habitudes d'écoute. Il n'est guère dû non plus à la rareté des textes et de références. S'il reste encore beaucoup à découvrir, les archives sont exploitées aujourd'hui de manière systématique et approfondie.

En fait, l'historique de la musique médiévale, dans les îles britanniques comme ailleurs, se heurte à plusieurs obstacles majeurs. Le premier est d'ordre purement technique. Le langage, l'écriture, les formes de la musique de cette époque présentent des différences fondamentales par rapport au langage, à l'écriture, aux formes de la musique des âges classiques. En retracer avec quelque détail l'évolution exige des développements ardus, rebelles à toute simplification, qui ne trouvent de place que dans les ouvrages spécialisés. C'est le cas, par exemple, du long chemin menant de l'écriture *neumatique*, à l'origine simples signes repérant l'accentuation des syllabes, jusqu'à notre écriture *diastématique*, fondée sur la hauteur des sons. On rencontrera le même problème pour expliquer comment, de la monodie, pure psalmodie chantée à l'unisson par les participants à l'office, on passe progressivement à la polyphonie, dans laquelle chaque voix se déploie sur une mélodie qui lui est propre. Et l'on se rappellera qu'au contraire de nos partitions où tout, ou presque, est stipulé, les signes médiévaux ne constituent que des indications d'intonation, de nuance, de style qui renvoient à une tradition essentiellement orale, les aide-mémoire d'un enseignement auditif, oublié naguère, reconstitué aujourd'hui, mais non sans lacunes ni controverses.

L'autre difficulté tient au contenu même du concept de musique ; celui-ci n'a pas, pour nous et pour nos lointains ancêtres, la même signification. Pour nous, la musique est le mode d'expression d'un individu, le compositeur, qui transmet à un autre individu, l'auditeur, ses idées, ses fantaisies, ses émotions par le moyen de formes sonores qu'il choisit à son gré. Rien de tel au Moyen Age : la musique ne peut s'y dissocier du service de Dieu et le service de Dieu ordonne chaque acte, individuel ou social, des hommes. En d'autres termes, il n'y a pas une vie religieuse *et* une vie musicale, c'est la même. La musique ne transmet pas l'expression d'une personnalité ; elle traduit le sens de la liturgie et des textes sacrés. De ce contenu dépend le climat (l'*ethos*) de la musique et celui, des huit modes, « authentes » ou « plagaux », dans lequel elle a été écrite. On choisira de même l'allure générale (parler de mesure serait anachronique) de la pièce et, si celle-ci nous rappelle souvent notre rythme ternaire, ce sera, bien sûr, à cause de la Sainte Trinité. Quant aux compositeurs, nous en ignorons le plus souvent les noms et, quand nous les connaissons, c'est en qualité d'ecclésiastiques et non de musiciens ; ils ne signent pas plus leurs œuvres que les peintres dits primitifs. Certes, il existe une musique profane, du reste toujours considérée avec suspicion comme entachée de paganisme. Mais, au moins pour les époques les plus reculées du Moyen Age, la connaissance que nous en avons est imparfaite : les clercs et les moines (surtout bénédictins, en Angleterre) ne se sentaient pas toujours disposés à recueillir la trace écrite de cette tradition essentiellement orale.

Cet étrécissement du temps comporte au moins une conséquence fâcheuse : il minimise, s'il ne les dissimule, les péripéties de l'histoire générale, trame sur laquelle l'histoire de la musique se développe. Or, si séparer celle-ci de celle-là prive toujours la connaissance de repères indispensables, en Grande-Bretagne, comme on l'a déjà signalé, les avatars des mœurs, des régimes, des institutions ont exercé une influence toute particulière sur l'évolution musicale. Aussi, faute de pouvoir résumer, même sommairement, l'histoire des îles britanniques au cours de ce premier Moyen Age, convient-il d'en rappeler quelques traits dominants et trop souvent perdus de vue.

En dépit de sa situation septentrionale et du bras de mer qui la sépare du continent, l'Angleterre appartient étroitement à la « romanité ». Comme le dit Kenneth Morgan, « à partir de César, la Bretagne occupa une place toute particulière dans la conscience romaine ». Deux empereurs y vécurent et y moururent : Septime Sévère et Constance. Témoignage monumental de cet intérêt, Hadrien et Antonin y entreprirent l'un et l'autre une tâche herculéenne, sans équivalent en Occident : l'édification d'un mur, de la mer d'Irlande à la mer du Nord, destiné à protéger les anglo-romains des incursions des Pictes venus d'Écosse. Autant que les empereurs, les papes attachèrent du prix à ces îles lointaines et l'on remarquera que c'est Grégoire le Grand, auteur ou, plus exactement, codificateur de la réforme musicale qui porte son nom, qui s'occupa d'organiser (ou de réorganiser) l'Église britannique en y envoyant son légat, Augustin dit de Canterbury, en 597.

Au cours de cette période, des invasions successives bouleversèrent le peuplement des îles britanniques : après les Romains, les Anglo-Saxons, puis les Vikings (Danois et Norvégiens), puis enfin les Normands de Guillaume le Conquérant. De là, le fractionnement de la belle (et d'ailleurs assez théorique) unité romaine en une quantité de royaumes avant que la supériorité de celui du Wessex s'en assurât l'hégémonie. Mais, en même temps, c'est en Angleterre que l'on voit s'affirmer, pour la première fois en Europe, la notion d'une certaine communauté nationale comme en atteste le titre du fameux ouvrage de Bède, moine de Jarrow, en 731 : *Histoire ecclésiastique du peuple britannique*. A propos de ces luttes, comment ne pas rappeler un détail qui lie, par l'anecdote, l'histoire du pays à celle de la musique : avant la bataille d'Ethandun (Egdington), en 878, le roi du Wessex Alfred le Grand résolut d'aller espionner les forces et les retranchements de ses adversaires danois. Pour cela, il s'introduisit dans le camp danois sous le déguisement d'un joueur de harpe et son talent à cet instrument lui assura l'incognito...

Pour toutes ces raisons, la musique britannique du haut Moyen Age présente un caractère paradoxal. De ce côté-ci du Channel, contrairement à l'autre, le Saint-Siège ne rencontra guère de difficultés à faire prévaloir les principes grégoriens sur les pratiques musicales locales : « rites » gallicans, vieux-romain, etc. Pourtant, la christianisation s'y était faite au moins en deux phases successives et de style bien différent : l'une, celtique, par des moines venus d'Irlande ; l'autre, romaine, par les compagnons de cet Augustin, premier évêque du premier évêché d'Angleterre : Canterbury. Dans ces conditions, il fallut le synode de Whitby, en 664, pour arrêter une date de Pâques unique et conforme aux instructions romaines : en Northumbrie, le roi Oswy, de tradition irlandaise, fêtait la Résurrection quand son épouse, formée au sud de l'Angleterre, en était encore aux pénitences du Carême. Mais, au même moment, l'abbé de Wearmouth faisait appel à Rome pour qu'on lui envoyât un précepteur capable d'enseigner à ses moines « la manière de chanter les divers offices de l'année à la manière de Saint-Pierre de Rome ». Jean, archi-chantre du Saint-Siège se rendit en Angleterre dès 680 pour y diffuser les règles musicales de la Schola Cantorum grégorienne. On peut également citer (sont-ce les premiers noms de compositeurs britanniques ?) James, diacre d'York qui, selon Bède « répandit la musique de l'Église conformément aux usages de Rome et de Canterbury », les évêques Wilfrid, de Ripon (634-709) et Putta, de Rochester, ainsi que Maban, chantre de l'abbaye de Wexham. Aussi, en 747, le second concile de Clovesho consacrait-il sans peine la forme et la place de la musique religieuse en Angleterre dans sa proclamation *De Sanctae Psalmodiae Utilitate*.

En revanche, c'est des îles britanniques que nous proviennent les premiers témoignages de la lente évolution de la musique médiévale, jusqu'alors enserrée dans les limites étroites de la monodie. En dehors même des textes et des traités musicaux, nous l'apprenons par les reportages d'un voyageur : Gerald Barry (souvent nommé Giraldus Cambrensis) archidiacre de Saint-David dans le pays de Galles et auteur de deux relations dont il est inutile de traduire les titres : *Topographia Hibernica* et *Descriptio Cambriae*. Au pays de Galles, nous raconte Gerald, on ne chante pas les hymnes à l'unisson comme ailleurs, mais en autant de parties qu'il y a de chanteurs. Il en est de même dans le nord de l'Angleterre, mais on s'y contente de deux parties. Les enfants sont formés à cette technique dès qu'ils peuvent chanter et notre témoin (qu'il faut donc compter parmi les pères fondateurs de l'ethnomusicologie) suppose qu'il s'agit d'un legs des envahisseurs norvégiens et danois.

La polyphonie, dont découle toute notre musique « classique » est-elle donc d'origine britannique ? Il serait sans doute hardi de l'affirmer. On trouve les premières allusions à des pratiques polyphoniques dès le IXe siècle dans des traités continentaux, ainsi que dans le fameux *Micrologus de Musica* de Guy d'Arezzo (1000-1050), père de notre *ut-ré-mi-fa-sol-la*... C'est à Notre-Dame de Paris, et non à Canterbury qu'exerçaient Léonin et Pérotin, les premiers grands polyphonistes. Mais, avant 1100, les écrits de John Cotto (ou Cotton) of Affligen traitaient du mouvement contraire des voix : une rupture complète avec les principes grégoriens. Et, si le reportage de Gerald date de la seconde moitié de XIIe siècle, il fait état de pratiques populaires, c'est-à-dire, par définition, enracinées depuis des époques très antérieures à celle des expressions savantes de l'école de Notre-Dame.

A ce propos, on rappellera les contributions de nombreux auteurs britanniques à la théorie musicale, (dite *musica speculativa*), d'autant plus importante à l'époque qu'elle découlait directement de la théologie. Parmi les plus importants, on retiendra les noms (qui, de manière significative, nous sont mieux parvenus que ceux des compositeurs) de Jean de Galande, un Oxfordien né vers 1180, avec son *De musica mensurabilis positio*, de Walter Odington à la fin du XIIIe siècle *(De speculatione musica)* ou de Simon Tunsted, mort en 1369. Ce sont deux de ces théoriciens qui confirment le degré de sophistication auquel était parvenue la musique britannique du haut Moyen Age par rapport à l'austérité du plain-chant grégorien. Avec une vigueur qui annonce celle des puritains du temps de Cromwell, John de Salisbury et Aeldred de Rievaulx dénoncent au XIIe siècle le mélange des différentes hauteurs de voix ou même « le son des orgues, le bruit des cymbales et instruments musicaux, l'harmonie des pipeaux *(Pypes)* et des cornets » qui détournent l'âme des fidèles de la pure dévotion. On trouve même dans le texte d'Aeldred *(Speculum Caritatis)* une observation qui révèle en Angleterre, en plein siècle des cathédrales, l'attrait d'une conception tout à fait nouvelle de la musique : « Le chant religieux, dont les saints pères avaient ordonné que les défauts mêmes incitassent à la piété, est maintenant détourné aux fins d'un plaisir illégitime. »

La première trace proprement musicale de cette évolution apparaît dans les deux « tropaires » de l'abbaye de Winchester, le *Winchester Troper*, qui remonte aux premières années du XIe siècle. Le trope, en termes simples, c'est une variation introduite sur le texte originel d'un chant (trope mélogène) et (ou) sur des paroles interpolées (trope logogène) ; il manifeste, en quelque sorte, l'intrusion de la personnalité du chantre dans le cadre intemporel de la liturgie ; il constitue l'ancêtre de ce que nous appelons aujourd'hui la mélodie, notion tout à fait étrangère à l'esprit de la musique grégorienne. L'évolution ne s'arrêtera plus, comme en attestent, un peu plus tard, deux pièces du manuscrit dit *Wolfenbüttel 697* : un Sanctus et un Agnus provenant peut-être du prieuré de St Agnew en Écosse mais certainement d'origine insulaire. Au XIIIe siècle, la polyphonie se développe de plus en plus librement en Grande-Bretagne et le nombre de voix différentes passe à trois et même à quatre. De même, alors que sur le continent, on s'efforce d'éviter les intervalles de tierce *(do-mi)* et de sixte *(do-la)*, considérés comme dissonants, les Britanniques semblent y prendre un plaisir tout particulier.

En fait, les exemples de telles hardiesses, pour considérables qu'elles fussent, ne sont pas extrêmement nombreuses. Il est vrai que les manuscrits dont l'origine est indubitablement britannique sont rares : certains n'ont été découverts qu'en dépiautant les reliures de livres conservés dans la bibliothèque de la cathédrale de Worcester, où ils faisaient office de feuilles de garde ou de renforçateurs. Mais le témoignage à la fois le plus beau et le plus caractéristique de l'évolution de la musique au XIIIe siècle nous vient d'Angleterre. Écrit par un moine de l'abbaye de Reading, vers 1240, il s'agit d'un canon (ou *rota*, forme primitive du *round*) à quatre voix soutenu par un double accompagnement en valeurs longues (le *pes*), le tout formant donc un morceau à six voix. Ce canon très célèbre, écrit en langue vulgaire du Berkshire ou du Wiltshire, chante les joies de l'été[1] :

Sumer is icumen in
Lhude sing cuccu
Groweth sed and bloweth med
And springth the wode nu
Sing cuccu
Awe bletheth after lomb
Louth after calve cu
Bulluc sterteth, bucke verteth
Murie sing cuccu
Cuccu, cuccu
Wel singes thu cuccu ne
Swik thu naver nu

L'été est venu
Le coucou chante fort
Le grain pousse, la prairie fleurit
Et la forêt revit

---

1. Au Moyen Age, on entend souvent par *été* l'ensemble de la belle saison, de Pâques à la Saint-Michel (29 septembre).

Le coucou chante
La brebis bêle vers son agneau
La vache meugle vers son veau
Le bœuf saute, le daim lâche un pet
Joyeux chante le coucou
Coucou, coucou
Que le coucou nous fait du bien !
Qu'il ne cesse jamais !

Le manuscrit conservé au British Museum *(Harley 978)*, qui contient ce fameux *Sumer is incumen in*, nous révèle d'autres éléments très intéressants. Tout d'abord, une adaptation du même canon à un texte religieux : *Perspice Christi cola* (Comprends, ô disciple du Christ), noté cette fois sur le rythme ternaire, trinitaire, caractéristique de la musique sacrée et, parmi un recueil de motets et de pièces liturgiques, deux pièces sans parole qu'on s'accorde à identifier comme des danses instrumentales. Une telle collection, qui provient de l'abbaye de Reading, semble montrer que le discrédit jeté par l'Église sur la musique profane au début du Moyen Age s'était bien adouci dans l'Angleterre du XIIIe siècle. C'est le même manuscrit qui nous apprend les noms de quelques musiciens (compositeurs et/ou chantres) de l'époque : W. de Winton, R. de Burgate, William de Winchecumbe à qui il faut ajouter ceux trouvés dans d'autres documents, Johannes Filius Dei, Maklebite de Winchester ou un « Anglicus », qui fit une partie de sa carrière en France. On se souviendra, à ce propos, que les rois d'Angleterre, s'ils avaient renoncé à la Normandie et à l'Anjou, conservaient une bonne partie de l'Aquitaine. La question des possessions anglaises sur le continent, apparemment réglée par le traité de Paris entre saint Louis et Henri III Plantagenêt, en 1259, ne tardera pas à s'envenimer de nouveau, jusqu'au déclenchement de la guerre de Cent Ans en 1337. On verra que ces événements ne seront pas sans conséquence sur l'évolution de la musique britannique.

Avant d'en arriver aux institutions musicales, religieuses ou laïques, qui conditionnent cette évolution, il est en effet nécessaire de rappeler quelques traits caractéristiques du royaume britannique à cette époque. Très tôt, comme on l'a vu, celui-ci s'appuya sur une certaine conscience nationale, alors bien peu fréquente en Europe : dès 924, Athelstan se qualifiait *rex totius Britanniae* (roi de toute la Grande-Bretagne). L'invasion normande de 1066 ne fit que resserrer ces liens. Au XIIe siècle comme plus tard, au XVIIIe siècle, l'Angleterre n'eut jamais de difficulté à naturaliser ses rois étrangers. Au milieu du XIVe siècle, les souverains britanniques ne contrôlaient que très partiellement l'Irlande, l'Écosse et même le pays de Galles. Ils régnaient (mais non sans limite depuis la Grande Charte de 1215) sur une population (quatre millions d'Anglais et un million d'habitants de ces marches) très inférieure à celle de la France (seize à dix-huit millions), mais supérieure à la plupart des entités du continent. Les péripéties politiques, comme ailleurs nombreuses et parfois sanglantes, n'affectaient cependant guère « l'Angleterre profonde » qui connaissait une relative prospérité et où les corps intermédiaires jouissaient d'une réelle autonomie. Enfin, du *melting pot* linguistique créé par les vagues d'invasions successives, la langue anglaise s'était finalement dégagée : le premier chef-d'œuvre majeur de la littérature anglaise, *Les Contes de Canterbury* de Chaucer, date de la dernière décennie du XIVe siècle.

C'est, bien sûr, comme dans les autres pays catholiques, l'Église qui constitue le cadre privilégié de la pratique musicale, qu'il s'agisse des cathédrales des dix-sept sièges épiscopaux ou archiépiscopaux (Canterbury et York), des nombreux monastères ou des huit mille paroisses de Grande-Bretagne. Pour citer encore quelques chiffres, on comptait en Angleterre, en 1380, quelque vingt mille clercs ayant reçu les ordres majeurs et une quinzaine de milliers de moines ou religieuses que faisait vivre, outre les offrandes et les legs, un bon cinquième des terres du pays.

Un des éléments les plus importants de la vie musicale religieuse, en Grande-Bretagne, semble le développement des maîtrises d'enfants attachées à une cathédrale ou même à un grand monastère ; la première, à York, fut d'ailleurs fondée dès 627. Certes, il ne s'agit pas d'une institution spécifiquement britannique, mais l'ancienneté de cette tradition et l'importance qui lui fut toujours attachée expliquent qu'elle se soit maintenue sans interruption, jusqu'à nos jours, à un très haut niveau de qualité. On s'explique aussi plus facilement sinon la naissance, du moins la facilité de développement de la polyphonie en Angleterre : les voix d'enfants, fréquemment mêlées à celles des chantres lors des offices, tendaient tout naturellement à s'étager entre l'octave supérieure et l'unisson de la monodie primitive. Il faut également souligner l'ancienneté de la Chapelle Royale, créée dès le règne de Henry Ier, troisième fils de Guillaume le Conquérant (1100-1135). Cette institution ne cessera de jouer un rôle capital dans la vie musicale britannique.

La pratique musicale religieuse ne se limitait pas aux offices proprement dits. Elle s'étendait également à des dramaturgies liturgiques pour le temps de Pâques, en particulier le *Quem Queritis* (Que cherchez-vous ?) qui représentait les trois Marie questionnant l'ange sur le corps disparu du Christ. Il n'est donc pas sans intérêt de remarquer que les témoignages les plus anciens et les plus complets sur ces drames viennent tous d'Angleterre (*Tropaire de Winchester*, 980 ; ensemble de règles dit *Regularis Concordia*, fin du Xe siècle). En fait, de simples *tropes* à l'origine, courts dialogues interpolés dans le texte de l'office, ces *drames* vont devenir de véritables représentations scéniques, ailleurs appelées *mystères* ou plus justement *mistères*. Amplifiés, multipliés, portant sur des sujets de plus en plus variés, ils finiront par être donnés hors de l'enceinte de l'église proprement dite, sur les parvis ou même dans tout autre lieu convenable. En dépit des stipulations minutieuses du *Regularis Concordia*, cette extension favorisera non seulement l'évolution du langage musical, mais aussi le développement de la pratique vocale et instrumentale.

Les protestations d'Aeldred de Rievaulx, au XIIe siècle, montrent que l'emploi, sinon l'abus, des instruments était courant dans la pratique religieuse britannique. L'orgue, sous toutes ses formes, secondé ou non par la saqueboute, fut utilisé très tôt en Grande-Bretagne. Bien avant la conquête normande, au Xe siècle, la cathédrale de Winchester s'enorgueillissait d'un orgue gigantesque, qu'on pouvait entendre dans toute la ville et dont la soufflerie nécessitait la force de soixante-dix hommes robustes. Et ce n'est peut-être pas tout à fait par hasard si les premières pièces notées pour clavier, remontant au début du XIVe siècle, furent retrouvées dans les archives de l'abbaye de Robertsbridge. Avec les drames sacrés et le développement de la musique profane, on compte de plus en plus de musiciens (chanteurs ou instrumentistes) exerçant leur métier en dehors du cadre strictement ecclésiastique. Ce sont les *minstrels*, le cas échéant jongleurs, conteurs, voire vecteurs d'une véritable « presse parlée » en même temps que violistes, harpistes, cornemusiers ou hautboïstes. Ils relevaient de statuts fort différents : comme sur le continent, certains étaient itinérants, d'autres organisés en troupes, d'autres encore appartenaient à la Cour d'un roi, d'un grand dignitaire ou même d'un évêque. Mais, trait caractéristique, on trouve souvent en Grande-Bretagne des *minstrels* appointés par les communes. Ces musiciens municipaux, dont l'institution se perpétuera jusqu'au XIXe siècle, remplissaient souvent aussi la fonction de veilleur (*wait*) — l'instrument servant éventuellement à donner l'alarme en cas d'incendie ou d'autre péril. Il était fréquent que les *minstrels* s'assurassent une respectabilité bourgeoise en s'organisant en guildes, à l'instar des artisans et des marchands. L'Ordre de l'Ancienne Compagnie ou Fraternité des Minstrels de Beverley (Yorkshire) revendiquait même comme fondateur (sans doute légendaire) le roi Athelstan (924-939). Ces éléments permettent de supposer que l'état de musicien jouissait d'une considération sensiblement plus grande en Grande-Bretagne que sur le continent. On peut d'ailleurs se demander si ce phénomène ne trouve pas son origine dans la tradition celtique et anglo-saxonne : on se rappelle l'épisode du roi Alfred, auquel il faut ajouter l'exemple de deux grandes figures du christianisme primitif britannique, Caedmon et saint Aldhelm qui prêchaient en s'accompagnant sur la harpe.

D'une manière générale, cependant, on n'observe pas d'innovations considérables dans la musique anglaise du XIVe siècle. C'est en France que s'affirme la grande révolution de l'Ars Nova ; en matière de musique profane (chansons, musique de danse), la plupart des développements proviennent aussi du continent. Il faut pourtant signaler deux éléments spécifiquement britanniques, l'un dans le domaine de la musique sacrée, l'autre dans celui de la musique profane. Le premier dérive d'une technique utilisée dès le XIIIe siècle et qu'on appelle le *déchant anglais* ; il n'est pas sans rapport avec l'attirance particulière, déjà relevée, des Britanniques pour les intervalles de tierce et de sixte. C'est une écriture musicale à trois voix dans laquelle la mélodie est chantée au grave, les deux autres parties se trouvant respectivement à la tierce et à la sixte au-dessus. Cette technique se diffusera sur le continent, d'où elle reviendra modifiée (la mélodie étant chantée à l'aigü) sous le nom de *faux-bourdon*. L'autre création britannique est le *carol*, chanson dans laquelle alternent un refrain dansé chanté en chœur et des strophes chantées par un soliste ou un groupe de solistes. Composés à l'origine sur les sujets les plus divers (le plus célèbre, à l'époque, évoque la victoire d'Azincourt), les carols, devenus chants de Noël au XVIe siècle, demeureront jusqu'à nos jours un élément important de la tradition musicale britannique.

II

La contenance angloise

Le siècle de Dunstable

Au cours de ce XVe siècle qui verra s'amorcer des transformations profondes du monde et de la conception du monde, plusieurs facteurs déjà présents vont permettre aux compositeurs britanniques de jouer un rôle considérable, sinon déterminant, dans la musique de leur époque : les institutions musicales — nombreuses et efficaces — dont ils disposent, la faveur dont ils jouissent dans la société anglaise et leur remarquable créativité en matière de langage et de genres musicaux. Du reste, sur le continent, les contemporains se rendirent pleinement compte de ce qu'ils devaient aux Anglais. Martin Le Franc, prévôt de Lausanne, dans son poème *Le Champion des dames* (autour de 1440) où l'on trouve, entre autres, une vaste revue des idées et des hommes de son temps, attribue la place éminente acquise par Dufay et Binchois dans l'école française au fait que ces musiciens surent adopter « la contenance angloise » sur le continent. Quant au théoricien brabançon Tinctoris (1436 ? -1511), il voit « la source et l'origine de l'art nouveau dans l'école anglaise, dont Dunstable était le chef » *(Ars Contrapuncti,* 1477).

Dès les premières décennies du siècle, d'ailleurs, cette « contenance » anglaise (on dirait aujourd'hui le style) fut diffusée à l'étranger par des musiciens britanniques qui occupèrent de flatteuses fonctions : ainsi « Messire » Robert Morton (vers 1430—1476 ?), à la cour de Philippe de Bourgogne et de Charles le Téméraire ; ainsi John Hotby[1] (1410-1487), carmélite oxfordien qui fut maître de musique à Florence auprès de Laurent le Magnifique et qui s'établit à Lucques en 1467 avant de revenir mourir en Angleterre. Auteur de traités théoriques très importants, Hotby, lui-même fortement influencé par Dunstable, dispensa un enseignement dont le rayonnement était si grand que ses disciples se surnommaient avec fierté les « hotbistes ».

On sera peut-être tenté, mais à tort, de tracer un parallèle entre cette expansion de la musique anglaise et les visées du roi d'Angleterre sur le continent. En fait, pour les souverains britanniques (qui comptaient d'innombrables ancêtres français), la guerre de Cent Ans n'était nullement une tentative d'annexion de la France à l'Angleterre, mais une guerre de succession. Les échanges musicaux entre l'Angleterre et le continent, depuis toujours fructueux, n'avaient pas besoin des circonstances pour se multiplier.

L'Angleterre venait tout juste (et bien mal) de se tirer du guêpier de la guerre de Cent Ans qu'elle dut affronter une autre querelle dynastique, purement intérieure celle-là, la guerre des Deux Roses. Ce sanglant combat de chefs, livré entre les partisans des Lancastre (la rose rouge) et ceux des York (la rose blanche), décima l'aristocratie britannique de 1455 à 1485, mais laissa à peu près indemnes les autres corps sociaux : l'Église et les Communes. Si elle n'était pas de nature à inciter les

---

1. Comme c'est le cas de beaucoup de personnages, musiciens ou autres, de cette époque, on trouve ce nom diversement orthographié (y compris « Ottobi », à cause de son long séjour en Italie).

grands seigneurs à créer ou à développer des chapelles privées, la guerre des Deux Roses n'eut aucune incidence sur la Chapelle Royale (qui dépendait avant tout du goût du souverain pour la musique) et sur les institutions musicales ecclésiastiques ou municipales — toutes florissantes.

Trois grands recueils de textes, véritable trésor de la musique britannique au XVe siècle, attestent en effet de la vitalité d'une école nationale dont l'avènement des Tudor, en 1485, confirmera la place éminente, sinon dominante, en Europe : les manuscrits *Selden*, *Old Hall* et *Egerton*. Le manuscrit *Old Hall*, le plus important, comporte même une pièce signée d'un « roy Henry ». Et les débats entre historiens pour savoir s'il s'agissait de Henry IV, de Henry V (grand joueur de flûte) ou de Henry VI, en disent long sur le goût pour la composition des souverains britanniques — tradition qui se poursuivra jusqu'au XIXe siècle avec l'époux de la reine Victoria, le prince Albert. Quant au manuscrit *Egerton*, on y remarque, entre autres, les tout premiers exemples d'un genre appelé, plus tard et ailleurs, à un immense succès : une *Passion selon saint Luc* et un fragment d'une *Passion selon saint Mathieu* (celle-ci comme celle-là d'auteur inconnu). On signalera enfin, dès la fin du XIVe siècle, l'apparition d'un instrument à clavier et à cordes pincées, ancêtre du clavecin, qui allait jouer un grand rôle dans l'avenir de la musique britannique : le virginal.

En dépit de l'anonymat de nombreuses œuvres et des lacunes considérables dans la biographie des compositeurs britanniques du XVe siècle, la liste de ceux dont nous connaissons au moins le nom s'allonge considérablement par rapport aux périodes précédentes du Moyen Age. Ce fait, rappelons-le, tient moins à la conservation des sources documentaires qu'au statut de l'art et du créateur artistique, qui jouissent peu à peu d'une autonomie et d'une dignité nouvelles. On trouve même le nom d'un « grand interprète » (sans doute également compositeur), ce John Clyff, membre de la chapelle du roi Henry V, qui accompagnait le souverain dans ses voyages (en compagnie de dix-sept autres musiciens) et à qui, selon les comptes de l'Échiquier, le Trésor royal devait la somme alors fabuleuse de 33 £ 6 shillings [1], pour laquelle il avait reçu en garantie des bijoux et d'autres objets précieux.

Le siècle reste cependant dominé par la personnalité de John Dunstable, dont l'épitaphe célébrait ainsi la gloire : « Ce musicien, autre Michalus, nouveau Ptolémée, jeune Atlas supportant les colonnes du ciel... » Dunstable, né vers 1390 (ses premières œuvres remontent à la décennie 1410-1420), fut en effet aussi astronome : on lui doit deux traités dans cette science, en 1438 et 1441. Il semble même qu'à la fin de sa vie (il mourut en 1453), il avait quelque peu délaissé la musique pour l'observation des étoiles et des astres errants. En dehors de cela, nous ignorons à peu près tout de sa personnalité et de son existence. Il fut probablement en relations étroites avec la grande abbaye bénédictine de St Alban (dans le Hertfordshire). On sait également, par une inscription sur un livre d'astronomie, qu'il appartenait (ou qu'il a appartenu un temps) à la chapelle du duc de Bedford. Mais, contrairement à une affirmation souvent répétée, aucune autre source documentaire ne permet d'affirmer que le musicien aurait séjourné à Paris, entre 1422 et 1435, pendant que le duc exerçait la régence au nom de son frère Henry V, puis de son neveu Henry VI. Il n'est pas davantage prouvé que deux des chefs-d'œuvre de Dunstable, le *Veni Sancte Spiritu* et la messe *Da gaudiorum* aient été écrits ou même exécutés lors du sacre de Henry VI à Notre-Dame, en 1431. Quoi qu'il en soit, Dunstable jouissait, dans toute l'Europe, d'une

---

1. Il est très difficile d'évaluer avec précision l'équivalence de cette somme en monnaie actuelle, mais elle représentait certainement plusieurs millions de nos francs.

réputation considérable. En attestent non seulement les jugements de Martin le Franc et de Tinctoris, mais la diffusion de ses œuvres sur le continent, notamment en France et en Italie. Sur les cinq chansons qu'on connaît de lui, une seule fut écrite sur un texte anglais ; trois sont en français et une en italien. Le reste de son catalogue comporte soixante-treize œuvres, dont cinquante et une d'authenticité indiscutable. On notera enfin, détail révélateur, que plusieurs œuvres de Dunstable furent longtemps attribuées à Dufay, son émule français.

A la différence de beaucoup de ses contemporains, Dunstable ne nous a pas laissé d'ouvrage théorique et l'on ne saurait le considérer, ainsi qu'on l'a prétendu, comme l'inventeur du contrepoint ; celui-ci résulte d'une longue évolution, commencée dès le Xe siècle avec le traité *Musica Enchiriadis*. Mais on trouve chez Dunstable une personnalité et une beauté d'expression extrêmement attachantes. Son style, tantôt d'une simplicité presque populaire, tantôt d'une science raffinée, réussit une synthèse subtile d'éléments très variés et souvent novateurs : un sens dramaturgique très vif, la recherche dans la préparation des dissonances, l'aisance du mouvement des voix, le recours fréquent aux duos et, naturellement, le *déchant anglais*, fondé sur l'utilisation des intervalles de tierce et des accords de $^6_3$[1].

On a eu parfois quelque mal à distinguer les œuvres de Dunstable de celles de l'autre grand compositeur britannique de cette époque : Leonel Power. Certaines compositions de Power ont été longtemps attribuées à Dunstable, en particulier dans les bibliothèques italiennes (Trente, Modène, Aoste), où on les trouve fréquemment.

---

1. C'est-à-dire de tierces et de sixtes (ex. : *do, mi, la*), qui paraissaient beaucoup plus raffinées que l'harmonie toujours employée sur le continent, à base de quintes et de quartes.

Power était un peu plus âgé que Dunstable : né entre 1370 et 1380, il mourut huit ans avant Dunstable, en 1445. Musicien de la cathédrale de Canterbury, puis de Winchester, il appartint à la chapelle de Thomas, duc de Clarence, autre frère de Henry V et aîné du duc de Bedford. Clarence fut d'ailleurs jusqu'à sa mort sur le champ de bataille, en 1421, le « Master » de la cathédrale de Canterbury. A la différence de Dunstable, cependant, Power n'écrivit que de la musique religieuse et une bonne moitié de ses œuvres (vingt-trois sur quarante dont l'authenticité est certaine) figure dans le manuscrit *Old Hall*. Moins novatrices que les œuvres de Dunstable, celles de Power restent cependant originales par la variété de leurs rythmes, la plénitude des sonorités et la simplicité de la rhétorique. Power est d'ailleurs l'auteur de la première messe « cyclique » connue, *Alma Redemptoris*, dans laquelle la même mélodie unit chaque partie de l'office. Enfin, il est probable que les fonctions de Power s'étendaient à l'instruction des jeunes pensionnaires de sa chapelle, car on lui doit l'un des plus anciens traités pédagogiques de contrepoint : *To enforme a childe in his counterpoynt*.

Il serait tentant de regrouper autour du manuscrit *Old Hall* les compositeurs qui figurent dans ce recueil. En fait, cette compilation, qui se trouvait dans la bibliothèque du College Saint-Edmund (Hertfordshire) et comporte près de deux cents pièces, semble avoir constitué le répertoire ordinaire de la Chapelle Royale des Lancastre. Les œuvres du *Old Hall* appartiennent cependant à plusieurs générations différentes. Dans la plus ancienne, les influences continentales (française et italienne) se combinent aux spécificités britanniques évoquées dans le chapitre précédent. On trouve d'ailleurs dans cette partie des œuvres de musiciens continentaux, en particulier de Maître Zacharias de Teramo, chantre du pape. Dans la plus récente, dominée par Power, on voit comment, sous l'influence de Dunstable, « la contenance angloise » a pu s'imposer comme une école tout à fait originale. Beaucoup de pièces restent anonymes et, pour les autres, on ne connaît souvent guère plus que le nom de leurs auteurs : Swynford, Queldryk, Tyes, Byttering, Olyver, Pennard, Excetre, Pycard (auteur de canons très sophistiqués et compositeur le plus représenté dans le *Old Hall* après Power) et trois membres de la Chapelle Royale : John Burell, Thomas Damett (1389-1437 ?) et John Cooke (mort vers 1419), qui semble avoir influencé Power. On en sait un peu plus sur Forest, qui est sans doute John, doyen de la cathédrale de Wells et qui vécut de 1365 à 1446. Compositeur très doué, aux mélodies délicates, utilisant abondamment les intervalles de tierce, c'est une parfaite illustration de la « contenance angloise ». On citera également Sturgeon, mort en 1454, qui relève de la même génération. Ce musicien, aux œuvres colorées et syncopées, fut membre de la Chapelle Royale ; il exerça à Honfleur vers 1415 et composa un motet pour célébrer la victoire anglaise d'Azincourt.

Dans la lignée de Power et de Dunstable, il faut surtout signaler trois autres compositeurs, qui jouirent à l'époque d'une réputation considérable et méritée. John Pyamour (mort en 1431) fut maître des enfants de la Chapelle Royale et compta parmi les musiciens de la cour du duc de Bedford en France. La seule œuvre de lui qui nous soit parvenue (le motet *Quam pulchra es*) en fait l'un des musiciens les plus attachants de sa génération. John Bedingham (mort vers 1460) ne semble pas, au contraire, avoir jamais quitté l'Angleterre. Ses motets et ses messes attestent d'une science particulièrement raffinée. On a d'ailleurs attribué à ce compositeur très « intellectuel » plusieurs œuvres de Dunstable, Dufay et Frye. Maître des enfants de la Chapelle Royale comme Pyamour, John Plummer (1410-1484) se situe peut-être tout de suite après Powel et Dunstable pour son génie du contrepoint et du style imitatif, dont les quatre motets que nous connaissons de lui attestent l'ampleur et la sophistication. Enfin, on ajoutera à ces noms ceux de Markam (actif vers 1425-1450), de Stanley (vers 1430-1460), de Stone (cité par Hotby, vers 1440-1470) et de Walter Frye (vers 1450-1475) dont les œuvres, toutes retrouvées sur le continent, sont néanmoins d'un style tout à fait britannique.

Il est certain que les accomplissements de la musique britannique au XVe siècle auraient été impossibles sans le rôle de plus en plus important joué par la Chapelle Royale, déjà évoquée ici à plusieurs reprises. Certes, il faudra attendre la fin du siècle et la passion vouée par les Tudor à la musique pour que le nombre des musiciens royaux augmente significativement : Édouard IV (1461-1483) ne disposait encore que de treize instrumentistes (cordes et vents) dont cinq seulement employés à plein temps — on en comptera soixante-cinq en 1552 ! Mais on doit y ajouter une bonne trentaine de choristes, adultes et enfants, sans compter les chapelains, en nombre pratiquement égal. En 1420, John Pyamour reçut le privilège d'y adjoindre autant d'enfants et, en 1484, John Melyonek autant d'hommes qu'il le faudrait, fût-ce en recourant à la réquisition[1]. Certes, presque toutes les cours d'Europe (celles des grands comme celles des souverains) entretenaient un corps de musiciens. Mais l'appartenance à la Chapelle Royale assurait une indépendance, un statut social totalement inconnus ailleurs. Par un édit du 24 avril 1469, Édouard IV constitua ses musiciens en « Vénérable Compagnie des Musiciens » *(Minstrels)*. Ils recevaient des armes (d'azur à un cygne d'argent entouré d'une double tresse de fleurs de lys tête-bêche également d'argent, avec la devise : *A deo et caelo symphonia*). Il ne s'agissait nullement d'une simple

---

1. Cette prérogative royale s'appliquait d'ailleurs à de nombreux autres corps de métier. Elle subsistera jusqu'au XVIIIe siècle pour la marine, sous la forme de la fameuse « presse » qui permettait de recruter par la force des membres d'équipage.

distinction honorifique. Cette « incorporation » donnait à la Compagnie (avec les vingt-quatre autres de la Cité de Londres) le droit d'élire le Lord Maire. Elle lui conférait également celui de contrôler et d'administrer *tous* les autres musiciens, y compris ceux de la Cité, privilège contesté par ces derniers qui obtinrent, en 1500, la constitution d'une Compagnie distincte, source d'incessants conflits de compétence. Enfin, en 1483, le même Édouard IV accorda aux membres de la Chapelle Royale la dignité de *gentleman*, ce qui les plaçaient tout juste au-dessous des chevaliers *(knights)*.

Ce nouveau statut social du musicien [1], le rôle de la Chapelle Royale et, en dépit de la guerre des Deux Roses, la survivance de grandes chapelles ducales montre que, lentement, mais sans retour, une partie de la pratique musicale commence à s'affranchir de la tutelle des institutions ecclésiastiques — ce qui se traduit d'ailleurs moins, pour l'instant, par un développement spectaculaire de la musique profane que par la plus grande liberté laissée aux formes et à l'invention.

L'intérêt croissant attaché par les universités à la musique constitue une autre signe de cette évolution. En 1443, Richard Abyngdon (1418-1497), organiste de la cathédrale de Wells, futur chantre de la Chapelle Royale, reçoit le premier titre de docteur en musique décerné par l'université de Cambridge. Oxford ne tardera pas à suivre l'exemple de Cambridge. Le grade deviendra vite un passage souvent obligé dans le cursus du musicien désireux de se faire reconnaître. Trois siècles et demi plus tard, Joseph Haydn, déjà comblé d'honneurs et de gloire, sera très fier du titre de « Mus. D. » que l'université d'Oxford lui décerne en 1791.

---

1. Qui ne change cependant pas le sort des *minstrels* indépendants qui susbsistent en se louant, au hasard des chemins, pour des fêtes, des processions, des représentations ou qu'on engage pour renforcer, en cas de besoin, les chapelles constituées.

On peut voir dans ces phénomènes les signes avant-coureurs de la « Renaissance » à venir. Il en est d'autres. Ainsi, Richard Flemmyng (? -1483), qui deviendra doyen de Lincoln en 1451, est-il le premier Anglais à apprendre le grec, suivant en cela le mouvement amorcé à Florence par Marcile Ficin. Ainsi John Tiptoft, comte de Worcester, entreprend-il de 1458 à 1461 un long voyage en Italie, inaugurant la tradition du « Grand Tour », véritable rite culturel britannique qui subsistera jusqu'à la fin du romantisme.

Mais, en Angleterre, le véritable tournant, à la fin du XVe siècle, est d'abord de nature politique. En dépit de la poursuite plus ou moins larvée de la guerre des Deux Roses, le règne d'Édouard IV se caractérisait déjà par une certaine stabilisation de la vie sociale et politique britannique — stabilisation dont on a vu les effets sur les institutions musicales. A la mort inopinée d'Édouard IV, en 1483, son frère, Richard III, s'empare du pouvoir, mais les crimes qui lui sont imputés[1] et la mort de son seul héritier, en 1484, raniment les ambitions d'un Lancastre, Henry Tudor, duc de Richmond, réfugié en France. Henry, parti d'Honfleur, ne tarde pas à débarquer en Angleterre. A l'issue de la bataille de Bosworth, le 22 août 1485, il défait les troupes de Richard III, lui-même tué au cours des combats. Ainsi s'achèvent les querelles dynastiques qui secouaient l'Angleterre depuis si longtemps. La longue période de stabilité monarchique qui commence avec Henry VII, dernier des Lancastre et premier des Tudor, permettra l'établissement des structures d'un État moderne ; l'administration royale, qui ne différait de celle d'une maison privée que par

---

1. C'est le fameux épisode des « Enfants d'Édouard », les héritiers légitimes du trône, étouffés sous des oreillers à la Tour de Londres où ils étaient enfermés. Les historiens semblent, aujourd'hui, diverger quelque peu sur les circonstances de cette tragédie.

son importance, sera peu à peu organisée en départements ministériels au sens actuel de ce terme.

Or, les Tudor sont littéralement fous de musique. Les funérailles d'Henry VII en 1509, hommage au goût du roi défunt et témoignage de celui de son héritier Henry VIII, en font la démonstration : elles rassemblaient un effectif de soixante-douze musiciens (quarante-trois instrumentistes, vingt-neuf chanteurs), chiffre énorme pour l'époque. Du reste, les Tudor ne se contenteront pas de la condition d'amateurs : presque tous sont des instrumentistes habiles, voire remarquables. Quant à Henry VIII, quelque jugement que l'on puisse porter sur son génie de compositeur, sa science musicale était du niveau d'un grand professionnel. On peut donc voir dans l'avènement d'Henry VII le début, sur des bases certes favorables, de l'évolution qui conduira à l'âge d'or élisabéthain.

Tous ces éléments, qu'ils soient de nature sociologique, politique ou même culturelle ne se traduisent cependant pas immédiatement par une transformation profonde de la conception de la musique ou du musicien. Sur cette conception, l'Angleterre ne diffère pas du continent. Tinctoris perpétue dans ses écrits l'idée médiévale d'un art moral, métaphysique et religieux. Les œuvres ne sont pas entendues comme l'expression personnelle de l'esprit et de l'affectivité des compositeurs, mais comme la transposition d'une harmonie transcendantale : le Christ reste le musicien suprême *(summus ille musicus)*. A cet égard, et comme c'est souvent le cas, la musique marque un certain retard par rapport aux autres arts. A l'époque où la Renaissance triomphe déjà dans la peinture grâce à Botticelli (1444-1510), à Léonard de Vinci (1452-1519) ou à Michel-Ange (1475-1564), la musique demeure, si l'on ose dire, gothique et préraphaélite.

Cette constatation s'applique à tous les compositeurs de cette période, si estimables qu'ils soient. C'est le cas de Gilbert Banester (ou Banestir), mort en 1487, de John

Browne (1426-1490), auteur d'un beau *Salve Regina* et d'un non moins beau *Stabat Mater*, de William Newark (1450-1509), de Walter Lambe (1452 ? -1499 ?), et de quelques autres dont on ignore à peu près tout, tels Henry Prentice, Thomas Ashwell (1478 ? -1513), Hugh Kellyk, ou Avery Burton. On signalera cependant plus particulièrement Richard Hygons (1435 ? -1509), élève d'Abyngdon, qui fut attaché toute sa vie à la cathédrale de Wells et qui a peut-être fourni le modèle des messes « Caput » de Dufay, d'Ockeghem et d'Obrecht. On se rappelera enfin Richard Davy (1467-1516), auteur de chansons en style fleuri et premier compositeur à signer une *Passion*, celle selon saint Mathieu. Richard Davy fournit également un bon exemple de l'ascension sociale que permettait désormais la musique. Entré à seize ans dans les chœurs du Magdalen College, il en fut nommé Maître puis, devenu prêtre, acheva sa carrière comme chapelain des Boleyn, famille de la célèbre (et malheureuse) épouse d'Henry VIII. C'est d'ailleurs à la cour du terrible souverain que l'on retrouvera les deux plus grands musiciens de cette génération, Robert Fayrfax et William Cornyshe[1].

---

1. Dit « Le jeune » pour le distinguer de son père, musicien de moindre importance, qui portait le même prénom.

III

Le Camp du Drap d'Or

La musique des premiers Tudor

En juin 1520, lors du fameux Camp du Drap d'Or, Henry VIII fut extrêmement mécontent de céder à la lutte devant François Ier ; heureusement pour sa vanité, ses quatre-vingts musiciens, dont certains fort célèbres, l'emportaient largement sur la Chapelle du roi de France, très inférieure en nombre et en qualité.

En janvier 1540, quand le même Henry VIII fit la connaissance de sa quatrième épouse, Anne de Clèves, il se montra fort déçu de découvrir chez elle deux défauts dirimants : elle était laide et (surtout peut-être) d'une ignorance crasse en musique.

En novembre 1541, quand la conduite scandaleuse de sa cinquième épouse se trouva mise à jour, le premier des crimes imputés à la pauvre Catherine Howard fut d'avoir été surprise, à treize ans, dans les bras de son maître de musique, Henri Mannox — qui, au demeurant, n'a pas laissé d'autre trace dans les annales de la musique...

★

Certes, l'historiette ne fait pas l'histoire. Mais ces trois anecdotes (parmi des centaines) illustrent assez la place tenue par la musique sous le règne de celui qu'un ambassadeur de Venise (à qui on ne pouvait en conter) décrivait comme « un homme accompli, bon musicien et qui sait la composition ».

Certes, Henry VIII n'est ni le seul ni même le premier roi musicien — on a vu, d'ailleurs, qu'il prenait place dans une tradition déjà ancienne en Grande-Bretagne. Mais c'est, avec Alphonse le Sage, Philippe d'Orléans et Frédéric II de Prusse, l'un des rares « professionnels ». Il nous reste de lui[1] d'assez nombreuses compositions : trente-quatre au total dont seize pièces vocales (parmi lesquelles un motet à 3 voix *Quam pulchra es*) et dix-huit pièces instrumentales. On sait d'ailleurs, par les chroniques d'Edward Halle et d'autres témoignages, que Henry VIII pratiquait l'orgue, le virginal, le luth, la flûte à bec, la flûte traversière, le cornet, qu'il chantait (sans doute en contre-ténor) et connaissait la danse. A vrai dire les très vives controverses sur la personnalité et le rôle politique de Henry VIII n'ont pas manqué d'affecter les jugements sur son œuvre musicale. Certains (tels Walker et Westrup dans leur très classique *History of Music in England*, parue en 1907 et revue en 1951) signalent que plusieurs de ces compositions sont de simples arrangements ; pour le reste, affirment-ils, Henry VIII n'est qu'un « touche-à-tout de la plus faible espèce ». D'autres, au contraire, font de Henry VIII le génial parangon des grands princes de la Renaissance, brillant

---

1. Les œuvres de cette période ont été rassemblées dans un certain nombre de recueils, en particulier :
— pour les œuvres religieuses, l'*Eton Choirbook* de Windsor (1490-1502), le *Lambeth Choirbook* (1520-1530) et le *Caius Choirbook* de Cambridge (également vers 1520-1530).
— pour les œuvres profanes : les manuscrit *Fayrfax* (vers 1500), le manuscrit *Ritson* (vers 1510) et surtout le manuscrit *Henry VIII*, qui fait suite au manuscrit *Fayrfax* et qui ne comporte pas moins de cent neuf pièces différentes.

en toutes les disciplines, physiques, intellectuelles et, bien sûr, artistiques. Aujourd'hui, la multiplication des éditions et des enregistrements permet à tous une comparaison plus large, donc un jugement plus nuancé. Doué d'un réel talent mélodique, d'une écriture très sûre, Henry Tudor, s'il n'avait dû sa célébrité à d'autres causes, au demeurant parfois peu honorables, figurerait tout de même dans les bonnes histoires de la musique. Et l'on ne saurait lui reprocher ses arrangements, pratique courante chez les meilleurs et qui constitue, tout au contraire, le signe d'une science musicale approfondie. Toutefois, s'il n'a jamais contrecarré, loin de là, l'évolution des formes et du langage musical, les goûts personnels du souverain, comme musicien et comme mélomane, le portaient plutôt vers les compositeurs de la génération précédente, celle que dominent Robert Fayrfax et William Cornysh, tous deux disparus au début des années 1520, avant la pleine éclosion de la Renaissance (dans le domaine musical tout du moins).

Robert Fayrfax (1464-1521), comblé d'honneurs par Henry VII comme par Henry VIII, est très présent dans les recueils de l'époque. On connaît de lui une trentaine de partitions dont six messes cycliques à 5 voix (parmi lesquelles une très belle *Missa Albanus* pour l'abbaye de St Albans) et quelques pièces profanes. Fayrfax suivit toujours strictement le *cursus* d'un musicien officiel : gentleman de la Chapelle Royale en 1497, bachelier en musique de Cambridge en 1501, docteur de la même université en 1504, premier chantre lors du couronnement de Henry VIII en 1509, docteur en musique de l'université d'Oxford en 1511, chargé de la musique à cette fameuse rencontre du Camp du Drap d'Or, en 1520, dont il ne revint que pour mourir. Son style savant, noble, classique, ne réserve que peu de surprises.

William Cornysh(e) (né vers 1468, mort en 1523), exactement contemporain de Fayrfax, participait également au Camp du Drap d'Or. Issu d'une famille de musiciens, il occupa, comme Fayrfax, des fonctions enviées et dirigea les enfants de la Chapelle Royale à partir de 1509. Mais la personnalité de Cornysh appartient davantage à la Renaissance. On sait qu'il fit un séjour en prison en 1504 (peut-être pour une satire dirigée contre un haut personnage). On sait aussi qu'il amassa une fortune rondelette en complétant ses revenus de musicien par ceux qu'il tirait de l'avitaillement des navires dans le port de Londres et d'un négoce de vins, bois et bières. Le catalogue de Cornysh comporte, en dehors d'œuvres religieuses d'un grand raffinement d'écriture comme son *Stabat Mater*, de nombreuses pièces profanes, notamment des chansons *(partsongs)* dont certaines sur des textes du musicien lui-même. Car, cumul qui deviendra extrêmement fréquent en Angleterre, au XVIe siècle, Cornysh était non seulement musicien, mais poète, dramaturge et acteur. En ces diverses qualités, il joua un rôle important (surtout entre 1510 et sa mort) dans le développement des cérémonies de la Cour : *pageants* (parades à grand spectacle) ou *disguysings* (comédies en déguisement) dont Henry VIII raffolait. Un sommet fut atteint en 1522, lors de la réception des ambassadeurs de Charles Quint, avec le spectacle intitulé : « Le Seige du Schatew vert » (graphie franglaise pour *Le Siège du château vert*). Des enfants de la Chapelle Royale jouaient et chantaient le rôle de huit méchantes dames (symbolisant chacune un défaut), geôlières de huit belles dames (symbolisant chacune une vertu), interprétées par Anne Boleyn, sa sœur et quelques autres damoiselles de haute condition. Henry VIII et ses compagnons, après maintes péripéties, délivraient les prisonnières et le tout se terminait par un grand ballet. Ces détails ne sont pas inutiles : on y aura reconnu les ingrédients et déjà la forme de ce qui allait très vite devenir le *mask*, cette comédie lyrique spécifiquement britannique qui fleurira jusqu'au XVIIIe siècle — et même après.

John Lloyd (ou Floyd, Flude, Fluydde, etc.) se trouvait

lui aussi au Camp du Drap d'Or. Né en 1475, mort en 1523, il appartient comme Fayrfax et Cornysh à la génération qui forma le goût musical de Henry VIII. Les rares œuvres qui subsistent de ce Gallois, membre de la Chapelle Royale dès les premières années du siècle, (notamment la messe *O quam suavis*) sont d'une très grande beauté. On rattachera à cette génération Nicholas Ludford (1485-1557 ?), compositeur proche de Fayrfax et particulièrement prolifique (une quinzaine de messes dont onze complètes), ainsi que Hugh Ashton (1485-1558 ?), maître des chœurs à St Mary Newark Hospital, auteur de quatre pièces religieuses mais, surtout, pourvoyeur de la cour en musique pour clavier. Enfin, on a parfois prêté à Thomas Ashwel (1478-1513) la paternité du *God save the King*. S'il est vrai qu'Ashwell écrivit l'un des premiers hymnes du genre, un *God Save the King Henry* (VII), celui-ci n'a rien à voir avec celui-là, dont l'origine reste l'objet d'hypothèses pour l'instant aussi nombreuses qu'improbables. En fait, le meilleur titre de gloire d'Ashwell, c'est d'avoir eu (peut-être) pour élève le plus grand compositeur de la première moitié du siècle, John Taverner (1490 ?—1545). Mais on ne peut parler de ce dernier, comme des compositeurs des générations suivantes, sans prendre en compte l'événement capital du règne de Henry VIII : le schisme anglican qui allait (entre autres) bouleverser à jamais la pratique musicale religieuse en Grande-Bretagne.

Encore faut-il prendre garde à distinguer les étapes de nature très différente (au moins du point de vue de leurs conséquences musicales), qui conduisirent à la rupture totale avec l'Église catholique romaine au cours du deuxième tiers du XVIe siècle. Et commencer par rappeler que, bien avant Henry VIII, les rois d'Angleterre avaient toujours tenté d'acquérir, puis de conserver une certaine autonomie religieuse par rapport à la papauté, notamment en matière de désignation des évêques et de juridiction ecclésiastique. Le sentiment populaire ne s'était jamais montré non plus très filial par rapport au Saint-Siège : il n'y avait eu qu'un seul pape anglais et l'on soupçonnait volontiers le souverain pontife d'agir à l'instigation des ennemis de l'Angleterre, en particulier des Français.

Comme on le sait, c'est le problème du divorce d'Henry VIII, avec sa première épouse, Catherine d'Aragon, qui déclencha l'affaire. Le pape Clément VII refusant la dissolution du mariage, Henry VIII prit, de 1532 à 1536, toute une série de mesures qui affranchissaient l'Église d'Angleterre de l'autorité pontificale. Par l'Acte de Suprématie de 1534, en particulier, le roi se substituait au pape comme chef suprême, spirituel et temporel, de l'*Ecclesia anglicana*.

Dans sa lutte contre la papauté, Henri VIII sut utiliser de manière habile les tensions que la Réforme suscitait, en Angleterre et sur le continent. On répandit la traduction de la Bible par Coverdale et l'usage religieux de l'anglais progressa. Les ordres monastiques, qui relevaient d'une autorité située hors d'Angleterre, furent dissous, les moines sécularisés ou persécutés, les biens de huit cents monastères confisqués — voire, comme en France deux siècles et demi plus tard, saccagés.

Mais, jusqu'à la mort de Henry VIII et à l'avènement de son fils Édouard VI, en 1547, ces bouleversements, si considérables qu'ils fussent, restèrent dans les limites d'un schisme. Sur l'essentiel du dogme, Henry VIII ne cessa de se poser et de se comporter en catholique pur et dur. Les partisans de Luther et ceux de la suprématie pontificale furent envoyés à l'échafaud avec une égale détermination — mais non, détail significatif, au même supplice : le bûcher des hérétiques, pour les premiers, la pendaison et l'éviscération des traîtres pour les seconds.

On verra plus loin les effets que ces avatars des institutions religieuses ne purent manquer d'exercer sur la pratique musicale, qui leur était liée si étroitement depuis les origines. Les conséquences furent cependant sans commune mesure avec celles qui découlèrent, un peu plus tard, de l'abandon de la liturgie catholique et de l'élaboration d'un rite spécifiquement anglican.

En fait, la comparaison des biographies et des œuvres des musiciens de l'époque Tudor est particulièrement instructive selon que l'activité de ces compositeurs se situe plus ou moins en deçà ou au-delà de la mort de Henry VIII. Aussi faut-il disjoindre le sort des trois meilleurs compositeurs du deuxième tiers du XVIe siècle, ceux que l'on réunit au contraire souvent sous le surnom « Les trois T » : John Taverner (1490-1545) d'une part et, d'autre part, Christopher Tye (1505-1572) et Thomas Tallis (1505-1585).

On connaît mal la première partie de la vie de John Taverner, à commencer par la date et le lieu exacts de sa naissance. Protégé par le fastueux cardinal Wolsley, il demeura jusqu'à la disgrâce et à la mort de celui-ci, fin 1529, au Cardinal College d'Oxford (aujourd'hui le fameux Christ Church College). On le retrouve peu après à Boston, attaché à la riche paroisse de Saint-Botolph, « alderman » de la Confrérie des Musiciens, bourgeois respecté et protégé du nouvel homme fort du royaume : Thomas Cromwell, vice-gérant laïque pour les affaires ecclésiastiques. Contrairement à une légende tenace, parfois reprise dans de bons ouvrages, Taverner ne fut cependant pas l'un des terribles agents que Thomas Cromwell (assez bien disposé envers la Réforme) affecta à la liquidation des ordres monastiques. Si Cromwell avait favorisé, dès 1535, la diffusion de la Bible en langue vulgaire ainsi que la récitation en anglais du *Pater noster* et des Commandements, Taverner resta rigoureusement attaché à la liturgie et à la foi catholiques traditionnelles. Les très belles messes de Taverner en portent le témoignage ; grandioses et raffinées, elles allient un sens de la mélodie digne de Fayrfax et une tension rythmique héritée de Cornysh à une ferveur lyrique et une science contrapunctique très personnelles. En dehors de ses œuvres religieuses, Taverner composa quelques chansons profanes et contribua au développement de la musique pour violes. On rappellera aussi que le traitement particulièrement réussi d'un passage de la messe *Gloria Tibi Trinitas*, le « *In nomine* », donna naissance, sous ce nom, à un véritable genre musical, cultivé en Angleterre du moins, jusqu'à la fin du XVIIe siècle.

Moins doués, mais parfois plus pittoresques que Taverner, d'autres compositeurs sont également caractéristiques de la période Henry VIII. On aimerait mieux connaître les péripéties de la vie de Richard Pygott : si l'on ignore la date de sa naissance et celle de sa mort, on sait que dès 1513 sa réputation lui permettait de figurer dans le petit groupe de musiciens choisis pour accompagner Henry VIII en France. En 1516, il devenait maître de chapelle du cardinal Wolsey qui le cédait, en 1524, à la Chapelle Royale. Il vivait encore en 1552, sous la Reine Vierge... On citera également un poète-musicien : John Thorne (1519-1573) et deux musiciens-poètes : John Heywood (1497-1579 ?), chanteur et virginaliste, gendre du célèbre humaniste Thomas More (l'auteur de l'*Utopie*, exécuté par Henry VIII pour ses sympathies papistes), et John Redford (mort en 1547). Au contraire de Heywood, catholique rigoureux, Redford fut l'un des signataires de l'Acte de Suprématie en 1534. Aumônier et maître des chœurs de Saint-Paul, il écrivit notamment de nombreuses pièces d'orgues, destinées à se substituer au plaint-chant. Le goût pour l'orgue est en effet de plus en plus vif, comme en attestent les œuvres de Robert Coxsun (1489-1548), de Philip ap Rhys (actif vers 1545-1560) ou de William Shelbye (mort vers 1561). Celui-ci fut en outre l'inventeur d'une forme rythmique extrêmement sophistiquée : le triolet de triolets, utilisée plus tard par Tallis, Byrd ou Gibbons. En Écosse, (indépendante en droit mais, en fait, étroitement contrôlée par Henry VIII durant la plus grande partie de son règne), une vie musicale active se développe autour de

David Peebles, de Robert Carver (1490 ?—1546) et de Robert Johnson (1500-1560 ?). On ne sait pas grand-chose du premier. Carver, dont les œuvres figurent dans le manuscrit dit *Scott Antiphony*, appartint à la Chapelle Royale écossaise, dont il fut peut-être le réorganisateur sous Jacques III et Jacques IV. On connaît de lui une messe à 10 voix *(Dum sacrum mysterium)* et l'une des innombrables messes de « L'Homme armé », assez influencées par l'école flamande. Quant à Robert Johnson[1], qui fut (peut-être) un prêtre tenté par le luthéranisme, il est l'auteur de pièces profanes et d'œuvres religieuses en latin et en anglais, notamment le « standard » : *O eternal God*.

Il faut en revenir maintenant aux conséquences immédiates de la politique religieuse de Henry VIII sur la musique et constater qu'elles furent relativement limitées. Certes, de précieux manuscrits furent perdus, des orgues dévastées, des chapelles dispersées. Cependant, les structures religieuses séculières, les évêchés en particulier, demeurèrent généralement à l'abri de la tourmente. En outre, parmi les abbayes qui entretenaient un chœur, les plus importantes furent érigées en « cathédrales », ce qui leur permit de conserver, voire d'améliorer leurs institutions musicales[2].

Mais, surtout, la disparition du monachisme en Angleterre ne pouvait plus entraîner les conséquences qu'elle aurait eues un siècle auparavant. Les formes et les conditions de la pratique musicale avaient profondément changé : les universités, les villes, les chapelles privées et, bien sûr, la Chapelle Royale avaient ravi à l'Église le

---

1. Sans aucun rapport avec l'autre Robert Johnson, homonyme élisabéthain qui composa plusieurs musiques de scène pour des pièces de Shakespeare.
2. Entre autres celles de Westminster, Canterbury, Peterborough, Winchester, Gloucester, Durham, Worcester, Ely, Chester, Norwich, Bristol, Oseney, Rochester, Carlisle, dont beaucoup demeurent, aujourd'hui, les grands centres de la musique religieuse britannique.

premier rôle en ce domaine. On ajoutera, à cette diffusion extra-religieuse de la musique, le développement de la pratique amateur, considérable à partir du règne de Henry VIII. Cette pratique associe le plus souvent la poésie à la musique ; pendant plus d'un siècle, on ne cessera plus de signaler l'activité littéraire de nombre de compositeurs... ou l'activité musicale de nombre de poètes. L'amour constitue, naturellement, le thème principal des chansons à une ou plusieurs voix que l'on exécute avec accompagnement de cistre, de luth (qui a largement remplacé la harpe) ou encore de virginal. On y joindra, si l'on peut, un *consort* de violes (désormais très à la mode) ou (et) de flûtes à bec. On ne peut que conjecturer le niveau de connaissance théorique de ces amateurs. Les livres de chansons notées semblent assez rares et, en dehors des professionnels, la lecture à vue devait être encore relativement peu répandue. Il est probable qu'on harmonisait les airs connus grâce à des systèmes simples d'improvisation — comme ceux utilisés par les guitaristes qui ne savent pas lire les notes. Enfin, la limite paraît parfois difficile à tracer entre certaines formes intensives de pratique amateur et l'entretien d'une véritable chapelle. On constate que les mélomanes les plus acharnés prennent garde, quand ils engagent un serviteur pour des tâches domestiques, à donner la préférence aux candidats qui connaissent *aussi* la musique[1]. La maison du duc d'Exeter comportait ainsi six serviteurs capables d'accompagner à la viole, au clavicorde, au dulcimer, etc., le duc ou ses familiers.

C'est la musique du roi qui anime et qui sert d'exemple à l'activité musicale en Angleterre et même en Écosse. Par goût comme par fierté, Henry VIII s'efforce de disposer des musiciens les meilleurs (et les plus nombreux) d'Europe. Il n'hésite pas à recourir à la « presse »

---

[1]. Un siècle et demi plus tard, Samuel Pepys, à en croire son *Journal*, ne fera pas autrement.

pour réquisitionner des intérimaires ni à forcer l'un de ses sujets à lui céder tel musicien qu'il convoite. En fait, il est extrêmement difficile d'évaluer le nombre total de musiciens employés à la Cour. En dehors de la Chapelle Royale proprement dite, composée de chanteurs adultes (les *gentlemen*) ou enfants et voués aux manifestations à caractère religieux, on compte entre soixante et soixante-dix musiciens entretenus de manière permanente par le roi : des trompettes indispensables à toute cérémonie officielle aux violistes ou aux organistes, en passant par des facteurs et réparateurs d'instruments. Mais il faut encore ajouter les musiciens de la Chambre de la reine, les renforts occasionnels, les musiciens de passage et les amateurs souvent très éclairés de la Cour — sans oublier, bien sûr, le roi (et la reine, le cas échéant).

Anticipant une habitude qui, par la suite, ne sera pas sans risque pour la musique britannique, Henry VIII fit largement appel à des musiciens étrangers, en particulier italiens et flamands. En 1416, Fra Dionisio Memmo, organiste de Saint-Marc de Venise reçut un accueil triomphal à Londres ; Henry VIII le remarqua chez le cardinal Wolsley et n'eut de cesse d'en faire le chef de ses instrumentistes. Les chroniques relatent qu'en 1417, Henry VIII, transporté, écouta Memmo pendant quatre heures d'affilée. La carrière de Memmo en Angleterre s'acheva brutalement : soupçonné, sans doute à juste titre, d'espionnage au profit de la Sérénissime République, il s'enfuit en hâte en 1525. Cela n'empêcha pas la musique du roi de compter de plus en plus d'Italiens, en particulier parmi les violistes : en 1540, on n'en comptait pas moins de six. Cette présence, justifiée par la grande réputation des instrumentistes transalpins, notamment en matière d'improvisation, relève aussi de l'attraction plus générale exercée par l'Italie en ces débuts de la Renaissance. Au même moment, un grand humaniste, Sir Thomas Wyatt (par ailleurs l'un des auteurs les plus mis en musique à l'époque) rapporte d'Italie les formes et les styles littéraires qu'adapteront les poètes de l'âge d'or à venir. Il n'en est pas autrement en musique. Si la première mention du mot *mask* (formé sur l'italien *maschera*, qui nous a aussi donné « mascarade ») remonte à 1513, les premiers madrigaux parviennent à Londres dès 1528 dans une collection de pièces de Philippe Verdelot offerte à Henry VIII par la ville de Florence.

Le musicien étranger favori de Henry VIII fut toutefois un Flamand, Philip van Wilder (ou Vuildre, Velder, Wylde, Wilchoe, etc.). Né vers 1500, ce luthiste et compositeur entra en 1520 au service de Henry VIII. Celui-ci le combla de faveurs et lui conféra la nationalité anglaise en 1539. Estimable auteur de pièces de luth (dont beaucoup sont perdues), de nombreuses chansons et de quelques pièces religieuses, Philip van Wilder mourut en 1553. Il exerçait alors les fonctions de conservateur de la très riche collection d'instruments de musique de la Cour.

IV

Une liturgie à refaire
Les conséquences musicales de la Réforme

Les politiques religieuses des successeurs de Henry VIII, de la mort de celui-ci, le 28 janvier 1547, à l'avènement d'Élisabeth Ire, le 17 novembre 1558, provoquèrent en Angleterre de très fortes turbulences. La musique n'en fut pas indemne. Quelle place qu'ait pu gagner la pratique profane, l'état de musicien dépendait encore largement des services liturgiques dans une société où, en moyenne, on comptait un ecclésiastique pour cinquante adultes (à York, il y avait cinq cents religieux ou religieuses pour dix mille habitants !). Il faut donc rappeler très brièvement les péripéties de cette période, courte mais contrastée, pour juger des bouleversements qu'elle a apportés, parfois durablement, dans l'histoire de la musique anglaise — et aussi pour compatir aux difficultés auxquelles les musiciens, humbles chantres ou gentlemen de la Chapelle Royale, furent confrontés dans l'exercice de leur métier.

Henry VIII, on l'a vu, s'était efforcé de conserver un équilibre byzantin entre l'institution d'une Église d'Angleterre complètement indépendante du siège pontifical et le maintien de la doctrine et de la liturgie catholiques. Dans cette position ambiguë, et en dépit de ses répugnances, il n'avait pu éviter quelques concessions, notamment en matière de rituel, aux sympathisants de la Réforme, parmi lesquels Thomas Cranmer, l'archevêque de Canterbury. Il aurait sans doute été obligé à en faire d'autres, mais sa mort précipita les choses. Son successeur, Édouard VI, fils de Jane Seymour, n'avait que neuf ans. Très croyant, très sérieux pour son âge, il avait été élevé dans une ambiance favorable à la Réforme. Les « Protecteurs » chargés de la Régence, le duc de Somerset puis Warwick, duc de Northumberland, eurent à lutter contre des rébellions catholiques et l'influence de Cranmer — désormais libre d'appliquer ses idées luthériennes — ne cessa de croître. Les résultats ne se firent pas attendre. Dès le début de l'été 1549, obligation était faite de substituer à la liturgie traditionnelle le fameux *Book of Common Prayer*[1]. Ce premier rituel officiel de l'Église anglicane ne contenait pas de musique. L'année suivante, John Merbecke (1510-1585), compositeur et organiste de la Chapelle Saint George de Windsor en ajoutait dans son *Book of Common Prayer Noted*. Mais Merbecke était un calviniste convaincu : ses partitions se limitaient à un semblant de plain-chant pour matines, communion, vêpres et quelques offices particuliers. Elles n'eurent du reste aucun succès. Deux autres exemples montrent, par ailleurs, le peu de cas que l'Église anglicane faisait alors de la musique. Dans son ouvrage *Jewel of Joy*, un important personnage, Thomas Becon, chapelain de Cranmer et du duc de Somerset, mettait en doute la nécessité même de la musique : « On peut à la rigueur user de quelque musique, mais non pas en abuser. Si on l'emploie avec modération, et en la considérant comme

---

1. Il faut en citer le titre original et complet, qu'on donne rarement : *The booke of common prayer and administracion of the Sacramentes and other rites and ceremonies of the church after the use of the Churche of England.*

une incitation à la vertu[1], elle est tolérable. Mais, autrement, il n'est pas un homme de bien qui ne la doive détester et abominer. On comprendra donc que la musique n'est pas si excellente qu'il soit nécessaire de s'en délecter. » Et, lorsqu'en 1549-1550, il fut requis de procéder à la destruction de tous les artifices de l'idolâtrie papiste, les premiers objets nommés furent les antiphonaires, qu'on brûla par centaines.

Ces autodafés à la manière protestante, qui nous ont privés de textes précieux, s'étendirent à ce qui apparaissait aux plus durs et aux plus purs comme le symbole même du papisme : les orgues. Il aurait fallu un acte du Parlement pour bannir toute musique instrumentale des églises, et il n'en fut jamais question. Mais nombreuses furent les instructions épiscopales interdisant l'usage de l'orgue, non seulement comme instrument soliste, mais comme simple soutien choral. On en trouve un exemple particulièrement révélateur dans les « Injonctions » très détaillées que l'archevêque d'York, Holgate, adressa en 1552 au doyen et au chapitre de sa cathédrale. Holgate stipule : « Nous voulons et ordonnons qu'il ne soit joué de l'orgue ni aux prières du matin, ni pendant la communion, ni aux prières du soir dans notre église d'York, et que tout emploi de l'orgue soit impérativement abandonné et prohibé pendant le service divin de ladite église. » Il en fut de même, sur l'ordre exprès de Cranmer, à la cathédrale Saint-Paul de Londres.

En même temps, on licenciait de nombreux chantres qui, si l'on en croit d'autres « Injonctions », celles pour la Chapelle Saint-George de Windsor (1550), ne jouissaient pas d'une réputation morale excellente : « On a fait trop grand cas et usage à l'église du déchant, des chansons profanes et de l'orgue. Une chasse systématique a été menée contre les hommes indignes de cette

---

1. Trois siècles plus tard, cette fonction morale, voire moralisatrice, de la musique deviendra un thème majeur de l'Angleterre victorienne.

institution. Beaucoup de membres de celle-ci ont manifesté des tendances perverses : l'orgueil, l'esprit de discorde, le goût de la criaillerie, l'ivrognerie, le mépris de leurs supérieurs et d'autres vices de même espèce. Nous entendons désormais que les louanges de Dieu tout puissant Lui soient adressées par des gens paisibles, d'humeur douce, sobres et de cœur honnête... »

En Angleterre, on le verra, cette vague puritaine eut toutefois moins de conséquences qu'on ne pourrait le craindre. Mais en Écosse, les prédications du farouche calviniste Knox firent en sorte que, selon l'expression du musicologue britannique Walker : « De ce jour, la musique religieuse écossaise devint, en dehors des timbres de psaumes, un désert absolu. »

Au bout de six ans seulement, en 1553, nouveau tournant brutal : Édouard VI meurt le 4 juillet de tuberculose, avant même d'avoir atteint sa majorité. Et c'est la très catholique Mary qui lui succède — Mary dont la mère n'est autre que Catherine d'Aragon, première femme de Henry VIII, celle-là même dont le terrible monarque s'obstina à obtenir le divorce, fût-ce au prix de la rupture avec Rome. Sitôt couronnée, Mary annule toutes les mesures religieuses prises depuis l'Acte de Suprématie, proclame l'union de l'Angleterre et du Saint-Siège et épouse le non moins catholique Philippe II d'Espagne. La liturgie romaine est rétablie dans toute sa splendeur, tandis que, par centaines, si ce n'est par milliers, les hérétiques (parmi lesquels le vieil archevêque Cranmer) sont envoyés au bûcher. Cette répression féroce vaudra d'ailleurs à la souveraine l'exécration historique du peuple britannique et le surnom de « Bloody Mary » (qui ne signifie pas seulement Mary la sanglante). De nombreux réformés s'enfuient sur le continent où ils trouvent un refuge naturel chez les princes luthériens du nord de l'Europe. C'est alors, dans l'exil, que se forgeront les convictions radicales des futurs puritains.

La roue tourne encore une fois en 1558. Mary meurt

stérile et le troisième enfant de Henry VIII, Élisabeth, fille de la malheureuse Ann Boleyn, lui succède. Les convictions religieuses d'Élisabeth, dont elle ne parle guère, sont pour le moins tièdes. Mais, avec son intelligence exceptionnelle, la reine a compris que les opinions anti-papistes de la majorité de son peuple s'appuient sur une base encore plus forte qu'un choix doctrinal ou liturgique : le sentiment national et le rejet de toute ingérence étrangère. Élisabeth Ire revient donc à la « C. of E. », l'Église d'Angleterre, et à la réforme édouardienne. Le *Book of Common Prayer* redevient le seul rituel officiel. En moins de treize ans, l'Angleterre aura changé trois fois de religion et de liturgie...

Il ne faut cependant pas exagérer les conséquences musicales de ces avatars, pour importantes qu'elles aient été. Dans les petites villes et les sièges des cathédrales provinciales, l'exercice, plus ou moins difficile, du métier de musicien dépendait des convictions, plus ou moins luthériennes ou calvinistes, des princes de la nouvelle Église. Mais les archives de la Chapelle Royale, par exemple, montrent que les grands de la profession surent fort bien s'accommoder des brutaux changements de cap de la religion et de la liturgie officielles. Richard Sampson demeura doyen de la Chapelle Royale de 1516 à 1554. Après un bref intérim de Mgr Hutchenson, George Carew l'était encore au début de 1579. Il avait servi successivement et sans heurt Édouard VI, Mary et Élisabeth. Il en fut de même de Richard Bower, maître des choristes de 1547 à 1563. Enfin, la liste des *gentlemen* atteste, elle aussi, une remarquable continuité. Les rares expulsions furent prononcées à la suite d'affaires sans aucun rapport avec les questions religieuses. On trouve même le cas d'un musicien radié non parce qu'il jouait de l'orgue, mais parce qu'il en jouait vraiment trop mal !

Le caractère assez relatif de ces bouleversements se trouve du reste confirmé par un autre exemple, d'une portée beaucoup plus considérable en ce qui concerne l'évolution de la musique religieuse au XVIe siècle. L'un des soucis majeurs de la Réforme, qu'elle fût d'inspiration luthérienne ou calviniste, portait sur la simplification de la liturgie avec, pour corollaire, une participation plus active de l'assemblée des fidèles aux offices. La langue vernaculaire fut ainsi substituée au latin, non, d'ailleurs, sans de grandes difficultés dues aux différences de scansion du latin et de l'anglais. On réduisit de même le nombre des fêtes, c'est-à-dire, en termes de liturgie, la part du *propre* par rapport à l'*ordinaire* et, en termes de musique, la variété possible des compositions. Vingt-sept fêtes seulement furent maintenues, dont seulement six fêtes majeures : Noël, l'Épiphanie, Pâques, l'Ascension, la Pentecôte, la Trinité. Enfin et surtout, les Réformateurs s'efforcèrent de rétablir l'intelligibilité des paroles liturgiques souvent noyées, voire en partie omises, dans les excès de la polyphonie. De toute manière, celle-ci demeurait trop complexe, trop sophistiquée pour n'être pas réservée aux chantres professionnels, à l'exclusion de l'assistance.

Ainsi imposa-t-on la règle du « syllabisme », rigoureusement appliquée dans les diverses éditions du *Book of Common Prayer* de Merbecke : en matière de musique religieuse, une seule syllabe par note, une seule note par syllabe. Dans l'apaisement qui suivit l'avènement d'Élisabeth Ire, ce souci de clarté ne fut pas abandonné. Les « Injonctions » édictées par la souveraine en 1559 définissent sur un ton beaucoup plus tolérant que celui de l'archevêque Holgate, mais ferme, le principe désormais fondamental de la musique religieuse anglaise : « Pour la joie de ceux qui aiment la musique, on peut admettre qu'au début et à la fin des prières communes, le matin ou le soir, soit chanté à la gloire de Dieu tout puissant un hymne ou un chant du même genre, à condition qu'il soit de la plus haute qualité musicale[1] et

---
1. Cette observation faisait allusion à l'utilisation, assez fréquente, de thèmes d'origine profane dans la musique religieuse.

en prenant garde à ce que les paroles demeurent perceptibles et compréhensibles. »

Mais une telle préoccupation n'était pas l'exclusivité de l'Église d'Angleterre ni de l'ensemble de la Réforme. Au moins pour ne pas demeurer en reste avec cette dernière, l'Église catholique prenait, au même moment, les mêmes résolutions. Pendant le fameux concile de Trente (1545-1563) fut adopté, en 1562, un canon prohibant les « mélodies séductrices et impures », ainsi que les textes profanes et exigeant que les paroles liturgiques soient chantées de manière aisément intelligible. Mieux encore, dans ses fameuses *Istitutioni harmoniche* de 1558, le grand théoricien Zarlino (par ailleurs maître de chapelle de Saint-Marc de Venise) énonçait des règles très semblables à celles des injonctions anglicanes :

1. Les notes brèves doivent correspondre à des syllabes brèves, des notes longues à des syllabes longues.
2. Chaque syllabe doit être chantée sur une seule note et réciproquement.
3. La valeur des notes correspondant à chaque syllabe ne doit pas être inférieure à la croche.
4. Dans un chant, quand on ne pourra pas éviter de répéter le texte, on prendra garde à répéter au moins une phrase entière, de manière à ce que le sens reste compréhensible.
5. Les répétitions devront être évitées autant que possible.
6. Les passages mélismatiques [les parties de chant ornées] devront être traités de la manière suivante : dans la mesure du possible, une syllabe devra être affectée à chaque note, le mélisme portant seulement sur l'avant-dernière syllabe accentuée du dernier mot, la dernière syllabe étant réservée pour la dernière note.

Les compositeurs des pays catholiques oublieront assez vite les rigueurs prônées par Zarlino, et les œuvres de l'âge baroque en prendront allégrement le contre-pied. Il n'en sera cependant pas de même en Angleterre, où, à quelques exceptions près, la musique religieuse divergera durablement de la pratique continentale. On peut d'ailleurs se demander si, dans une certaine mesure, l'extraordinaire floraison de musique profane du siècle d'or élisabéthain d'une part et, d'autre part, le goût britannique du grand oratorio des XVIIIe et XIXe siècles (à sujet religieux, mais étranger à la liturgie) ne constitueront pas une sorte de compensation aux limitations imposées par l'Église anglicane.

Pour l'instant, on voit naître en Angleterre un genre original de musique religieuse, qui ne connaîtra d'ailleurs son plein développement que plus tard : l'*anthem*. Le terme n'est pas aisé à traduire, bien qu'il dérive de la lointaine antienne du XIe siècle *(antiphona)*. C'est une prière en musique, dont un psaume, voire parfois une simple paraphrase de l'Écriture, a fourni le texte et qui n'appartient pas à la liturgie proprement dite. Sa place, variable, se situe cependant volontiers au début et ou à la fin de l'office, tel le psaume 95 (96 du psautier catholique) *Ye come let us sing to the Lord* (Chantons au Seigneur un cantique), particulièrement bien adapté aux préliminaires du service et mis en musique par d'innombrables compositeurs britanniques. Sous sa forme primitive, il s'agit de ce qu'on nomme le *full anthem*, chanté par toute l'assistance à deux, trois ou quatre voix, avec ou sans soutien de l'orgue. Il n'est pas sans rapport avec le choral luthérien et il semble d'ailleurs que l'on doive la diffusion du genre à l'église des protestants étrangers de Londres et aux réformés anglais revenus de leur exil néerlandais ou germanique. Mais le *full anthem* ne tardera guère à prendre une forme beaucoup plus élaborée : le *verse anthem*, qui comporte une introduction à l'orgue et une alternance de soli et de chœurs, soutenus à l'orgue ou même aux instruments (les violes en particulier). Si le *full anthem* évoque le choral, le *verse anthem* fait songer au motet catholique. Les différences sont cependant radicales : les mélodies restent très simples, très facilement mémorisables, le chœur est formé de l'assistance et non de chanteurs professionnels et, qu'il s'agisse des soli ou des ensembles, le principe « note contre note » et le syllabisme demeurent une règle absolue, tout contrepoint « fleuri » étant exclu.

Des compositeurs qui durent affronter cette période fertile en rebondissements, Thomas Tallis est sans doute le plus grand. C'en est aussi le plus caractéristique. Né vers 1505, il mourut en 1585. Sa vie et son œuvre, contemporaines de toutes les convulsions religieuses du siècle, recouvrent donc les règnes de Henry VIII, d'Édouard VI, de Mary et la première partie de celui d'Élisabeth Ire. Pour un Français, son parcours fait songer à celui de ces hommes que les hasards de l'histoire amenèrent à servir les gouvernements multiples et contradictoires qui se succédèrent entre l'Ancien Régime et la monarchie de Juillet.

On ne sait pas grand-chose des débuts de Tallis. Organiste, on le trouve attaché au prieuré de Douvres en 1531, puis à l'église londonienne de St Mary at Hill, puis à l'abbaye de Waltham jusqu'à la dissolution de celle-ci en 1540. Il demeura ensuite deux ans au service de la cathédrale de Canterbury avant de devenir gentleman de la Chapelle Royale où il exerça pendant plus de quarante ans. Dans ses dernières années, il reçut d'Élisabeth Ire, conjointement avec son élève, le grand William Byrd, le privilège de la vente des partitions imprimées et du papier à musique. C'est sous ce privilège que les deux associés publièrent, en 1575, leur recueil de trente-quatre motets (dix-sept de Tallis et dix-sept de Byrd, le nombre rendant sans doute hommage aux dix-sept années de règne d'Élisabeth) : *Cantiones, quae ab argumento sacrae vocantur*. Mais leur entreprise n'apporta guère que des déboires à Tallis et à Byrd. Les habitudes, le coût et la qualité de la typographie musicale ne favorisaient pas encore la propagation de partitions imprimées. En fait, à l'exception du recueil imprimé de John Day, *Certaine notes seth forth in fowre and three parts* (1565), beaucoup d'œuvres religieuses de cette époque demeurèrent manuscrites, la diffusion de certaines d'entre elles restant même limitée à la Chapelle Royale[1].

Pour compenser l'insuccès de leur industrie, la reine accorda aux deux musiciens une pension de 30 £ par an. Vingt ans plus tôt, elle avait déjà dévolu à Tallis les revenus d'un manoir dans le Kent. Le testament du compositeur et celui de son épouse montrent qu'en dépit de l'inflation continuelle qui marqua l'Angleterre au XVIe siècle, Tallis jouissait d'une situation plus qu'enviable. La souplesse manifestée par Tallis en matière de dogmes et de formes liturgiques explique, en même temps que le respect inspiré par son talent, une carrière aussi libre d'encombre. Son épitaphe rappelait, du reste, le caractère paisible du musicien :

> Il vécut comme il mourut
> Avec douceur, avec calme (ô heureux homme !)

On ne trouve, dans l'œuvre de Tallis, qu'un faible nombre d'œuvres instrumentales (profanes ou même sacrées). S'agissant d'un organiste aussi renommé en son temps, il semble que cette lacune soit moins attribuable au manque d'intérêt du compositeur qu'aux péripéties de la conservation des manuscrits. Pour l'essentiel, son œuvre, vocale et religieuse, se divise en deux parties d'ampleur inégale : la latine et l'anglaise. Celle-ci, la plus restreinte, correspond au protestantisme rigoureux du

---

1. On citera notamment, pour les œuvres en anglais, les recueils *Wanley* et *Lumley* et, pour celles en latin, les recueils *Peterhouse* et *Gyffard*.

règne d'Édouard VI et, pour une part plus faible encore, aux années élisabéthaines. Elle rassemble un service court, mais complet, dans le mode dorien (celui de *ré*, dit en grégorien *Protus authente*), plusieurs autres services, parvenus plus ou moins incomplets, des *anthems* originellement écrits en anglais ou adaptés de motets en latin, divers fragments et quelques timbres de cantiques *(psalm tunes)*. Tallis, on s'en doute, y respecte rigoureusement la règle du syllabisme.

L'œuvre latine de Tallis, la plus abondante et la plus éminente, comprend entre autres trois messes, deux magnificats, une trentaine de motets et des hymnes très caractéristiques : les vers pairs composés en polyphonie et les vers impairs en plain-chant. Il n'est pas toujours facile de dater avec exactitude ces différentes pièces. Du règne de Henry VIII datent probablement deux séries de *Lamentations de Jérémie*, forme extrêmement goûtée à l'époque puisqu'on en écrivit une bonne soixantaine en Europe et que presque tous les grands compositeurs s'y essayèrent. Le bref retour au catholicisme, sous Mary, ne fut pas moins fécond pour Tallis. Deux chefs-d'œuvre de cette époque contiennent même des allusions assez directes aux événements. Dans l'admirable antienne à six voix *Gaude gloriosa Dei mater*, la reine Mary est clairement désignée comme la restauratrice de la vraie foi, la libératrice des « puissances diaboliques ». Dans la messe *Puer natus est nobis*, on peut discerner un écho de la rumeur selon laquelle la reine serait enfin enceinte d'un héritier. Il n'en fut rien, comme on le sait, au grand dam de Mary et de son époux espagnol Philippe II, puisque la couronne passa à la protestante Élisabeth.

A cet égard, on sera sans doute surpris de constater que les œuvres en latin écrites par Tallis pour Élisabeth ne le cèdent ni en nombre ni en qualité à celles qu'il destina à Mary. Décidément, pensera-t-on, avec les Anglais, les choses ne sont jamais simples ! L'explication de ce manquement délibéré à la règle de l'office en anglais, valable pour beaucoup de compositeurs de cette époque et de celles qui suivirent, mérite qu'on la détaille. Elle confirme, du reste, la relativité de l'effet exercé par la révolution du rituel sur la musique.

On se rappellera tout d'abord qu'Élisabeth, d'une fermeté absolue sur le principe d'une Église d'Angleterre indépendante de Rome, se montrait beaucoup plus mesurée en matière de dogme et de liturgie. Elle rétablit, du moins à la cour, l'usage des vêtements sacerdotaux et une certaine pompe, plus assortie à la majesté de la Couronne que le service austère et dépouillé à la mode de Genève. Il semble aussi qu'elle estimait, tout comme Tallis, le latin plus beau et plus propice à être mis en musique que la langue vernaculaire, déjà bien fixée par l'écrit (en particulier par la traduction contemporaine de la Bible), mais dont la prononciation restait encore hésitante et variée. Enfin, la Chapelle Royale constituait une sorte de conservatoire, musicalement exemplaire mais liturgiquement autonome. Ainsi, on y remplaçait souvent l'*anthem*, au début ou (et) à la fin du service par un motet en latin qui, en général, n'en respectait pas moins la règle de l'intelligibilité du texte. Celle-ci ne pouvait d'ailleurs poser aucun problème à l'érudite Élisabeth, passionnée par les langues classiques, le latin comme le grec.

Plusieurs chefs-d'œuvre de Tallis datent de sa période élisabéthaine, en particulier le plus célèbre : le motet *Spes in alium*, sur l'histoire de Judith, écrit pour huit chœurs à cinq voix chacun — soit quarante voix au total, allusion chiffrée (encore une) aux quarante ans de la souveraine, atteints en cette année 1573. Cette œuvre magnifique illustre la maîtrise stupéfiante avec laquelle Tallis joue de toutes les techniques de l'écriture musicale, passées et présentes, anglaises et continentales, pour en faire une synthèse personnelle et convaincante. On trouve également chez Tallis un merveilleux sens mélodique qui explique la faveur dont ses thèmes ont toujours joui, que ce soit dans les plus humbles cantiques anglicans ou dans les œuvres des autres compositeurs, tel Vaughan Williams dans sa fameuse *Fantaisie sur un thème de Tallis* (1910).

Si Taverner put demeurer fidèle au catholicisme, si Tallis sut s'adapter avec complaisance aux avatars de la religion officielle, Christopher Tye, le troisième des « Trois T » fut, lui, un protestant de stricte obédience. Il était l'ami et le protégé de Richard Cox, un ultra de la Réforme qui, au temps où il exerçait les fonctions de vice-chancelier de l'université d'Oxford *(Chancellor)*, se vit décerner le surnom de *Cancellor* (l'effaceur) pour son zèle à détruire antiphonaires, manuscrits enluminés et autres survivances papistes. Tye, qui reçut en 1560 les ordres de l'Église anglicane, termina son existence, en 1572 ou 1573, comme pasteur de la paroisse de Doddington. On ne possède que peu de détails sur sa biographie. Né entre 1500 et 1505, on le trouve en 1541 organiste au King's College de Cambridge, puis à la cathédrale d'Ely où il cumula ce poste avec celui de membre (à titre au moins officieux) de la Chapelle Royale. S'il obtint successivement ses degrés de bachelier et de docteur en musique à Cambridge, il n'est pas prouvé qu'il ait été, comme on l'affirme souvent, le maître de musique du jeune Édouard VI. En dépit de ses convictions, il traversa sans dommage le règne catholique de Mary la sanglante. Il passait toutefois, à la fin de sa vie du moins, pour une personnalité peu commode. Un jour qu'Élisabeth Ire lui reprochait de jouer sur un orgue mal accordé, il n'hésita pas à répondre que ce n'était pas l'orgue, mais les oreilles de la reine (pourtant elle-même excellente musicienne) qui étaient désaccordées. Moins raffinées, moins amples que celles de Tallis, les œuvres de Tye, souvent plus directes, plus expressives, ont connu une très grande popularité. On en trouve le témoignage dans une pièce de Samuel Rowley, écrite en 1613, quarante ans après la mort du compositeur, en un temps où l'on avait peu l'habitude d'honorer les compositeurs du passé. Dans *When you see me you know me* (Quand on me voit, on me connaît), Rowley fait dire au jeune prince Edouard :

> J'apprécie votre talent et je vous en sais gré,
> Souvent, j'ai entendu mon père célébrer vos louanges avec joie,
> Sa Majesté disait : l'Angleterre a un seul Dieu, une seule Vérité et, en musique, un seul Docteur : le docteur Tye !

Tye est l'auteur d'une trentaine d'œuvres pour ensemble *(consort)* de violes, dont une vingtaine de *In nomine*. On lui doit d'ailleurs la diffusion de cette forme, ancêtre de nos « Variations » et construite, rappelons-le, sur un *cantus firmus*, c'est-à-dire un thème de la messe *Gloria Tibi Trinitatis* de Taverner. Une autre œuvre de Tye peut, elle aussi, être considérée comme exemplaire. Il s'agit des *Actes des Apôtres* (1553), ensemble de pièces vocales avec accompagnement sur le texte des quatorze premiers chapitres de ce livre du Nouveau Testament, traduits par Tye lui-même. Le sous-titre de l'œuvre en indique clairement le but didactique : « Pour chanter et jouer sur le luth, très nécessaire pour exercer le talent de ceux qui étudient, mais aussi pour tous les chrétiens qui ne savent pas lire, afin de leur faire connaître les saintes et bonnes histoires des vies du Christ et des Apôtres. » *Les Actes des Apôtres* sont le premier recueil d'une telle importance expressément destiné à des musiciens amateurs. Les différentes pièces, simples mais susceptibles de se prêter à des combinaisons variables de voix et d'instruments, constituent un témoignage précieux sur la pratique musicale domestique en Angleterre, très en avance sur le reste de l'Europe.

Il faut regretter que l'œuvre proprement religieux de Christopher Tye nous soit parvenu de manière assez incomplète. En latin (qu'en pensait donc Richard Cox ?), on doit à Tye une vingtaine de motets et trois très belles messes, dont la plus célèbre porte le nom du thème profane, également utilisé par Taverner et Sheppard, sur lequel elle est construite : *The Western Wynde* (Le Vent d'ouest). En anglais, il nous reste surtout de lui un service et une douzaine d'*anthems* à 4 ou 5 voix. Comme dans ses œuvres en latin, Tye recourt fréquemment au procédé dit de l'imitation : répétition d'une mélodie, plus ou moins transposée, plus ou moins altérée. Bien que d'origine très ancienne, l'utilisation de ce procédé, qui deviendra universelle dans la musique « classique », montre ici encore le tempérament volontiers novateur de Tye.

On ne séparera pas Robert White (ou Whyte) de Christopher Tye : quoique appartenant à la génération suivante, il en fut l'élève, le successeur aux orgues de la cathédrale d'Ely... et le gendre, puisqu'il épousa la fille de son maître, Ellen. Né vers 1533, bachelier en musique de Cambridge, il devint en 1568 chef des chœurs de Westminster. C'est l'un des très rares compositeurs importants de cette époque à n'avoir jamais appartenu à la Chapelle Royale. Emporté, ainsi que la presque totalité de sa famille, dans l'épidémie de peste de 1574, il ne survécut donc pas longtemps à son beau-père. Auteur des premières « fantaisies » pour violes, il ne reste pratiquement de lui que ses œuvres en latin pour la reine Mary. Ce musicien très personnel, très expressif, voire dramatique, mérite d'être mieux connu aujourd'hui.

Parmi les contemporains de Tallis, une touchante épitaphe dans la cathédrale de Norwich nous rappelle un musicien très savant et très aimé de ses confrères, Osbert Parsley (1511-1585). Ce compositeur, qui n'appartenait pas à la Chapelle Royale, est l'auteur de plusieurs services anglicans dont l'un fut longtemps attribué à Tye.

John Sheppard (ou Shepherd) et William Mundy ont

une tout autre importance. Né entre 1515 et 1525, Sheppard exerça au Magdalen College d'Oxford et à la Chapelle Royale. L'homme ne semble pas très sympathique : à Oxford, il fut réprimandé par deux fois pour mauvais traitements infligés à ses jeunes choristes. Il avait l'habitude, paraît-il, de les charger de chaînes quand il n'en était pas satisfait ! Sheppard est le compositeur le plus prolifique de sa génération : on lui doit cinq messes (dont une grande « Messe française » inspirée de Nicolas Gombert) et une cinquantaine d'œuvres d'autres pièces en latin, en particulier un grandiose *Te Deum*, des « répons » pour l'office et des antiennes, notamment la très belle *Media vita*. Sheppard, qui mourut vers 1560, ne composa guère, en revanche, pour l'Église anglicane : deux services et quelques autres pièces, parmi lesquelles une quinzaine d'*anthems* dont la plupart nous sont parvenus incomplets.

William Mundy (vers 1530-1591) mérite une place à part. Un érudit britannique de l'époque l'a comparé, en vers latins, à la lumière de la lune qui annonce celle du soleil — comprenez : le grand William Byrd. Avant qu'on ne l'appelle à la Chapelle Royale en 1563, ce pur Londonien fut choriste dans les meilleures églises de la capitale : Westminster, Saint-Mary at Hill, Saint-Paul. Son œuvre en latin (pour Mary) comprend deux messes et deux antiennes. On mentionnera également un *Magnificat* à 9 voix, l'une des œuvres les plus ambitieuses du temps, qui présente la particularité de diviser en plusieurs groupes les chœurs dans l'espace, à la manière des *cori spezzati* de Saint-Marc de Venise. En anglais, Mundy nous a laissé trois services et cinq *anthems* dont deux, *Ah helpless wretch* et *The secret sins*, présentent une importance historique considérable, car ce sont les premiers exemples du *verse anthem* dont on a signalé plus haut la nombreuse postérité.

Il serait injuste, à cet égard, de ne pas citer un autre pionnier du *verse anthem*, Richard Farrant (vers 1530-

1580), avec son célèbre *When as we sat in Babylon*. Ce compositeur estimable est bien de l'âge élisabéthain : passionné par la scène, il cumula ses fonctions à la Chapelle Royale et à la Chapelle Saint-George de Windsor avec la gestion d'une compagnie de théâtre qui lui permit, d'ailleurs, de faire une belle fortune. D'autres noms méritent également d'être retenus : celui de Robert Parsons, dont on ignore la date de naissance et qui se noya dans la Trent en 1570, auteur d'un énorme service anglican composé pour Édouard VI, ainsi que de chansons avec accompagnement de violes, celui de Thomas Caustun, mort en 1569, qui dirigea l'édition du grand recueil *Certaine notes*, dont il a été question plus haut, ainsi que ceux de John Blitheman (1525-1591) et de John Thorne (vers 1519-1573).

Il faut parler, enfin, de deux auteurs d'œuvres religieuses que leur carrière place quelque peu en marge de la musique. Le premier est Richard Edwards, gentleman de la Chapelle Royale et maître des cérémonies, dont la très grande notoriété, au XVIe siècle, est surtout due à ses talents de poète et de dramaturge. Sa tragi-comédie *Damon et Pythias* (1564) comporte une partie musicale importante, vocale et instrumentale. *The Paradyse of Daynty Devises* (création posthume, en 1576) fut un très grand classique de l'époque élisabéthaine.

Aux antipodes de ce personnage brillant se trouve un homme qu'on a déjà eu l'occasion de citer plusieurs fois : John Merbecke (vers 1510-1585), l'auteur de la musique simplette mise sous le fameux *Book of Common Prayer*. Propagateur zélé, voire fanatique, de la Réforme, Merbecke avait commencé sa carrière comme organiste, en particulier à l'illustre Chapelle Saint-George de Windsor. Paradoxalement, la majeure partie de l'œuvre musicale de Merbecke, au demeurant assez médiocre, fut composée dans sa jeunesse pour l'Église catholique romaine : une grande messe d'un style assez archaïque et quelques autres pièces. Pour l'Église anglicane, il ne reste de lui, en dehors du *Common of Common Prayer Noted*, qu'un *anthem* à trois voix. De plus en plus calviniste, de plus en plus théologien, Merbecke en vint à désavouer son passé musical : « J'ai gaspillé la plus grande partie de ma vie à étudier la musique et à jouer de l'orgue », écrivait-il dès 1550...

V

Shakespeare et Cie
L'âge d'or élisabéthain

Aux coins d'une carte de l'Angleterre, publiée aux Pays-Bas en 1590 et que domine un portrait (assez peu avenant) d'Élisabeth Ire, le graveur a figuré les quatre spécialités du pays. On y voit des armes (dont on ne sait si elles se réfèrent à la qualité de celles fabriquées à Sheffield ou à la valeur militaire britannique, démontrée deux ans plus tôt par la correction infligée à l'Invincible Armada), des moutons (la laine anglaise était déjà fort réputée), un coffre et des sacs de monnaie illustrant la prospérité des marchands anglais et, enfin, des instruments de musique (luth, basse de viole, saqueboute), accompagnés d'une partition.

Ainsi, la réalité de ce qu'on a si souvent nommé l'âge d'or de la musique anglaise était-elle pleinement reconnue par les contemporains eux-mêmes, y compris sur le continent. Il ne s'agissait certes pas d'un surgissement inopiné ; tout y préparait depuis plus d'un siècle. Mais cet âge n'aurait sans doute pas été aussi doré sans la conjonction de plusieurs facteurs, de nature très diverse.

On a en déjà évoqué un que, à l'instar de la carte

hollandaise, on placera au chef du tableau : la personnalité de la reine elle-même. Si, à la différence de son père (et aussi de sa mère, Ann Boleyn), Élisabeth ne semble pas avoir composé, la musique resta toujours sa passion prédominante. La reine excellait au luth, au virginal et à la flûte, chantait fort bien et (parmi de multiples témoignages) une peinture exécutée vers 1575[1] en dit long sur son ardeur et ses talents de danseuse. En dépit des charges énormes que les hostilités avec l'Espagne firent peser sur le budget (il fallut construire, pour la première fois, une flotte correspondant aux nécessités et aux ambitions d'un pays insulaire), Élisabeth s'efforça de ne pas rogner les crédits très importants alloués à la Chapelle Royale et aux musiciens. Enfin, quand l'agitation catholique la contraignit à prendre de sévères mesures contre les papistes, elle protégea tous les musiciens qui auraient pu en souffrir, en commençant par William Byrd, le plus grand de tous, à qui son activisme catholique aurait pu, autrement, coûter fort cher.

On trouve représenté sur notre carte hollandaise un autre élément explicatif de l'essor de la musique britannique. Il est même placé (intentionnellement ?) au-dessous des objets qui symbolisent la musique : ce sont les tas d'or de la richesse du pays. Certes, les guerres que, bon gré mal gré, l'Angleterre schismatique dut livrer aux grands pays catholiques furent onéreuses. Certes, la période élisabéthaine fut marquée par une inflation permanente (qui avait commencé, en réalité, sous Henry VIII). Certes, les inégalités sociales restaient considérables. Au cours de son règne, cependant, Élisabeth parvint à assurer à une grande partie de son peuple un certain minimum vital. Pour la première fois dans l'histoire européenne, la lutte contre la pauvreté ne fut plus laissée

---

1. Née en 1533, Élisabeth avait donc quarante-deux ans environ, ce qui, à l'époque, était un âge presque avancé...

à la seule initiative des particuliers ou des institutions charitables ; elle fut organisée, codifiée par un véritable système de « lois sociales ». La stabilité monarchique, un grand demi-siècle de paix civile, sinon religieuse, l'habileté manœuvrière de la reine, le sentiment de sécurité (voire de supériorité) conforté par la fameuse victoire sur l'Armada espagnole stimulèrent l'expansion d'une économie qui n'était pas seulement fondée sur l'agriculture, mais aussi sur l'artisanat (on n'ose pas dire l'industrie) et le commerce. Londres avait supplanté Anvers comme capitale financière de l'Europe du nord et un cinquième des Anglais vivaient, dès la fin du XVIe siècle, dans des villes. La sécularisation des immenses biens du clergé avait favorisé, elle aussi et comme dans la France de 1791, l'émergence d'une classe moyenne de propriétaires. Avec une féodalité décimée et souvent ruinée par les luttes dynastiques du siècle passée, le royaume élisabéthain présentait déjà cette caractéristique de la société britannique des siècles à venir : un système de classes très défini, mais reposant sur les classes moyennes et tempéré par la possibilité, largement ouverte, de l'ascension sociale. On comprend alors que la pratique privée de la musique, solidement ancrée dans les traditions, ait pu se développer de manière continue et extensive. Pour ces raisons, et grâce aux progrès de la typographie à caractères mobiles et de la gravure, on n'imprima pas moins de quatre-vingt-huit recueils de musique vocale destinés aux amateurs entre 1587 et 1630. Le troisième livre d'airs de Dowland, paru en 1602, atteignit le tirage, étonnant pour l'époque, de mille exemplaires. « De la musique partout et toujours », telle semblait la devise de l'Angleterre élisabéthaine : le fabuleux Francis Drake, circumnavigateur, amiral et corsaire, ne partit jamais sans embarquer, pour l'agrément de ses courses lointaines, un petit orchestre à son bord.

Bien entendu, l'Angleterre élisabéthaine n'est pas le seul pays à éprouver ce goût effréné pour la musique.

La gloire de Lassus, de Victoria et des grands Italiens, Palestrina, Monteverdi, Gesualdo, Gabrieli, etc., domine également ce XVIe siècle. En dépit des tensions, voire des conflits armés qui limitent les échanges avec le sud de l'Europe, c'est d'ailleurs en France et en Italie que les Anglais puisent plusieurs des éléments qui deviendront les plus caractéristiques de leur musique. Alfonso Ier Ferrabosco arrive à Londres en 1562 ; fils d'un chantre de la Chapelle papale [1], il y fera école et souche. En 1574, l'*Instruction* du Français Adrian Le Roy, traduite par John Kingston, contribue à populariser la pratique amateur du luth. En 1588, Yonge publie, avec un très grand succès, un recueil de madrigaux au titre explicite : *Musica transalpina*.

Le développement et la diffusion en Angleterre de plusieurs genres musicaux majeurs (l'air, le madrigal, la pièce instrumentale) furent toutefois sans commune mesure avec ce qu'il en advint sur le continent. En France, en Italie, en Espagne, si achevés qu'en fussent les accomplissements, ces genres relevaient avant tout de la musique savante, celle des cours et des « académies », grandes ou petites — ce que traduit par exemple le terme « air de cour » qui apparaît en France en 1571 et désigne un chant solo accompagné sur le luth. Ainsi, les commentaires dont Monterverdi assortit ses admirables

---

[1]. En 1570, le pape, renonçant à l'espoir de faire rentrer Élisabeth dans le giron de l'Église romaine, excommunia la reine et proclama que les sujets de celle-ci étaient déliés de tout devoir d'obéissance envers la monarchie hérétique. Élisabeth restreignit alors, de manière rigoureuse, la délivrance de passeports depuis ou vers les pays catholiques. Les musiciens, volontiers soupçonnés de se livrer à l'espionnage ou à l'agitation, n'échappaient pas à la règle, à moins qu'ils ne fussent eux-mêmes au service de la Couronne. Cette association entre musique et services secrets, pour étrange qu'elle puisse paraître, découlait assez naturellement de la facilité des musiciens à s'introduire dans les milieux les plus divers et, bien sûr, dans les cours. Le phénomène n'était pas nouveau : on se souvient de l'organiste Memmo, sous Henry VIII.

madrigaux montrent-ils bien que si le compositeur y recherche une vérité psychologique et poétique, il s'agit d'œuvres destinées à un auditoire (et aussi à des interprètes) de haut niveau. Ainsi, en France, l'Académie de Poésie et de Musique, fondée par Baïf et Courville en 1570, s'efforça-t-elle (vainement, d'ailleurs) de renouveler l'union antique des deux arts par des œuvres inspirées d'un modèle gréco-latin.

Ces recherches n'étaient nullement ignorées en Angleterre. On y débattait des rapports de la musique et de la poésie comme dans toute l'Europe de la Renaissance — et même plus qu'ailleurs : les écrits de John Dowland à propos de ses *Books of Ayres*[1] abondent en considérations de cet ordre et l'on a déjà signalé, avant même le règne d'Élisabeth, le nombre important d'auteurs-compositeurs. Faut-il le rappeler également, la période élisabéthaine n'est pas seulement l'âge d'or de la musique, mais aussi celui de la poésie, illustrée, entre cent, par les noms de Christopher Marlowe, John Donne, John Dryden, Philip Sidney, Edmund Spenser... sans compter Ben Jonson ou William Shakespeare sur qui on reviendra un peu plus loin.

Il reste que les œuvres britanniques sont en général beaucoup plus lyriques, plus poignantes, plus truculentes (voire licencieuses), plus imaginatives que celles des écoles continentales, la langue plus directe, moins chargée de préciosité. La comparaison de certains textes anglais adaptés de l'italien avec leur version originale suffit à le démontrer. Quant à la musique elle-même, elle puise volontiers dans le trésor des timbres traditionnels et populaires. C'est vers 1580 qu'on utilise pour la première fois le célébrissime thème de *Greensleeves* qui connaîtra une fortune étonnante et qui remontait, sans doute, à

---

1. L'expression « air de cour » ne sera pour ainsi dire jamais employée en Angleterre. Au contraire, on trouve fréquemment le terme de *song*, c'est-à-dire simplement : « chanson ».

une époque très antérieure. Un nouveau produit « grand public » est créé dans le domaine de l'édition musicale : les transcriptions (ici pour luth) de pièces d'exécution difficile pour des amateurs isolés ou inexpérimentés (madrigaux en particulier). Bref, rarement la notion de « musique populaire » et celle de « musique savante » se trouvèrent aussi proches. Les principales raisons de cette originalité sont aisées à déterminer : l'existence même de débouchés importants pour les œuvres n'exigeant pas un effectif trop important ou une technique trop poussée, l'esprit national, enraciné tout autant dans la fantaisie celte et l'imaginaire scandinave que dans la rigueur latine et, sans doute, l'influence récente, mais puissante, du langage simple de la liturgie réformée.

L'extraordinaire faveur du théâtre dans la société élisabéthaine est un autre facteur qui contribua à populariser (et à influencer) la musique. Certes, c'est à Venise qu'apparut à la fin du XVe siècle la première troupe permanente, la compagnie de la Calza, et que fut construit le premier édifice à usage spécifique : le théâtre, aujourd'hui disparu, édifié par Palladio en 1565 dans la cour du palais Dolfin au Rialto[1]. Mais, il s'agissait de spectacles dont l'auditoire et même la troupe étaient essentiellement composés de patriciens. Si ces représentations de type aristocratique existaient en Angleterre, le théâtre y devint rapidement un divertissement populaire, sinon populacier. Les compagnies d'acteurs, itinérantes, jouaient aussi bien dans les cours des tavernes (dont certaines étaient aménagées à cet effet) que dans les châteaux. Enfin, en 1576, à la suite de démêlés avec les frileuses autorités de la Cité, John Burbage construisit à Shoreditch, hors de la juridiction communale, la première salle publique. Elle s'appelait tout simplement... le *Théâtre*. La même année, Henry Lanman ouvrait le

---

1. Le *Teatro Olimpico* de Vicence ne fut commencé qu'en 1580 et achevé en 1585.

Rideau (dont le nom, curieusement, ne doit rien à l'art dramatique : c'était celui du terrain sur lequel il était bâti). Vers 1600, Londres comptait déjà une bonne dizaine de théâtres, dont le fameux *Globe* de Shakespeare, qui connurent un immense succès auprès de toutes les couches de la société.

Or, le théâtre élisabéthain comportait presque toujours une partie musicale, d'importance parfois considérable. Un inventaire de la compagnie « Lord Admiral's Men » (au théâtre de la *Rose)* atteste la présence d'un instrumentarium permanent comportant, notamment, quatre trompettes, une viole et une basse de viole, un luth, une cithare, un tambour, un jeu de cloches et trois autres percussions, une saqueboute... Les musiciens jouaient hors de la vue du public, derrière un rideau ou, plus volontiers encore, dans un espace qui, au contraire de notre fosse, était situé au-dessus et non au-dessous de la scène.

Pour la plupart, les partitions ont été perdues. Mais que ce soit dans les didascalies ou dans les textes eux-mêmes, les pièces de l'époque montrent la fréquence des interventions musicales qui constituaient souvent une véritable « bande sonore » : annonce en musique de certains personnages, sonorisation d'effets dramatiques, chansons, ballades ou chœurs intercalés dans l'action, etc. William Shakespeare est à cet égard parfaitement représentatif des auteurs dramatiques de son époque. On trouve de la musique dans la plupart de ses pièces dont certaines, comme *La Nuit des Rois* confinent au genre du masque. La musique joue même parfois un rôle direct dans l'action : c'est par un air de viole que Cerimon ranime Thaisa dans *Périclès* (acte III, scène 2), dans *Jules César*, Brutus demande à son serviteur Lucius de lui chanter une chanson (acte IV, scène 3) et chacun se rappellera la leçon de flûte donnée par Hamlet à Guildenstern (acte III, scène 2). Comment s'étonner que, en dehors même de leurs qualités dramatiques, les œuvres de Shakespeare n'aient jamais cessé d'inspirer les compositeurs ?

En même temps que le théâtre, s'épanouissait en Angleterre un autre genre scénique, de nature plus spécifiquement musicale : le masque (*mask*), dont on a vu plus haut les origines. Ce type de divertissement atteignit son apogée sous Élisabeth et sous son successeur, Jacques Ier. En 1611, *Love Freed from Ignorance and Folly* (L'Amour libéré de l'Ignorance et de la Déraison), de l'auteur de *Volpone*, Ben Jonson (1572-1637), demandait un effectif de plus de cinquante musiciens, instrumentistes ou chanteurs. Ben Jonson écrivit d'ailleurs de nombreux masques, qu'il créa (jusqu'à leur brouille) avec le grand architecte et décorateur Inigo Jones. En dépit des rapprochements qui viennent à l'esprit, le masque présente des caractères foncièrement différents de ceux de l'opéra qui naît et se développe au même moment en Italie (La *Rappresentazione di anima et di corpo* de Cavalieri et l'*Euridice* de Peri en 1600, l'*Euridice* de Caccini en 1603, l'*Orfeo* de Monteverdi en 1607). Le masque ne comporte pas de récitatif : les numéros musicaux (chansons, chœurs, ballets, etc.) sont séparés par des textes parlés, comme plus tard dans le *Singspiel* ou l'opéra-comique. De ses origines événementielles, il conserve presque toujours le goût du grand spectacle, des décors et des costumes surprenants, des figurants nombreux — on a soutenu que l'une des causes principales de la décadence du genre fut la diminution du nombre des domestiques, c'est-à-dire des figurants disponibles, pendant et après la guerre civile. Le ton du masque reste enfin très dissemblable de celui de l'opéra continental : souvent plus court, empruntant parfois à des airs ou des ballades populaires, le masque mêle la féerie et le quotidien, le lyrisme et le réalisme, voire l'humour et la satire, sans souci des règles classiques de la dramaturgie ni de la vraisemblance. Après son succès à l'époque élisabéthaine et jacobite, le masque, même disparu, exercera pendant deux siècles une influence décisive. Il barre la voie à une école britannique d'opéra, au sens habituel de ce terme, mais l'ouvre à un autre genre : le *semi-opéra* de Purcell et de ses continuateurs, qui aboutit finalement à cette forme typiquement anglo-saxonne, la comédie musicale. Des *Savoy operas* de Gilbert et Sullivan à *Hair*, en passant par Broadway et Hollywood, celle-ci est la fille, à peine dévoyée, du masque élisabéthain, comme l'opérette (le terme est révélateur) l'est de notre « grand opéra ».

En fait, au cours de la période élisabéthaine, c'est la plupart des genres musicaux que les Britanniques adaptent de manière originale — quand ils ne les transforment pas du tout au tout. L'exemple du madrigal le montre tout particulièrement. Si la vogue de ce genre, en Angleterre, ne dura pas très longtemps (une quarantaine d'années, de 1588 à 1627), elle fut si considérable qu'on a parfois appelé cette période : l'ère du madrigal. Il n'est guère de compositeur, petit ou grand, qui n'y ait cédé et la production madrigalesque anglaise se compte par milliers de pièces.

Le terme de madrigal recouvre une si grande variété de formes qu'il est extrêmement difficile d'en donner une définition simple et constante : l'étymologie même en reste discutée. Le mot, en anglais, n'apparaîtra du reste qu'en 1594 : le premier recueil britannique contenant des madrigaux, celui de Byrd, en 1588, porte le titre de *Psalmes, Sonets, and Songs of Sadnes and Pietie*. Le madrigal de type continental, tel qu'il se développa au XVIe siècle, était en quelque sorte l'équivalent profane du motet sacré. Les pièces, à 2, 3, 4, voire 5 ou 6 voix, se coulaient de manière étroite sur un texte littéraire, de contenu et de structure variables, mais d'importance prépondérante (conformément à la *seconda pratica*). Comme en matière d'opéra, il s'agissait d'œuvres sophistiquées, destinées à un public aristocratique et à des interprètes de niveau technique élevé.

En Angleterre, Yonge, éditeur de *Musica Transalpina*, paru la même année que celui de Byrd et qui contenait aussi des adaptations anglaises de madrigaux italiens, visait déjà, lui, un tout autre marché : « Depuis que je me suis établi dans cette ville, j'ai eu le plaisir de constater qu'un grand nombre de gentlemen et de marchands honorables prenaient plaisir aux divertissements [musicaux] que je pouvais leur procurer »... Le madrigal britannique sera donc plus simple, plus lyrique, plus expressif que son homologue continental. Les vers se veulent souvent gais, légers, voire teintés d'érotisme, la musique plus claire et plus facile à interpréter : à l'exception de celles de Weelkes et de Wylbie, les partitions sont écrites dans des tonalités simples, sans chromatisme. Certains, sacrifiant à la mode de la viole, incluent des parties instrumentales, obligées ou *ad libitum*. On comprend donc le succès du madrigal auprès de ce qu'on appellerait aujourd'hui la bourgeoisie aisée, les « gentlemen et marchands honorables ».

Il en est de même de l'*ayre*, dont on a signalé plus haut ce qu'il doit aux traditions populaires et qu'on ne distingue pas toujours aisément du madrigal — dont il constitue, parfois, une sorte de réduction. L'iconographie de l'époque montre bien comment, entre amateurs de bonne compagnie, on exécutait les ayres : les musiciens sont assis autour de la même table, dans une demeure confortable, et l'on devine que ce concert entre amis a été précédé (ou sera suivi) de libations conviviales. L'ayre présente une autre particularité qui atteste de l'importance de la pratique amateur : les interprètes, selon leur goût ou leurs possibilités, ont le choix entre une exécution vocale et une exécution instrumentale des diverses parties. Dowland, dans l'introduction à son *First Booke of Ayres*, précise que ses œuvres ont été écrites de manière à ce que « les différentes voix, toutes ensemble ou certaines seulement, puissent être soit chantées, soit jouées sur le luth, l'orpharion [1] ou la viole de gambe ».

A côté de l'ayre, il faut noter deux genres très particuliers de musique vocale : le *round* et le *catch*. En fait, il s'agit de la même forme musicale : un canon perpétuel à l'unisson, pour 3 voix ou plus. Chaque pièce ne comportant pas de fin à proprement parler, les interprètes ont la faculté de la reprendre *ad libitum* ; on peut ainsi donner à la partition la forme d'un cercle (en latin *rota*, d'où *round)*. Les origines remontent très loin dans le temps : le fameux canon *Sumer is icumen in* (cf. p. 19) est une *rota* et le genre fut pratiqué ailleurs qu'en Angleterre. Mais c'est dans ce pays, et à partir de la période élisabéthaine, qu'il a connu un développement spécifique et considérable. On trouve des *rounds* profanes, sérieux, voire sacrés. En revanche, le *catch* est toujours frivole et ce caractère lui vaudra, jusqu'au XVIIIe siècle [2], une immense vogue populaire. Le décalage des voix favorise très souvent une superposition de mots faisant calembour, ce qui donne à un texte, en apparence innocent, une signification plaisante, satirique, voire obscène. En dépit de leur ressemblance phonétique, le *catch* britannique et la *caccia* italienne n'ont en commun que leur forme canonique. Le terme *catch* renvoie aux règles de ce jeu de société musical, dans lequel les voix semblent chercher à s'attraper *(to catch)* l'une l'autre. Le grand recueil de John Hilton II (1599-1657) porte pour titre : *Catch that Catch Can*, qu'on traduirait volontiers par : « Attrape donc si tu peux ! ».

L'importance de la musicale vocale, à l'âge d'or élisabéthain, ne doit pas faire oublier la production

---

[1]. Instrument de la famille de luth, à cordes métalliques, de sonorité assourdie.

[2]. Le *glee*, très souvent associé aux *rounds* et aux *catches* dans les recueils du XVIIIe, est, comme on le verra, postérieur à l'époque élisabéthaine et de nature très différente.

purement instrumentale. Si l'on n'a jamais contesté l'abondance de celle-ci (on dénombre plus de deux mille pièces pour le seul luth !), elle n'en a pas moins été négligée, sinon dédaignée, jusqu'à une période assez récente. « Quel que soit le genre auquel elle appartient, écrit Jacques Michon dans un livre paru en 1970[1], la musique instrumentale élisabéthaine ne peut rivaliser ni en maîtrise technique ni en maturité de style avec la grande musique chorale du temps. Il semble que les compositeurs, comme le public, ne lui accordent qu'une importance secondaire. » On ne s'étonnera pas, après cela, de la persistance du fameux préjugé à l'encontre de la musique britannique. En réalité, comme on l'a signalé dans l'introduction de cet essai, de tels jugements se fondent sur une référence, parfois inconsciente, aux accomplissements de la musique instrumentale depuis le XVIIIe siècle. Il semble assez dérisoire de comparer le virginal de Byrd et le piano de Chopin ou le *broken consort* (ensemble de violes mêlé d'instruments à vents) avec l'orchestre de Haydn. En Angleterre comme ailleurs, au XVIe siècle, cette musique avait d'autres fonctions : à partir d'instruments au registre limité, elle ne prétendait guère édifier les grandes architectures sonores de l'âge classique ou exprimer les sentiments complexes du siècle romantique. Elle ne cherchait qu'à éveiller chez ses exécutants et ses auditeurs le plaisir, la douceur ou l'amertume du souvenir, l'émotion dans leur simplicité première — qui n'exclut pas, au demeurant, un grand raffinement de l'écriture. Grâce au travail des chercheurs, des luthiers ou des facteurs, des interprètes, les goûts ont heureusement changé. La musique instrumentale « ancienne », dans laquelle la place de l'école britannique s'avère considérable, voire prépondérante, n'est plus regardée comme une curiosité musicologique.

En dépit des dommages dont les orgues eurent à pâtir

---

1. *La Musique anglaise*, Armand Colin.

à l'époque des convulsions religieuses et de la suspicion qu'elles suscitaient chez les anti-papistes les plus virulents, le répertoire de cet instrument s'enrichit encore à l'âge élisabéthain. Outre les genres déjà établis (notamment les *In nomine),* on voit même apparaître une nouvelle forme : le *voluntary* — dénomination qui, à vrai dire, ne lui sera attribuée qu'à la fin du XVIIᵉ siècle. Il s'agit d'une pièce variée, libre, assez virtuose et brillante, exécutée en introduction et en conclusion de l'office. Il est pourtant difficile de distinguer la musique pour orgue de celle pour le virginal, la plupart des œuvres étant écrites indifféremment pour l'un ou l'autre type de clavier.

La faveur du virginal en Angleterre avait commencé avant l'âge élisabéthain : Henry VIII possédait déjà plusieurs « uirginalls » [1]. La forme oblongue de l'instrument et ses dimensions assez réduites le font ressembler au clavicorde mais, à la différence de celui-ci, les cordes du virginal sont pincées et non frappées. Le virginal appartient donc à la même famille que l'épinette (on l'appelle d'ailleurs parfois « épinette rectangulaire ») et le clavecin. Le virginal, plus petit, ne comporte en général que quatre octaves. En outre, ses cordes se présentent perpendiculairement aux touches et non dans leur prolongement. D'une faible puissance sonore, c'est, par excellence, un instrument soliste et de salon. Il semble que l'industrie anglaise du virginal ait été stimulée par l'arrivée de facteurs du continent chassés par les guerres de religion et à qui on doit peut-être une curieuse variété : le virginal double dans lequel un tiroir, en dessous de l'instrument principal (la « mère ») dégage un

---

[1]. Ce qui prouve que, contrairement à certaines fabulations, l'instrument ne fut pas nommé ainsi en l'honneur de la « Reine Vierge » — si tant est, du reste, qu'Élisabeth le soit demeurée ! L'étymologie du terme demeure assez obscure : il n'est pas même certain qu'elle se réfère à la prédilection (plus victorienne qu'élisabéthaine) des jeunes filles pour le clavier.

autre virginal plus petit : la « fille ». Souvent somptueusement décoré et construit dans des matériaux précieux, d'un coût très élevé, le virginal se trouvait donc réservé aux amateurs fortunés et passionnés. C'est sans doute la raison pour laquelle les pièces qu'on lui destinait (danses instrumentées, fantaisies, variations, etc.) font appel à une écriture et à une technique sophistiquées. Comme dans le cas des autres instruments, les partitions sont souvent demeurées manuscrites [1]. Parmi les recueils les plus importants, on citera le *Mulliner Book* (1585) et surtout le fameux *Fitzwilliam Virginal Book* (vers 1610) qui contient près de trois cents pièces d'une trentaine de compositeurs parmi les plus grands.

De même que le virginal, la viole, apparue en Italie à la fin du XVe siècle, se diffuse en Angleterre sous Henry VIII. Dès 1540, les livres de comptes témoignent de la présence à la cour de plusieurs violistes, rémunérés 12 pence par jour (très approximativement 500 francs actuels). L'inventaire des instruments du souverain, établi par Philip van Wilder en 1547, comporte un « coffret *(chest)* de couleur rouge contenant six violes portant les armes du roi[2] ». Ce nombre d'instruments doit être souligné : c'est déjà celui d'un type de formation qui restera classique pendant plus d'un siècle : le *consort of violes* comprenant deux violes soprano, deux violes ténor,

---

[1]. On ne saurait, comme on l'a fait, en tirer argument pour affirmer que la musique instrumentale élisabéthaine n'avait qu'une importance mineure. Dans le cas du virginal, les débouchés demeuraient assez limités. Dans celui des autres instruments, il s'agissait souvent de transcriptions de madrigaux ou d'ayres édités par ailleurs.

[2]. Un petit détail qui, entre mille, trahit la méconnaissance de la musique anglaise sur le continent : le très sérieux *Science de la musique* (Bordas, 1976) affirme que la viole aurait été introduite auprès d'Élisabeth par Alfredo Ferrabosco Ier. Or celui-ci arriva en Angleterre longtemps après le livre de comptes et l'inventaire de Philip van Wilder. De plus, la formulation de ce dernier document semble indiquer que les instruments possédés par Henry VIII étaient déjà de fabrication britannique et non transalpine.

deux basses de viole. Cette formation standard pouvait être multipliée en fonction des instrumentistes dont on disposait ou complétée par des instruments à vent de registre correspondant (« broken consort »). On sait que la famille des violes présente des différences importantes avec celle des violons (leurs cousins, non leurs descendants) dont l'emploi, en Angleterre du moins, se répandra beaucoup plus lentement. Tenues sur les jambes *(viola da gamba)*, avec leurs frettes de métal (analogues à celles qui subsistent sur la guitare) et, en général, leurs six cordes accordées par quartes et tierces, les violes sont beaucoup plus faciles à jouer que les violons, ce qui, au contraire de ces derniers, les rend accessibles à la pratique amateur. En revanche, elles ont peine à rendre les sons les plus aigus. Aussi ces derniers sont-ils parfois confiés à une voix de soprano. On a déjà vu, du reste, que les combinaisons de voix et de violes étaient d'autant plus fréquentes que les transcriptions de madrigaux constituaient une part importante du répertoire des violes. Dès la fin du siècle, les anthologies se multiplièrent, telles *The First Booke of Consort Lessons* de Thomas Morley ou *Pavans, Galliards, Almans and Other Short Aers* d'Anthony Holborne (tous deux publiés en 1599). L'ensemble de violes, dont l'espace privilégié était celui du salon, fut également utilisé à l'église, en substitution ou en complément de l'orgue.

Toutefois, c'est le luth qui restera longtemps l'instrument favori des mélomanes britanniques. Comme le piano à l'époque victorienne, le luth élisabéthain se prêtait en effet à tous les types de répertoires, amateur et professionnel : la pièce soliste, l'accompagnement d'ayres, la réduction de pièces pour effectifs ou instruments plus complexes. Le luth le plus courant comportait cinq cordes doubles et une corde simple à l'aigu, accordées par tierces et quartes *la-do-fa-la-ré-sol*. La famille des luths comportait également le cistre, l'orpharion, etc., ainsi que des instruments plus graves et de taille plus importante, tels le théorbe ou l'archiluth.

La pratique du luth se trouvait encore facilitée par l'usage d'un système de notation particulière, la *tablature*, qui facilite la lecture des accords et des accidents. Encore parfois employée par les guitaristes, elle indique, de manière figurée, sur quelles cordes et au niveau de quelle frette l'instrumentiste doit presser les cordes de la main gauche. Les frettes, qui se succèdent de demi-ton en demi-ton sont désignées par des lettres (*a* pour la corde à vide, *b* pour la première frette, *c* pour la deuxième, etc.). Ainsi, la première mesure de l'accompagnement d'une chanson de Rosseter[1] :

se traduit-elle par la tablature suivante :

corde de *sol*	d	c	a		
corde de *ré*	a		e		
corde de *la*			f		
corde de *fa*	c				
corde de *do*			c	a	
corde de *la*	a				d

les indications de durée (qu'on n'a pas représentées ici) étant elles aussi d'une lecture plus aisée que celles de la notation classique.

---

1. Source : Walker, *op. cit.*

*

Pour aborder les compositeurs qui dominèrent cette époque, certains faits doivent être rappelés. En premier lieu, tout comme la vie de William Shakespeare, l'âge d'or déborde largement le règne d'Élisabeth. Certes, Jacques Ier, déjà roi d'Écosse, fils de la malheureuse (mais non point innocente) Mary Stuart, ne ressemblait guère à Élisabeth. Mais, du point de vue musical, son règne (1603-1625) prolonge, sans rupture, la période élisabéthaine proprement dite. Le hasard des générations voulut, en outre, que la plupart des grands musiciens aient exercé leur activité sous l'un et l'autre souverains.

Une autre constatation, heureuse pour le mélomane, contraint à des choix difficiles l'auteur de tout ouvrage général : la production de l'époque, d'une exceptionnelle qualité, fut aussi d'une exceptionnelle abondance. Nulle part ailleurs en Europe on ne compta un si grand nombre de compositeurs dignes d'intérêt. A tous égards, du reste, les traits caractéristiques et communs de la civilisation musicale de la Renaissance se retrouvent amplifiés en Angleterre. Écoutés, joués par un public large et éclectique, les compositeurs britanniques abordèrent librement tous les genres de la musique profane et religieuse. Il s'ensuivit naturellement de fécondes interférences entre les styles. La modalité médiévale abandonnée (mais non pas oubliée), le langage harmonique moderne, fondé sur la tonalité et la modulation, se forgea rapidement — sans d'ailleurs que les musiciens anglais, peu enclins à l'esprit de système, se soient refusés aux hardiesses (dissonances, fausses relations harmoniques, effets brillants et surprenants, etc.).

« Dans leur hiérarchie des compositeurs, écrit Kenneth R. Long[1], trop de gens oublient de prendre en considéra-

---

1. *The Music of the English Church*, Hodder & Stoughton, Londres, 1972.

tion les caprices du hasard historique. Si Beethoven était né en 1543, quand l'écriture pour le clavier était encore dans l'enfance et l'orchestre inconnu, il serait aujourd'hui aussi peu familier au grand public que William Byrd. De même, si Byrd avait vécu deux siècles et demi plus tard, on peut penser à coup sûr qu'il serait aujourd'hui considéré comme l'un des plus grands compositeurs de tous les temps. » Et Long d'ajouter : « Après Shakespeare, Byrd est sans doute la figure la plus imposante de la Renaissance britannique. » Ces jugements ne sont pas exagérés. Aucun compositeur de son époque, ni même du XVIIe siècle n'a exploité, avec un tel succès, autant de domaines musicaux. En fait, le seul genre que Byrd n'ait guère abordé (à l'exception de quelques chansons pour des spectacles dramatiques) fut celui de la scène. Il est vrai que sa longue existence, couvrant une période capitale dans l'évolution de la musique, lui permit de mettre le temps au service de son génie.

La vie de William Byrd semble avoir été exempte de péripéties majeures. Sans doute originaire du Lincolnshire, il naquit en 1543, fils (peut-être) de Thomas Byrd, gentleman de la Chapelle Royale où il fut lui-même (toujours peut-être) enfant choriste. En 1563, il devint titulaire des orgues de la cathédrale de Lincoln. Il cumula ce poste avec celui de gentleman de la Chapelle Royale lorsqu'il y succéda à Robert Parsons en 1570, après la mort accidentelle de celui-ci. Il n'abandonna Lincoln qu'en 1572, date à laquelle il fut nommé organiste de la Chapelle Royale. Il exerçait cette fonction en même temps que Tallis, très probablement son maître et assurément son ami : on se souvient de leur recueil commun de *Cantiones* et de leur partenariat pour l'exploitation du privilège d'imprimeurs de partitions et de papier à musique. Byrd partageait son temps entre ses fonctions à Londres ou à Greenwich et sa propriété campagnarde, d'abord à Harlington dans le Middlesex, puis à Stondon dans l'Essex où il mourut le 4 juillet

1623 dans la quatre-vingtième année de son âge. Il eut notamment comme élèves Thomas Morley et Thomas Tomkins.

L'élément le plus saillant de sa biographie est d'ordre religieux : Byrd demeura obstinément un catholique convaincu — sans se montrer pour autant intolérant ou bigot, si l'on en croit les témoignages du temps. Ses deux épouses successives et lui-même furent maintes fois condamnés à de lourdes amendes comme *recusants*, c'est-à-dire comme catholiques se refusant à assister aux offices anglicans. Ses rapports avec des jésuites lui attirèrent de graves soupçons. On perquisitionna dans sa maison à plusieurs reprises et son nom fut prononcé à l'occasion de certains complots. Mais Byrd ne fut jamais vraiment inquiété et il semble même qu'il ne paya pas les amendes. En dépit des regains anti-catholiques qui suivirent des épisodes tel que le fameux « Complot des Poudres » de Guy Fawkes en 1604, Élisabeth puis Jacques Ier ne cessèrent de protéger celui que ses contemporains appelaient « The Father of english Musick » (le père de la musique anglaise).

L'œuvre de William Byrd, encore très incomplètement mais progressivement révélée au grand public par la discographie, est énorme. Dans le domaine de la musique sacrée latine, elle comprend trois messes catholiques (parues et diffusées clandestinement) qui figurent parmi les grands chefs-d'œuvre du genre, les dix-sept motets du recueil des *Cantiones,* deux livres de *Gradualia* qui rassemblent cent neuf motets concis et denses et une autre centaine de motets demeurés manuscrits (dont les classiques *Lamentations de Jérémie),* certains avec tablature de luth. Ses convictions n'empêchèrent pas Byrd de composer pour l'église anglicane deux services (un « long » et un « court ») qui constituent, par leur conception et leur beauté, une avancée majeure dans l'édification de la nouvelle liturgie. On y ajoutera deux services du soir, de nombreux psaumes et une soixantaine d'*anthems* tout de joie et de clarté. L'œuvre profane n'est pas moins considérable. Elle comporte plusieurs recueils de splendides madrigaux, un recueil de canons (dans lequel Byrd et Alfonso Ferrabosco II rivalisent d'invention et de virtuosité harmoniques) et une cinquantaine de chansons. A la différence de beaucoup d'œuvres contemporaines, l'accompagnement de celles-ci est confié non au luth, mais à un ensemble de violes. En fait, Byrd s'intéressait très vivement à la musique instrumentale. Celle qu'il écrivit pour les violes (fantaisies, *In nomine*, etc.) préfigure souvent l'effectif du quatuor classique : deux violes soprano, une viole ténor, une basse de viole (et non deux sopranos, deux ténors, deux basses comme c'était la coutume). Certaines pièces semblent même avoir été écrites en pensant non à la famille des violes, mais à celle des violons. Enfin, l'œuvre pour clavier de Byrd (quelque cent cinquante pièces dans le *Fitzwilliam Virginal Book* et le *My Lady Nevells Book)* domine de très haut toutes celles composées avant le XVIIIe siècle.

Étonnante par son ampleur et sa diversité, l'œuvre de Byrd ne l'est pas moins par ses qualités proprement esthétiques. Créateur à la forte personnalité, s'adaptant avec bonheur à l'expression des sentiments les plus variés, Byrd témoigne d'une maîtrise exceptionnelle du langage musical. Il trouve toujours les moyens de ses idées, aussi nombreuses, aussi subtiles, si changeantes qu'elles soient. En dépit du nombre limité des timbres vocaux ou (et) instrumentaux dont il dispose, c'est un prodigieux orchestrateur et, on l'a vu, un précurseur. On peut se laisser parfois gagner plus facilement par le charme, plus cru ou plus voilé, de certains de ses contemporains. Mais il reste, avec son presque contemporain Monteverdi, le plus important compositeur de son époque.

Il est tentant d'opposer à la personnalité sereine de Byrd celle d'un autre grand compositeur, né vingt ans plus tard mais disparu presque en même temps : John

Dowland. Par son tempérament tourmenté et les péripéties de sa vie aventureuse, Dowland fait penser, bien plus qu'aux musiciens de son époque, aux artistes du *Sturm und Drang* et du romantisme. Anxieux, instable, porté à la mélancolie, égotiste, Dowland s'est raconté et justifié dans de nombreux écrits — non parfois sans quelques contradictions. Dans ses œuvres, il exprime sans fard sa subjectivité et l'une de ses pièces les plus célèbres porte ce titre-calembour révélateur : *Semper Dowland semper Dolens* (Dowland toujours, toujours dolent). Enfin, à la différence de la plupart de ses contemporains, Dowland n'appartint pas à la Chapelle Royale et mena une carrière souvent hasardeuse, rarement institutionnelle.

On ignore le lieu exact où John Dowland naquit en 1563, peut-être à Westminster mais certainement pas en Irlande, comme certains historiens l'ont affirmé. On sait cependant qu'il fut élevé dans la « confession d'Augsbourg » (le protestantisme) et qu'il manifesta très jeune de grandes dispositions pour le luth. Aussi, à dix-sept ans, décida-t-il de partir pour Paris dans la suite de Sir Henry Codham, ambassadeur d'Angleterre en France. Il y cherchait, selon ses dires, les meilleurs professeurs qu'on pût trouver en Europe. On se souvient, en effet, que l'auteur de la méthode la plus répandue était un Français, Le Roy. Dowland revint en Angleterre trois ans plus tard. On ignore auprès de qui il avait étudié pendant son séjour à Paris. En revanche, il y avait accompli l'acte le plus inattendu, le plus risqué de la part d'un Anglais de l'époque : il s'était converti au catholicisme ! Cela n'empêcha pas la renommée du jeune musicien de croître rapidement. A vingt-cinq ans, en 1588, une autorité, John Case dans son *Apologia Muses*, le considérait déjà comme « l'un des plus fameux musiciens de notre temps ». La même année, l'université d'Oxford lui décernait, sans doute à titre de consécration, le diplôme de bachelier en musique (Cambridge fera de même en 1597). Mais, bien qu'il se soit produit à plusieurs reprises devant Élisabeth, il ne parvint pas à se faire nommer « luthiste de la reine ». Les raisons de ce refus restent mystérieuses et la nouvelle religion de Dowland n'en fut probablement pas la cause.

En 1595, déçu, Dowland part pour un long voyage qui était censé le mener, via l'Allemagne, à Rome où il comptait rencontrer le grand madrigaliste Luca Marenzio (1554-1599). A Florence, il se mêle au milieu des exilés catholiques anglais qui complotent contre Élisabeth et veulent lui substituer Mary Stuart. Craignant trop de se compromettre, il interrompt brutalement son voyage et, par Nuremberg, revient en Angleterre dès le début de l'année 1597. Contrairement à la légende qu'il répand lui-même, il n'a donc jamais rencontré Luca Marenzio. En fait, des historiens, se fondant sur des éléments troublants, mais incontestables, mettent en doute la réalité (ou du moins la sincérité) de la conversion de Dowland et se demandent s'il ne s'agissait pas d'une « couverture » pour espionner l'émigration catholique. Musicien « au service secret de Sa Majesté » ou voyageur imprudent, agent simple ou agent double, Dowland échoue de nouveau et n'obtient pas la charge convoitée. Pourtant, son *First Booke of Ayres* devient un grand classique ; il sera réédité à cinq reprises du vivant de l'auteur. John Dowland repart alors pour le Danemark. Il reste jusqu'en 1603 à la Cour de Christian IV, éprouve des difficultés à se faire payer, revient en Angleterre pour y voir mourir Élisabeth, repart pour le Danemark, revient une nouvelle fois à Londres (définitivement !) en 1606. Une jeune génération de musiciens commence à y briller, mais la célébrité de Dowland demeure très grande. Son second *Book of Ayres* a paru en 1600, le troisième en 1603. On interpole fréquemment ses chansons dans les drames et les masques, en particulier ceux de Ben Jonson, Philip Massinger, John Webster. Enfin, en 1612, Dowland reçoit de Jacques Ier le poste si longtemps désiré de luthiste royal. Il semble qu'il coula des années plus paisibles jusqu'à sa mort, bien que celle-ci ait suscité une légende touchante « à la mode Amadeus ». Comme on connaît la date de son inhumation, le 20 février 1626, mais non celle de son décès, on a soutenu que Dowland, décédé un mois auparavant, n'avait pu être inhumé, faute d'argent pour payer son enterrement...

On aura bien compris que ces détails n'ont pas été donnés par seul goût du pittoresque. On l'a dit, la musique de Dowland est à l'image de sa personnalité : tantôt poignante jusqu'au larmoiement, tantôt brillante jusqu'à la virtuosité, tantôt charmeuse jusqu'à l'érotisme, toujours vivante, colorée, surprenante, la musique d'un contemporain (et pourquoi pas d'un ami) de Shakespeare et de John Donne. On comprend que le grave Docteur Burney et, après lui, la prude et mesurée Angleterre du XIXe siècle aient pu s'en effaroucher. L'œuvre de Dowland n'est pas immense. Ce converti au catholicisme ne nous a laissé, comme musique religieuse, que quelques (très beaux) psaumes... dans la stricte obédience anglicane. Ses pièces pour luth, dont assez peu furent imprimées (en particulier dans l'anthologie *Varietie of lute lessons*, 1610) et dont l'attribution n'est pas toujours sûre, prouvent, par leur niveau technique élevé, que leur auteur était un grand virtuose de cet instrument. Dans plusieurs cas, Dowland a utilisé le même air pour ses pièces pour luth et pour ses chansons[1]. Celles-ci, rassemblées dans les trois *Booke of Ayres*, dans *A Pilgrim Solace* (une vingtaine dans chaque livre), ainsi que dans l'anthologie *A Musical Banquett*, constituent une admirable synthèse de la poésie et de la musique élisabéthaines. Il est probable, du reste, que certains textes, d'auteurs non identifiés, soient de Dowland lui-

---

1. Et non des moindres, puisqu'on y trouve plusieurs « tubes » de Dowland, tels que les célèbres *Flow my tears*, *La pavane de Sir John Langton* ou *Robin* (des bois).

même. Et, dans les *Lachrimae or Seaven Teares* (1604), écrites pour 4 violes ou violons et luth, Dowland s'affirme comme un remarquable compositeur de musique instrumentale. Enfin, on doit à Dowland la traduction en anglais (faite, dit-il, pendant ses longs voyages) d'un traité de composition extrêmement intéressant, paru en 1517, le *Musice Active Micrologus* d'Andreas Vogelsang — qui crut bon, lui, de traduire son nom en latin par Ornithoparcus !

On a déjà évoqué, dans ce chapitre, le nom de Ferrabosco. C'est en vérité celui d'une véritable dynastie de musiciens, tant en Italie qu'en Angleterre. La branche anglais fut fondée par Alfonso I (1543-1588), qu'on trouve au service d'Élisabeth dès 1562. Il ne cessa de voyager entre Londres et la cour de Savoie et son activité d'agent plus ou moins secret au service d'Élisabeth Ire ne fait plus de doute. Il dut, malgré cela, quitter l'Angleterre en toute hâte en 1578, accusé de vol et d'assassinat sur la personne d'un jeune étranger au service du grand seigneur poète Sir Philip Sidney. Si Alfonso Ferrabosco I fut l'un des premiers à populariser le madrigal en Angleterre, on ne peut cependant le considérer autrement que comme un précurseur : sa manière reste celle, continentale, de Roland de Lassus. En quittant l'Angleterre, Alfonso I y laissait un fils (illégitime), Alfonso II (1575-1628), qui n'avait plus d'italien que le nom. Musicien d'Élisabeth puis de Jacques Ier, il fut le maître de musique du prince de Galles, le futur et infortuné Charles Ier. Ce qui n'empêcha pas Alfonso II, comme d'autres musiciens, de tirer une partie de ses revenus d'un second métier, en l'espèce l'exploitation des sables et graviers de la Tamise. Alfonso II a composé des ayres pour les masques de Ben Jonson et Inigo Jones, de nombreuses et très séduisantes pièces pour violes, fantaisies et *In nomine*, ainsi que des motets et des madrigaux. Dans ce domaine, il créa même un sous-genre : des « madrigaletes » extrêmement brefs, à quatre voix. On citera pour mémoire la suite de la dynastie anglaise : Alfonso III (1610-1660), Henry, né en 1615, qui termina sa vie à la Jamaïque en 1650 et John (1626-1682), un organiste.

Le père fondateur du madrigal anglais (il « lança » le terme) demeure en tout cas Thomas Morley (1557-1602), organiste, compositeur, éditeur de musique et théoricien, l'une des personnalités musicales les plus éminentes de son temps. Originaire de Norwich, élève de Byrd, organiste de Saint-Paul, il n'entra qu'assez tard à la Chapelle Royale, en 1592. Il passait pour avoir des sympathies à l'égard du catholicisme, ce qui lui permit de remplir, lui aussi, le rôle d'agent secret — et peut-être double ! En 1596, il succéda à Byrd dans l'exploitation du privilège royal d'impression de partitions et de papier à musique. Mais, à la différence de ses prédécesseurs, il sut en tirer d'appréciables revenus et vécut, sinon dans l'opulence, du moins dans une large aisance. Enfin, il semble que Morley fut l'un des musiciens les plus proches, voire l'un des familiers de William Shakespeare.

L'œuvre de Thomas Morley est extrêmement (excessivement ?) abondante. Sa musique sacrée (des psaumes, des anthems, des services) reste fortement influencée par Byrd. Si son *First Book of Consort Lessons* connut un vif succès, ce sont ses madrigaux (il en composa près de deux cents) qui lui valurent une immense notoriété et qui exercèrent une profonde influence sur le genre. Adoptant un style simple, souple, à la portée de tous, évitant le chromatisme et les effets sophistiqués, Morley remodèle la forme italienne sur le patron anglais. Il aura d'innombrables disciples, notamment Michael Cavendish (1565-1628), John Farmer (1565 ?—1605 ?) et Thomas Bateson (1570/5-1630), qui exercèrent à Dublin, John Bennet (né vers 1575) et de bien plus illustres, tel John Wilbye, sur qui l'on reviendra plus loin.

Enfin, Thomas Morley est l'auteur du plus fameux ouvrage théorique jamais écrit en anglais : *A Plaine and Easie Introduction to Practicall Musicke* (Introduction simple et facile à la pratique musicale), publié en 1592 et dédié à Byrd. Bien écrit, bien présenté, d'emploi aisé, cet ouvrage classique passe en revue l'essentiel de ce qu'un musicien, professionnel ou amateur, doit connaître : la notation et la lecture à vue, le contrepoint et la composition. Il comporte même, chose peu fréquente à l'époque, une annexe bibliographique.

A la génération de Morley appartient une autre personnalité pittoresque, John Bull[1]. Né en 1563, membre des Enfants de la Chapelle Royale en 1574, il fut l'élève de William Blitheman, (1525-1591), organiste réputé et compositeur appréciable. Professeur au Gresham College, gentleman de la Chapelle Royale en 1586, il se fit connaître par ses grands talents d'organiste, de compositeur et aussi de facteur d'orgues. Mais il ne tarda pas à s'attirer de nombreux ennuis en raison de son indiscipline et de son goût immodéré pour les femmes (en particulier celles dont il aurait dû le plus s'abstenir). « Cet homme a plus de dispositions pour la musique que pour la vertu, écrivait de lui l'archevêque de Canterbury ; il est aussi fameux pour son habileté à corrompre les vierges que pour son jeu à l'orgue et au virginal. » En 1613, à la suite d'un adultère extrêmement scandaleux, John Bull dut s'enfuir aux Pays-Bas où il mourut (à Anvers) en 1628. Sa conduite ne semble guère s'y être améliorée. Beaucoup d'œuvres de Bull sont perdues. Il nous reste surtout de lui une quinzaine d'anthems et plus d'une centaine de pièces pour clavier, d'une créativité et d'une habileté si considérables qu'on

---

1. Il n'existe qu'un rapport d'homonymie entre le compositeur et le personnage créé par John Arbuthnot (1667-1735) dans *Le Procès sans fin ou l'histoire de John Bull* pour symboliser l'Anglais typique (*Bull* = taureau).

a pu dire qu'elles constituaient « une insurpassable démonstration d'intelligence musicale ».

Dowland et Bull ne furent pas les seuls à entreprendre une carrière à l'étranger. La réputation de l'école britannique offrait de larges débouchés à ceux qui pouvaient (ou qui devaient) quitter l'Angleterre. Ainsi, William Brade (1560-1630) et Thomas Simpson (1582-1625) s'établirent-ils à Hambourg ou dans le duché de Holstein. L'un et l'autre exercèrent une très profonde influence sur la musique instrumentale allemande jusqu'au début du XVIIIe siècle, mais leur œuvre, entièrement écrite hors d'Angleterre, ne ressortit pas à l'histoire musicale de ce pays. Plus complexe s'avère le cas de ceux qui s'expatrièrent, momentanément ou définitivement, pour fuir les persécutions religieuses. Le plus célèbre est le catholique Peter Philips, né en 1560, choriste à Saint-Paul en 1574, et qui se réfugia en 1582 à Anvers, puis à Bruxelles où il mourut en 1628. En dépit de son éloignement, ses pièces pour le virginal eurent un grand succès en Angleterre, mais son œuvre vocale, sacrée ou profane, relève de l'école italienne ou flamande.

En vérité, la richesse exubérante de cet âge d'or — plusieurs dizaines de musiciens mériteraient d'être cités — ne facilite guère un classement, que ce soit par genre (la plupart des compositeurs les pratiquèrent tous) ou par génération : les formes et le langage évoluent par foisonnement, de manière bien peu linéaire. En musique, répétons-le, le règne de Jacques Ier prolonge et parachève celui d'Élisabeth. Aussi fera-t-on un retour sur Thomas Whythorne, né en 1528, mais très élisabéthain, sinon très moderne à plusieurs titres. Luthiste, auteur de très beaux duos, pionnier du madrigal anglais, ses œuvres eurent une influence très sensible sur la tradition de la musique populaire et de danse anglaise. Il fut aussi le premier compositeur à écrire son autobiographie. L'ouvrage, entremêlé de poèmes et de chansons, est un témoignage capital sur les gens et les mœurs de son temps. En homme de la Renaissance, curieux de tout, il inventa pour cela une nouvelle orthographe phonétique. Whythorne mourut en 1596.

Parmi les compositeurs nés avant 1570, on retiendra les noms de John Mundy (1555-1630), fils de William Mundy, auteur de psaumes et de pièces pour clavier, de Thomas Warwick, organiste ami de John Bull, actif de 1580 à 1620, de Nicolas Strogers (actif vers 1560-1575) dont les *consort songs* manifestent un grand talent mélodique, de Richard Alison (actif vers 1590-1600) et de John Milton (1563-1647). Ce dernier, riche amateur, auteur de compositions diverses et tout à fait honorables, eut pour fils le grand poète John Milton (1608-1674), qui célébra son père dans son poème *Ad patrem*. Edmund Hooper (1553-1621), qui influença Gibbons, composa presque exclusivement de la musique religieuse. Son *Behold it is Christ* fut l'un des anthems les plus populaires de son époque. On citera aussi Nathaniel Giles (1558-1633), membre de la Chapelle Royale, dont les œuvres témoignent d'une large variété de formes, et un madrigaliste, Richard Carlton (1558-1638), très enclin aux dissonances (en particulier les *clashes* de tierces mineures et de tierces majeures).

Trois autres musiciens, de stature plus notable, sont typiques de la civilisation élisabéthaine. Giles Farnaby (1565-1640) est resté très apprécié pour ses fantaisies, ses madrigaux, ses chansons populaires. Ses « miniatures », écrites pour le virginal, inaugurent un genre que reprendront, trois siècles plus tard, des compositeurs tels qu'Elgar ou Delius. Giles Farnaby n'en appartenait pas moins à la Guilde des menuisiers, métier qu'il exerça toute sa vie. Philip Rosseter (1568-1623), dont la tablature du début d'une chanson a été citée page 83, excellent luthiste et auteur de chansons, dirigea avec succès la célèbre troupe théâtrale des « Enfants de Whitefriars ». Enfin, la carrière de Thomas Campian ou Campion (1567-1620) ne manquera pas d'étonner. Compositeur de chansons extraordinairement prolifique, il en était, comme poète, l'auteur de tous les textes. Passionné de théâtre, il s'inscrivit aux *Inns of Courts*. Dans ces lieux où les juristes tenaient cabinet et dispensaient leur enseignement à plus de deux mille « apprentis » en droit, on ne cessait de faire de la musique, de donner des bals, des divertissements, des masques et des pièces. On y créa la première tragédie anglaise, *Gorboduc*, œuvre de deux juristes résidents, et Shakespeare y fut représenté. Après quoi Campian partit pour Caen étudier la médecine qu'il pratiqua le reste de sa vie. C'est sans doute à cause de ce séjour en France qu'on trouve dans ses chansons quelques exemples — pratiquement uniques en Angleterre — de musiques mesurées à l'antique dans le style voulu par Baïf et Courville. Campian est également l'auteur d'un ouvrage important sur la poésie anglaise de son temps.

En moins de cinq ans, entre 1572 et 1576, naissent trois des musiciens les plus importants de cette période. La longévité de Thomas Tomkins (1572-1656) prolongea son existence jusqu'aux temps troublés de la Révolution, mais il appartient à l'âge élisabéthain et jacobite. Originaire du Worcestershire, il était le fils d'un autre Thomas Tomkins (1545-1627), organiste comme son fils. Thomas Tomkins II, nommé à la Chapelle Royale en 1620, cumula cette charge jusqu'en 1624 avec celle de titulaire à la cathédrale de Worcester, qu'il exerçait depuis 1596. Sa réputation, mais aussi sa production considérable firent de lui le compositeur le plus chanté à la Chapelle Royale. Il écrivit plus de deux cents anthems, cinq services anglicans, un livre de madrigaux et de nombreuses pièces pour clavier et pour ensemble de violes. Influencé par Byrd, Tomkins se montre assez conservateur en matière de formes et de langage.

A la différence de la plupart de ses contemporains, John Wilbye (1574-1638) ne fit carrière ni à la Cour, ni à la Chapelle Royale, ni dans une cathédrale ; il resta attaché toute sa vie au service d'une grande famille du Suffolk, les Kytson qui lui assurèrent, assez tôt, une confortable retraite ; il laissa à sa mort un héritage d'un montant, fort rondelet pour l'époque, de 400 livres sterling. Wilbye a peu composé en dehors de deux livres de madrigaux, parus l'un en 1598 et le second en 1609. Mais c'est sans doute le plus doué, le plus fin, le plus sensible et le plus inspiré de tous les madrigalistes anglais. Nul plus que lui n'a mieux compris les possibilités offertes par la *seconda pratica*, en coulant sa musique, tantôt légère, tantôt grave ou mélancolique, sur chaque nuance de l'expression prosodique. Si l'on consent à juger un artiste, non sur l'abondance de sa production, mais sur la perfection de celle-ci, Wilbye demeure l'un des plus grands de son temps.

Avec Thomas Weelkes (1576-1623), il s'agit d'une tout autre figure. On ne connaît rien de lui avant la parution de son premier volume de madrigaux en 1597. En 1602, on le trouve organiste à la cathédrale de Chichester puis, en 1608, mais sans doute à titre honoraire, à la Chapelle Royale. Weelkes n'était pas un homme de tout repos : ses absences injustifiées, son ivrognerie notoire lui valurent de fréquentes réprimandes jusqu'à son renvoi, en 1617. Auteur de trois livres de madrigaux, de dix services sacrés, d'une trentaine d'anthems (sa musique instrumentale est moins intéressante), ce compositeur à la personnalité très accusée ne recule devant aucune hardiesse harmonique ou rythmique. On s'en apercevra dans ses *Cries of London*, sorte de symphonie vocale sur les bruits et les cris de la grande ville, genre qu'il contribua, pour une bonne part, à mettre à la mode. Parfois déconcertant, le plus souvent attachant, Weelkes annonce déjà l'ère baroque.

La même décennie vit la naissance de plusieurs autres musiciens d'importance moindre, mais fort intéressants. John Cooper ou Cowper (vers 1570-1626) se fit appeler Copperario après un séjour en Italie en 1603. Attaché à la maison du prince de Galles, il écrivit surtout de la musique instrumentale, de très nombreuses fantaisies et des orchestrations. Cooper pratiquait la *lyra viol*, d'origine italienne et de dimensions plus petites que celles des violes classiques. Montées sur un chevalet très incurvé, ses six cordes présentaient la particularité de s'accorder, non pas de manière fixe, mais en fonction de la pièce à jouer. John Ward, qui remplissait de hautes fonctions auprès du Chancelier de l'Échiquier, se montra en même temps un excellent compositeur de madrigaux, de services, d'anthems et de pièces pour violes à 5 ou 6 parties. Les dissonances sont fréquentes dans son œuvre comme dans celle de Martin Peerson (1572 ?—1650), organiste et madrigaliste, maître de chapelle à Saint-Paul en dépit de ses sympathies catholiques, dont l'inspiration est souvent mélancolique, sinon pathétique. Robert Jones (1577-1615) se voulut l'émule de Dowland avec ses cinq livres d'ayres qui en imitaient la manière. Malmené par les critiques de ses confrères, souvent discrédité par la postérité, il s'agit pourtant d'un musicien attachant. A côté de faiblesses indéniables, l'œuvre surabondante de Jones comprend des pièces pleines d'humour, de fantaisie et, souvent, d'une mélancolie qui, sans émouvoir comme celle de Dowland, n'en reste pas moins touchante.

On classera un peu à part deux compositeurs de la fin de l'époque élisabéthaine et jacobite. Robert Johnson (1583-1633), luthiste de Jacques Ier et de Charles Ier, mérite surtout d'être connu pour ses rapports avec le théâtre et avec Shakespeare. Il composa des masques pour le « Globe » et des chansons ornementées et déclamatoires pour *Cymbeline*, *Un conte d'hiver* et *La Tempête* de Shakespeare, ainsi que pour l'*Oberon* de Ben Jonson. Thomas Ravenscroft (1592-1633) se fit connaître à la fois comme théoricien, auteur de psaumes et de musiques de scène et comme éditeur. Il publia le premier recueil de *rounds* et de *catches* où l'on trouvait des chansons de taverne, des ballades traditionnelles et des cris de marchands harmonisés.

Mais c'est Orlando Gibbons (1583-1625) qui domine de loin la dernière génération des compositeurs élisabéthains. Né dans une famille de musiciens, fils de William Gibbons (1540-1595), frère cadet d'Edward (1558-1650), d'Ellis (1573-1603) et de Fernando (né en 1581), il entra au prestigieux King's College de Cambridge en 1598. Bachelier en musique de cette université, puis docteur de celle d'Oxford, il fut engagé à vingt ans comme organiste de la Chapelle Royale. On lui doit, sinon l'invention, du moins le développement du *full anthem* dans lequel alternent le soliste et le chœur, tous deux soutenus par l'orgue. Sa musique, assez traditionnelle, sérieuse, mais superbe et souvent grandiose comprend plusieurs services, des madrigaux, des fantaisies pour clavier, des pièces de musique instrumentale en trio et une belle version des *Cries of London*.

D'autres musiciens de cette génération, dont la carrière s'étend sur les règnes successifs d'Élisabeth, de Jacques Ier et de Charles Ier, méritent amplement d'être cités. Leurs œuvres portent parfois déjà la marque du « style nouveau » venu d'Italie, qui se diffuse en Angleterre dans les premières décennies du XVIIe siècle (cf. chapitre suivant) ; tous représentent cependant les ultimes surgeons de la grande époque élisabéthaine. George Kirbye (?—1634), originaire du Suffolk, trahit encore l'influence de Byrd. Extrêmement habile, la richesse de son inspiration n'égale cependant pas toujours la virtuosité de son écriture. Francis Pilkington (1575/1580—1638), ministre du culte, est notamment l'auteur de chansons avec luth dans le style de Rosseter ou de Campian et de madrigaux. Comme celui de Kirbye, son style reste un peu passéiste. Il n'en est pas de même de Richard Dering (1580-1630), chez qui apparaissent les premières manifestations du *stile rappresentativo*. En fait, ce compositeur catholique passa une partie de sa vie en Belgique et son œuvre est constituée, pour une part importante, de partitions destinées à la liturgie romaine (entre autres des motets latins) et de pièces à l'italienne, notamment des *canzonette*. On lui doit aussi un exemple de *City Cries*. Michael East (1580-1648), sans parenté avec l'éditeur Thomas East, subit de même l'influence italienne. Auteur plus prolifique qu'original, il était organiste à la cathédrale de Lichfield où il fut le maître de musique du célèbre Elias Ashmole (1617-1692), historien, érudit et quelque peu alchimiste. Et l'on ne saurait oublier Thomas Ford (1580 ?—1648), violiste renommé et auteur d'excellentes chansons dont l'une, *Since I first saw your face*, fut l'une des plus populaires de l'époque.

Il faut, enfin, remonter en Écosse, à l'histoire agitée, où l'Église presbytérienne s'était déclarée indépendante de la Couronne détenue (en théorie) par Mary Stuart, farouchement catholique. Comme on l'a vu, la rigueur calviniste y avait pratiquement interdit toute musique sacrée en dehors des simples psaumes chantés par l'assistance. Cela n'empêcha pas John Black (1525 ?-1587) de composer sur les timbres de ces psaumes des pièces pour ensemble de violes. Mais c'est à la cour (bien souvent itinérante) de Mary Stuart qu'on trouve le plus grand musicien écossais de cette époque : James Lauder (1535-1595). Ses airs de danse, en particulier ses pavanes, étaient fort appréciées et l'une d'elles, arrangée par Claude Gervaise sous le titre de *Pavane d'Angleterre* (les incertitudes géographiques des Français ne datent pas d'hier !), eut un succès considérable. Les airs de danse pour virginal de William Kinloch, par ailleurs messager secret auprès de Mary Stuart, sont également d'un grand intérêt.

Cependant, rarement publiées, le plus souvent anonymes, de forme particulière ou traditionnelle (ballades, airs de danse, chansons en gaélique), les œuvres des musiciens écossais n'eurent, en général, qu'un destin très local. La situation empira encore quand Jacques Stuart, roi d'Écosse, devint roi d'Angleterre. Avec le transfert de la Cour d'Edimbourg à Londres, les traces de la vie musicale écossaise doivent être recherchées dans les recueils constitués par les amateurs et les travaux des poètes qui, tel Sir William Mure of Rowallan (1594-1657), lui-même neveu du grand poète Alexander Montgomerie, mettaient de nouveaux textes sur des airs anciens ou transcrivaient ceux-ci pour le luth, le virginal, voire l'ensemble de violes.

VI

Diabolus in organum

*La musique sous les Stuart
et pendant la guerre civile*

    Au cours du XVIIe siècle et tout particulièrement entre les dernières années du règne de Jacques Ier et la Restauration de Charles II, en 1660, la Grande-Bretagne[1] traversa une période de troubles et de guerres civiles qui affectèrent profondément la vie sociale et artistique du pays. La crise, qui ne trouva d'ailleurs de règlement satisfaisant qu'à la fin du siècle, était due à des facteurs de nature très différente, mais liés de manière inextricable.
    Il s'agissait tout d'abord d'une crise politique. A l'instar des souverains du continent, les rois d'Angleterre voulurent renforcer l'absolutisme monarchique : « L'état de monarchie est la chose suprême sur cette terre, car non seulement les rois sont les lieutenants de Dieu sur

---

1. Cette expression, encore anachronique, n'est utilisée que par commodité. Si, depuis Henry VIII, le roi d'Angleterre portait le titre de roi d'Irlande, ce pays était administré par un « Lord Lieutenant » dont la fonction ressemblait fort à celle d'un gouverneur de colonie. Quant à l'Écosse, elle avait depuis Jacques 1er le même roi que l'Angleterre, mais les deux royaumes restaient totalement distincts.

la terre, mais Dieu lui-même les appelle des dieux », affirme Jacques Ier [1]. Mais, quand bien même les Stuart eussent été de la trempe des Bourbon, c'était oublier que les dynasties anglaises, longtemps électives, souvent contestées, reposaient sur des bases bien plus fragiles que celles du continent. C'était oublier aussi (ou plutôt feindre d'oublier) que le système politique britannique comportait depuis des siècles un arsenal de dispositions qui garantissaient de larges franchises aux corps intermédiaires, notamment le vote de l'impôt. C'était négliger, enfin, la structure sociale anglaise fondée, non sur une féodalité archaïque, mais sur des classes de propriétaires terriens, de marchands et déjà d'industriels « modernes » qui attendaient avant tout de leur roi qu'il protégeât leurs intérêts — au demeurant parfois contradictoires. A la formule de Jacques 1er répond celle du juriste Selden (1584-1654) : « Un roi est chose créée par les hommes pour leur bien à eux, pour leur tranquillité. Le roi, c'est comme le membre d'une famille qu'on a chargé de l'achat de la nourriture [1]. »

Cette crise politique se doublait d'une crise religieuse, plus grave encore. Élisabeth était parvenue, tant bien que mal, de gré ou de force, à maintenir le fragile équilibre de l'Église d'Angleterre entre la faction catholique et le courant protestant le plus radical, celui des puritains, formé dans l'exil sous le règne de Mary la sanglante. L'influence des puritains ne cessa de progresser, en particulier dans les couches moyennes de la société, celles que leur dynamisme économique encourageait à exiger un contrôle rigoureux du Parlement sur la monarchie. Le terme de « puritain » recouvrait en réalité une large variété de sectes, correspondant à des interprétations particulières des Écritures. Mais, en matière d'organisation religieuse, ils s'accordaient pour prêcher des princi-

---

1. Cité par Christopher Hill dans : *The Century of Revolution, 1603-1714*, Nelson, Walton on Thames, 2e édition, 1980.

pes tout à fait contraires aux intentions du souverain. Ils s'élevaient contre la hiérarchie des évêques, dont ils demandaient la suppression. Le roi eût ainsi été privé du soutien que lui apportaient, à la Chambre des Lords, les voix de l'épiscopat. « Si vous partiez, disait Charles Ier aux évêques, et si les presbytériens prenaient votre place, je sais ce qu'il adviendrait de ma suprématie. » Lorsque Laud, archevêque de Canterbury, devint premier ministre à l'avènement de Charles Ier, en 1623, son attirance pour une pratique religieuse proche, en apparence du moins, du catholicisme, renforça par contrecoup les thèses des puritains. Les fautes de Charles Ier, entêté mais faible, manœuvrier mais maladroit, firent le reste. Charles Ier rétablit l'épiscopat en Écosse, provoquant une insurrection contre laquelle le Parlement anglais refusa de voter des crédits. La lutte entre le Parlement et le roi conduisit finalement celui-ci, en 1641, à quitter Londres : la guerre civile commençait. En 1645, Charles Ier fut battu à Naseby. En 1647, les Écossais le livraient à l'armée des puritains commandée par Oliver Cromwell. En novembre 1648, le roi parvenait à s'échapper. De nouveau battu, il fut repris, jugé et exécuté le 30 janvier 1649. La monarchie et la Chambre des Lords furent abolies. Olivier Cromwell, « Lord Protecteur », gouverna l'Angleterre puritaine jusqu'à sa mort, le 5 septembre 1658. Son fils Richard ne put ou ne voulut s'imposer à un pays déchiré par les factions, dans lequel les combats entre les « Têtes Rondes », partisans de la république et les « Cavaliers », partisans du roi, ne cessaient de se ranimer. Le pouvoir échut à un général, Monk, qui le remit bien vite à l'héritier du trône. Le 25 mai 1660, le fils de Charles Ier, Charles II, reprenait possession du trône des Stuart.

Si l'on se souvient de l'attitude des calvinistes purs et durs à l'égard de la musique, un siècle auparavant, ce bref rappel historique ne paraîtra pas inutile. En effet, les puritains du temps de Charles Ier ne pensaient pas autrement que leurs ancêtres sous Édouard VI. Le pamphlet de William Prynne, *Histriomastix*, paru quelques années avant la Révolution, en 1633, ne laissait là-dessus aucun doute.

A l'église, le rôle et la nature de la musique découlaient de la conception puritaine de l'office. La lecture de la Bible et le commentaire du ministre, le prêche, en constituaient l'essentiel ; il ne comportait rien de mystique : niant la présence réelle, les puritains ne voyaient dans la Communion que la commémoration de la Dernière Cène. Le rationalisme moral et religieux du service puritain se situait donc aux antipodes du faste, de l'expressivité de la messe romaine (voire anglicane). La musique devait rigoureusement s'y limiter à des psaumes de forme métrique, chantés à l'unisson — genre qui ne pouvait guère susciter l'enthousiasme d'un grand compositeur.

Comme au siècle précédent, on s'en prit aux orgues, aux chœurs et aux textes. Une ordonnance du 9 mai 1644 disposa que « partout, les orgues, ainsi que les buffets ou tribunes sur lesquels elles sont installées dans les diverses églises ou chapelles, soient enlevées, rendues complètement inutilisables, sans que rien ne puisse être installé pour les remplacer ». Les orgues furent détruites dans la plupart des grandes cathédrales, à Westminster, à Canterbury, à Winchester, à Norwich, etc. Ici et là, raconte Ryves dans son *Mercurius Rusticus* de 1642, les soldats des Têtes Rondes défilèrent en bandes dans les rues, soufflant dans les tuyaux comme s'il s'était agi de trompettes ou de bugles. L'avenir même de la musique fut obéré par la dissolution des chœurs (sauf à Oxford) qui interrompit pendant près de vingt ans une tradition maintenue intacte depuis des siècles et, plus encore peut-être, par la destruction des recueils de musique, dont beaucoup n'existaient encore que sous forme manuscrite.

Dans le domaine profane, la dissolution et la dispersion de la cour entraînèrent, bien entendu, celles de la musique et des musiciens du roi. A la ville, l'un des premiers actes du Parlement fut de décréter, dès le 2 septembre 1642, la suppression des représentations théâtrales. Le fameux « Globe » de Shakespeare fut démoli en 1644. Or, on l'a vu, musique et théâtre étaient étroitement liés. De nombreux musiciens se trouvèrent au chômage. Un pamphlet de 1643, *The Actor's Remontrance*, décrit ainsi leur situation : « Nos musiciens, dont on se délectait au point qu'ils renâclaient à jouer dans une taverne pour moins de vingt shillings pour deux heures, errent désormais, leurs instruments cachés sous leurs manteaux — si tant est qu'ils possèdent encore un manteau. Ils vont de maison en maison, partout où ils pensent trouver des gens de bonne compagnie. Et, chaque fois qu'ils en trouvent, ils demandent : « Voulez-vous qu'on vous fasse un peu de musique, Messieurs[1] ? » »

La réaction puritaine s'avéra d'autant plus malencontreuse que, depuis Jacques Ier, le masque connaissait une extraordinaire faveur. Les plus grands poètes en écrivaient les textes, les musiciens les plus illustres, la musique, tel le fameux *Comus* (1638), livret de John Milton, le fils du compositeur homonyme, musique de Henry Lawes — qui, engagé dans l'armée royaliste, sera tué quelques années plus tard devant Chester, en 1645. Parfois, cependant, le texte et la musique étaient partagés entre plusieurs auteurs. Le développement du masque ne tarda pas à imposer des lieux plus vastes et plus appropriés. En 1622, on inaugura à Whitehall une nouvelle salle royale, de dimensions imposantes pour l'époque (34 x 17 m) et d'un luxe inouï, sur les plans d'Inigo Jones[2]. Après qu'on y eut installé les grands tableaux de Rubens, en 1635, Charles Ier, de crainte que la fumée des chandelles ne détériorât les peintures, fit édifier une

---

1. Cité par Henry Raynor dans *Music in England*, Robert Hale, Londres, 1980.
2. Cette salle existe toujours.

autre salle, en bois, mais à côté de la première et de dimensions identiques. En 1630, pour la salle dite « Cockpit-in-Court », destinée aux jeux et aux représentations, on s'inspira du célèbre Teatro Olimpico de Palladio, à Vicence. A la veille de la guerre civile, le masque était sur le point de passer de la Cour à la ville. William Davenant (1606-1668), filleul de Shakespeare et successeur de Ben Jonson comme poète lauréat, reçut en mars 1639 un privilège du roi pour construire et exploiter une salle où l'on donnerait « de la musique, des représentations musicales, des danses, que ce soit aux heures habituelles des spectacles de théâtre, ou à la fin de ceux-ci, ou encore à d'autres heures ». La salle ne fut toutefois jamais construite, car Davenant ne put trouver de site convenable avant le début de la révolution puritaine.

Le modèle choisi pour l'architecture de la salle « Cockpit-in-Court » est révélateur : la première moitié du XVIIe siècle voit, en Italie, la naissance et la croissance de l'opéra au sens moderne du terme. Avec lui, se développe un style nouveau, le *stile rappresentativo*, né à la Camerata de Florence autour du comte Bardi et illustré par Peri, Cavalieri, Caccini ou Monteverdi. La monodie accompagnée s'y substitue au contrepoint et à la polyphonie, posant ainsi les bases, entre autres, du bel canto et du drame lyrique. Cette mutation stylistique avait été vite perçue en Angleterre, où elle ne tarda pas à influencer la musique dans son ensemble et le masque en particulier. Dès 1617, le livret de *Lovers made men*, dû à Ben Jonson et mis en musique par Nicolas Lanier, précise : « Tout le masque était chanté à la manière italienne, *stilo recitativo*. » Les voyageurs anglais en Italie, à commencer par John Milton et le grand mémorialiste John Evelyn, contribuèrent du reste à la diffusion du *stile nuovo*. Mais l'abolition de la monarchie, qui finançait et organisait la plupart des grands masques, et aussi l'opprobre dont les puritains chargeaient le théâtre n'étaient pas de nature à favoriser le développement de l'opéra anglais.

Décrire l'Angleterre des puritains comme un pays d'où toute musique, sacrée ou profane, était bannie serait toutefois une exagération manifeste. Certes, au XVIIIe siècle, Charles Burney, le père fondateur de la musicologie, affirmait dans sa *General History of Music* : « Oxford demeura sans doute le seul endroit du royaume où il fut permis d'entendre des sons musicaux... Dix ans d'un sinistre silence s'écoulèrent, semble-t-il, avant qu'on tolérât de faire vibrer une corde, de souffler dans un chalumeau. Avant l'année 1656, il n'est fait mention d'aucune réunion, d'aucun club musical, d'aucun concert. » Mais on a, depuis, amplement prouvé le caractère excessif d'une telle affirmation [1]. Il suffirait à cet égard de se rappeler la diversité des personnalités rangées sous la dénomination générale de « puritains ». Oliver Cromwell, le Lord Protecteur lui-même, pour ne citer qu'un exemple, aimait beaucoup la musique. Il entretenait une petite chapelle privée et montrait un goût particulier pour les motets latins de Richard Dering. Mieux encore, il fit installer dans son palais de Hampton Court l'orgue enlevé au Magdalen College d'Oxford !

La guerre civile et le régime du Commonwealth n'empêchèrent pas, en tout cas, l'expansion de l'édition musicale. Avec la Hollande, l'Angleterre joua un rôle déterminant dans l'emploi d'une nouvelle technique née en Italie, la gravure, qui allait remplacer peu à peu la typographie à caractères mobiles. Cette technique avait été utilisée pour la première fois par William Hole dès 1613 pour *Parthenia*, un recueil de pièces de virginal de Byrd, Bull et Orlando Gibbons, et ne tarda pas à se répandre. Elle favorisait les réimpressions (c'est-à-dire la

---

1. Tout particulièrement Percy Scholes dans un ouvrage de référence : *The Puritans and Music*, Oxford University Press, 1934, rééd. 1974.

diffusion de la musique imprimée) et se prêtait bien plus facilement à la sophistication grandissante de l'écriture musicale (barres de mesure, tonalités complexes, chromatisme, indications de tempi et d'intensité, etc.). Elle permettait aussi de disposer de partitions plus lisibles et plus belles, sinon somptueusement ornementées.

En Angleterre, la première véritable maison d'édition musicale apparut du reste en 1648. Jusqu'alors, les publications se faisaient au coup par coup, souvent sur l'initiative des compositeurs eux mêmes (on se rappelle les privilèges accordés à Tallis, Byrd ou Morley). John Playford, à qui succédera son fils Henry en 1686, exerça pleinement et uniquement le métier d'éditeur de musique [1]. De très nombreuses partitions sortirent de ses presses, notamment des succès tels que *The English Dancing Master* en 1651 (ce qui montre qu'on continuait à danser, sous les puritains), *An Introduction to the Skill of Musick* (1655), ouvrage didactique plusieurs fois réédité, et ce *Catch that Catch can* (1652) dont il a déjà été question.

A propos de ce dernier recueil, une observation étonnée d'un musicologue britannique illustre la perplexité que nous inspirent parfois les contrastes et les paradoxes de cette époque. Comme Kenneth R. Long le remarque [2] : « On ne saurait guère nous accuser, nous autres gens du vingtième siècle, de timidité ou de pruderie. Pourtant, les paroles de beaucoup de ces catches, parfaitement acceptables dans l'Angleterre des puritains, seraient tout à fait impubliables aujourd'hui. »

La fermeture des théâtres et des lieux publics de divertissement, qui demanda d'ailleurs quelque temps, fut compensée, en partie du moins, par l'accroissement

---

1. On ne manquera pas de rapprocher cette initiative industrielle et commerciale de la mentalité puritaine, dont on a souvent remarqué les effets sur le développement du capitalisme moderne.
2. *Op. cit.*

de la pratique musicale à domicile. L'ouvrage *A Musicall Banquet* (publié par Playford en 1651) énumère notamment les dix-huit meilleurs professeurs de chant ou de viole qu'on peut trouver à Londres et les neuf meilleurs professeurs de virginal ou d'orgue. Cette liste s'achève par un « et beaucoup d'autres... » prometteur. Un peu partout, dans la capitale (on imagine qu'en province, la vie musicale offrait moins de possibilités), on organise des concerts privés, d'amateurs, mais aussi de professionnels. La leçon sera retenue par John Banister, quand il organisera chez lui, en 1672, les premiers concerts payants ou, un peu plus tard, par le charbonnier Thomas Britton chez qui Handel se produira lors de ses débuts londoniens. C'est aussi dans les demeures privées que se perpétue, tant bien que mal, la tradition du masque. Plutôt bien que mal, à vrai dire, puisque William Davenant, après avoir échappé au billot et passé quatre ans à la Tour de Londres, donna, en septembre 1656, « à l'arrière de l'hôtel Rutland, en haut d'Aldergate Street », ce qu'on peut appeler le premier opéra anglais : *The Siege of Rhodes*. Cromwell avait donné son autorisation à cette représentation, en public, mais dans une maison privée — comme naguère à Venise, pour d'autres raisons.

Cinq compositeurs, pas moins, avaient contribué à la musique du *Siege of Rhodes* : Henry Lawes, le capitaine Henry Cook et Matthew Locke pour les parties chantées, Charles Coleman et George Hudson pour les parties instrumentales. Plusieurs d'entre eux figurent également dans la distribution, où l'on remarque le nom de Henry Persill (Purcell), oncle ou père[1] du grand musicien. On notera aussi que les rôles des époux à la scène (Alphonso et Ianthe) étaient confiés, sans doute par souci de moralité, à des époux dans la vie : M. et Mme Edward Coleman. Bien que la partition soit aujourd'hui perdue,

---

1. Voir *infra* p. 117.

le texte et les didascalies prouvent qu'il s'agissait bien d'un véritable opéra. Un prologue instrumental précédait chaque entrée (ou acte), qui se terminait par un chœur ou un ballet. Le découpage des scènes et des couplets ne laisse pas non plus de doute et le livret précise que « l'histoire est chantée sur une musique récitative ». Enfin, les décors mobiles en perspective, dessinés par John Webb, éléve d'Inigo Jones, rompent totalement avec les décors fixes utilisés jusqu'alors pour les masques. Devenant renouvellera l'expérience, de manière toutefois moins probante, avec *The Cruelty of Spaniards in Peru*[1] (1758) et *The History of Francis Drake* (1659). Cette même année, Davenant reprenait *The Siege of Rhodes* dans une salle publique, celle de Cockpit-in-Court. Mais le « Commonwealth » puritain était déjà en voie de liquidation.

On a déjà signalé les courants qui, à cette époque, transformèrent profondément le langage des compositeurs. Venus d'Italie, liés en partie à la naissance de l'opéra, ils affectèrent peu à peu tous les genres musicaux. La polyphonie, dans laquelle concourent des voix d'importance sensiblement égale, est remplacée par une voix soliste, soutenue harmoniquement par un continuo. Ainsi naissent le récitatif de type narratif ou l'arioso lyrique et expressif, qui, dans la musique vocale, permettent de mettre en avant le texte — la *seconda pratica*. Appliquée au domaine instrumental, cette conception aboutira à la musique de style concertant. Le caractère individuel du soliste favorise désormais la traduction de sentiments plus extrêmes, plus pathétiques, plus changeants. Dans ce but, on n'hésite plus à utiliser certains intervalles naguère évités, voire interdits, tels que le triton *(fa-si,*

---

1. « La cruauté des Espagnols au Pérou ». On admirera le parti pris déjà humanitaire et « tiers mondiste » de l'intrigue, d'où l'inimitié à l'égard des catholiques et des Espagnols n'était peut-être pas absente...

par exemple), considéré comme « diabolique » au Moyen Age. Le système tonal s'affermit et se diversifie ; on ne se limite plus aux tonalités les plus simples, jusqu'alors de rigueur. William Child emploie les tons de *do* dièse et de *fa* dièse ; John Wilson compose (pour le théorbe), cent ans avant Jean-Sébastien Bach, une série de préludes dans tous les tons majeurs et mineurs. Des modulations, parfois abruptes, soulignent la mobilité des sentiments et des émotions. On passe de la sorte — pour employer des termes assez imprécis, mais commodes — de la Renaissance à l'âge baroque.

Aussi les compositeurs anglais dont l'activité s'étend, en gros, des années 1620 aux années 1670, peuvent-ils être considérés comme « de transition ». Cette autre expression imprécise et commode n'en reste pas moins juste, dans la mesure où ces musiciens s'adaptent progressivement aux nouvelles tendances — quand ils ne cherchent pas, sciemment, à s'y opposer. On ne trouvera pas parmi eux de personnalités aussi considérables que celle de Byrd, dans un passé récent, ou que celle de Purcell, dans un avenir proche. Mais on y compte nombre d'excellents compositeurs, dont quelques-uns très remarquables.

Comme on l'a vu, l'introduction du *stile rappresentativo* en Angleterre revient à Nicolas Lanier (ou Lanière), dans son *Lovers made men* en 1617. Il ne subsiste pas beaucoup d'œuvres de ce compositeur : des pièces vocales à l'italienne, dans le genre déclamatoire et héroïque, et un motet, au demeurant fort intéressants. A eux seuls, toutefois, ce rôle historique et les autres aspects de ses activités mériteraient qu'on résume sa carrière. Né en 1588, issu d'une famille de musiciens d'origine française établie à Londres depuis 1561, Nicolas Lanier jouissait d'une double renommée de compositeur et de chanteur. Il fut nommé maître de la musique du prince de Galles en 1618, puis de celle du roi, à l'avènement de Charles Ier en 1623. Mais les dons de Lanier ne se limitaient pas à la musique. Peintre et dessinateur de talent, il était aussi l'auteur des décors de *Lovers made men* et de nombreuses gravures d'après les œuvres de grands peintres italiens, tels que Giulio Romano ou le Parmigianino. Enfin, sa réputation de connaisseur lui valait d'être souvent employé comme expert par le roi, le duc de Buckingham et d'autres grands seigneurs. A ce titre, il fit plusieurs voyages en Italie, notamment pour acheter la fameuse collection de tableaux du duc de Mantoue. Il semble qu'il se réfugia en Hollande pendant la guerre civile, en 1646. A la Restauration, en 1660, Charles II le rétablit dans ses fonctions de maître de la musique du roi. Il mourut en 1666.

Parmi les meilleurs compositeurs britanniques de cette époque, on relève deux fois le nom de Lawes. Il fut en effet porté par deux frères, Henry et William qui, chacun dans des genres différents, exercèrent une influence majeure. Membre de la Chapelle Royale en 1626 et musicien du roi en 1631 « pour les luths et les voix », Henry Lawes, l'aîné, compensa la perte de ces charges sous le Commonwealth par ses cours privés de chant et de viole, extrêmement recherchés. Il retrouva ses fonctions à la Restauration. Henry Lawes a composé beaucoup de musique religieuse (en particulier des anthems), mais ce sont ses chansons, très belles et nombreuses (on en a recensé exactement quatre cent trente-quatre) qui font de lui le maître incontestable du genre au XVIIe siècle. Écrites ou non pour des masques (on se souvient que William Lawes fut l'un des compositeurs du *Siege of Rhodes*), la plupart furent publiées en trois recueils d'*Ayres and Dialogues* en 1653, 1655 et 1656. Mieux que tout commentaire musicologique, un sonnet du poète John Milton, *A mon ami Henry Lawes*, montre l'adhésion du compositeur à la *seconda pratica* et au style nouveau :

« Henry, toi dont le chant riche d'harmonie, bien mesuré,

> Apprit le premier à notre musique anglaise comment marier
> Les paroles avec les accents et les notes justes,
> Et non plus pour plaire aux oreilles de Midas :
> Avec des longues et des brèves... »

La personnalité de son cadet apparaît peut-être encore plus attachante. Né en 1602, William Lawes, élève de John Cooper (Coperario), appartint, de même que son frère, à la musique du roi Charles Ier (mais non à la Chapelle Royale). Royaliste convaincu [1], il suivit le roi à Oxford dès le début de la guerre civile et troqua sa viole pour l'épée. Commissaire des troupes, il fut tué devant Chester en 1645, lors d'une tentative pour dégager la ville des puritains qui l'assiégeaient. Sa réputation était telle que les Cavaliers firent de sa mort un symbole de la violence injustifiable des Têtes Rondes. Ils en tirèrent un slogan à calembour, malheureusement intraduisible : *Will Lawes was slain by those whose wills were laws*. En dépit de cette notoriété et d'une œuvre qui n'occupait pas moins de quinze gros volumes autographes, William Lawes n'avait jamais été publié de son vivant. Playford y remédia. Comme Henry, William Lawes était un chansonnier prolifique : il avait composé près de deux cents chansons et collaboré à vingt-cinq masques, notamment au plus grandiose du siècle, *The Triumph of Peace*, en 1634, qui avait coûté la somme phénoménale de 2 100 livres sterling (quelques milliards de centimes actuels) et pour lequel on avait rassemblé près de soixante-dix instrumentistes — ce qui indique que la taille des effectifs restait affaire de moyens, non de goût. S'il écrivit aussi quelques anthems, William Lawes est avant tout un grand compositeur de musique instrumentale et, sur bien des points, un précurseur. Il transforme librement la

---

1. Ce fut le cas de la grande majorité des musiciens de l'époque. On ne s'en étonnera pas.

forme ancienne de la fantaisie, emploie le violon, compose déjà des suites de danses stylisées (le genre aura un bel avenir), applique les principes de la monodie accompagnée à l'écriture instrumentale : le style concertant. Ses œuvres très personnelles, très novatrices, volontiers chaleureuses ou dramatiques traduisent un tempérament que certains n'ont pas hésité à qualifier de « romantique ». C'est, en tout cas, l'un des premiers vrais « baroques ».

L'évolution du style de la musique anglaise s'avère particulièrement intéressante chez trois compositeurs à qui leur longévité assez exceptionnelle permit de traverser la quasi-totalité du XVIIe siècle. John Jenkins (1592-1678), fils d'un charpentier mélomane (l'héritage de celui-ci ne comprenait pas moins de neuf instruments de musique), devint vite un violiste et un luthiste célèbre ; le mémorialiste Anthony Wood allait jusqu'à le considérer comme « le reflet et la merveille de son temps en matière de musique ». Il se produisait à la Cour et dans les grandes familles et n'assuma des fonctions officielles qu'en 1660, date à laquelle Charles II le nomma théorbe de la musique royale. Pendant la guerre civile, il s'était réfugié dans un manoir ami à la campagne. Hormis quelques pièces vocales sacrées ou profanes, l'œuvre de John Jenkins est surtout destinée aux instruments : environ huit cents fantaisies pour viole, lyra viole, ensemble de violes, etc., danses ou suites pour deux violons et basse (qui eurent une certaine influence en France). Très imaginatif, mais excellent technicien (il savait déjà écrire de vraies fugues), doué pour la mélodie et le lyrisme, John Jenkins intègre aisément à la tradition britannique les avancées du style nouveau.

William Child (1606-1697), en revanche, composa avant tout pour l'église. Originaire de Bristol, docteur en musique d'Oxford, il cumula à partir de 1632 une charge à la Chapelle Saint-George de Windsor et à la Chapelle Royale. A l'abri dans une ferme pendant la guerre civile, les événements affectèrent néanmoins sa condition au point de le réduire, en 1658, à demander une allocation sur la foi d'un « certificat de pauvreté ». Deux ans plus tard, la Restauration lui rendait heureusement ses emplois, mais il ne semble pas avoir beaucoup écrit à la fin de sa longue existence. Child a laissé un nombre considérable d'anthems et de services anglicans (souvent parvenus incomplets), mais c'est dans les pièces *a capella* qu'il semble le plus à l'aise et son chef-d'œuvre reste sans doute un motet latin, *O bone Jesu*. L'écriture de Child traduit de façon flagrante, encore que parfois malhabile, l'influence du nouveau langage : chromatisme, utilisation de tonalités rares, modulations éloignées.

L'adaptateur le plus conséquent du nouveau style à la musique anglaise demeure George Jeffries ou Jeffreys (1610-1685). Gentleman de la Chapelle Royale, il fut l'organiste de Charles Ier quand la Cour se réfugia à Oxford pendant la guerre civile. Il occupa ensuite le poste de chambellan (*stewart*) auprès d'un grand seigneur, Lord Hatton, mais ses propriétés lui assuraient une certaine indépendance de moyens et d'esprit. La déclamation à l'italienne est très présente dans ses œuvres (des anthems, de nombreux motets latins et quelques chansons pour des masques). Sa musique (comme les textes qu'il écrivait parfois lui-même) est extrêmement originale, riche en dissonances et en hardiesses surprenantes. On peut voir en Jenkins l'un des précurseurs de Purcell.

On ne saurait évoquer l'influence du *stile nuovo* en Angleterre sans citer Robert Ramsey, dont on ignore presque tout, sauf qu'il travailla (sans doute) en Italie avec Monteverdi, qu'il fut organiste du Trinity College de Cambridge et qu'il exerça son activité entre 1610 et 1644. Il composa surtout des œuvres en latin dans lequelles on remarque, outre les premiers emplois de la monodie, ceux de la barre de mesure, de la basse chiffrée et de la langue italienne pour l'indication des tempi et des valeurs d'intensité. Ces nouveautés sont également le fait d'un autre élève anglais de Monteverdi, Walter

Porter (vers 1595-1659), membre de la Chapelle Royale et auteur de madrigaux en *stile concertato*.

On retiendra aussi les noms de quelques compositeurs qui durent une large part de leur célébrité à leurs talents d'interprète, notamment ceux de grands organistes comme Christopher Gibbons (1615-1676), fils d'Orlando, auteur (avec Matthew Locke) d'un masque à grand succès *Cupid and Death*, en 1653, John Amner (vers 1590-1641), John Hilton II (1599-1657), Henry Loosemore (?—1570) ou Benjamin Rogers (1614-1698). John Wilson (1595-1694) fut l'un des meilleurs luthistes anglais. « Wait » de la Cité de Londres (le titre se perpétuait, sinon la fonction originelle) et membre de la musique du roi, il écrivit de bonnes chansons, des pièces dans le style déclamatoire et les préludes pour théorbe dans tous les tons déjà mentionnés. Le violiste Charles Coleman (vers 1605-1664), père de l'un des créateurs du *Siege of Rhodes*, Edward (?—1669), fut l'un des rares compositeurs anti-royalistes. Cela ne l'empêcha pas d'entrer dans la musique du roi à la Restauration. On lui doit des chansons à l'écriture modulante assez intéressante et, surtout, de la musique instrumentale. Enfin, on accordera une place toute particulière à un autre violiste, Christopher Simpson (1605-1669). Catholique, royaliste, il consacra la plus grande partie de son œuvre à la pédagogie. Il contribua largement à la fameuse *Introduction to Practicall Musick*, parue en 1655 chez Playford, et rédigea l'une des meilleures méthodes pour son instrument, *The Division Violist* (en 1659, toujours chez Playford), qui connut un immense succès.

On a réservé pour la fin de ce chapitre le musicien le plus caractéristique, sinon le plus important de cette époque de transition : Matthew Locke (1622-1677). La carrière de celui-ci se répartit en effet de manière presque égale entre les années qui précèdent et celles qui suivent la Restauration ; au cours de ces deux périodes, et notamment pendant la seconde, il exerça une très forte influence : le jeune Purcell fut son ami et peut-être son élève. Locke présente aussi le cas d'un compositeur partagé entre deux univers musicaux. Jusqu'à la fin de sa vie, il demeura un défenseur farouche de la musique anglaise. « Je n'ai jamais vu, disait-il, aucune composition instrumentale étrangère (à part quelques courantes françaises) qui méritât d'être transcrite par un Anglais. » Il s'opposa tout aussi violemment à la conception italienne de l'opéra, qu'il considérait tout à fait inadaptable à la tradition britannique. Il n'en reconnaissait pas moins les mérites et le nationalisme de ses discours ne l'empêchait pas de sacrifier aux conceptions nouvelles du langage musical, acquises dès 1648 lors d'un séjour en Hollande. A vrai dire, les opinions sur son œuvre sont souvent contrastées. Il faut peut-être y voir un effet du caractère de l'homme, acrimonieux, agressif, fielleux, toujours prêt à chercher querelle — l'une des personnalités les plus insupportables du siècle, a-t-on dit.

Locke avait suivi les leçons d'Edward Gibbons à la cathédrale d'Exeter avant d'en être chassé en 1641. Il combattit dans les armées royalistes pendant la guerre civile et il semble qu'il se convertit au catholicisme puisque en 1654, il fut dénoncé comme papiste. L'année précédente, on le sait, *Cupid and Death*, écrit en collaboration avec Christopher Gibbons, avait obtenu un grand succès, de même que sa contribution au *Siege of Rhodes*. La Restauration lui permit, en 1660, de savourer la puissance et la gloire : il devint compositeur ordinaire du roi (c'est Purcell qui lui succédera) et organiste de la reine Catherine. A toute occasion, dans ses propos, ses articles, les préfaces de ses œuvres, il déclenchait l'une de ces polémiques acides qui lui valurent sa réputation. Matthew Locke a abordé presque tous les genres et son œuvre, considérable, laisse rarement indifférent. Ses anthems (une trentaine) comptent parmi les plus inventifs et les mieux construits de l'époque. Compositeur de musique de chambre, on lui doit de nombreuses pièces à 3 voix *(Little Consort, Flatt Consort,* etc.) et l'on remarquera dans son *Consort of Fower Parts,* une structure fixe et déjà classique de la suite en quatre mouvements : fantaisie, courante, air et sarabande. Enfin, Locke est l'auteur (ou le coauteur) de masques et de musiques de scène, notamment pour des pièces de Shakespeare *(La Tempête, Macbeth,* etc.). Dans la préface de son *Psyche,* en 1675, Locke rappelle et résume les principes nationaux du drame musical, tels qu'on les a vu se dégager depuis un siècle et demi. Ils ne cesseront pas, de longtemps, de s'imposer aux compositeurs britanniques.

VII

Les plaisirs de Samuel Pepys

Les musiciens de la Restauration

16 janvier 1660

« Ensuite, les deux Pinknys, Smith, Harrison, Morris qui a une voix de basse, Sheply et moi, nous allâmes à la taverne du « Dragon Vert » [The Greene Dragon] sur les hauteurs de Lambeth et nous y chantâmes toutes sortes de choses. Non sans succès, je me risquai à déchiffrer à vue certaines pièces et je jouai de mon flageolet. Fort joyeux, nous avons enchaîné une chanson après l'autre jusqu'à neuf heures du soir, une heure bien tardive. »

17 juin 1660

« Aujourd'hui, on a recommencé à jouer de l'orgue devant le roi, à Whitehall. »

8 juillet 1660

« Grâce au Lord Chancelier et à M. Kipps, j'ai pu aller aujourd'hui à la Chapelle Royale de Whitehall. J'y ai entendu de la très bonne musique. C'est la première fois de ma vie que j'ai entendu des orgues et des chanteurs en surplis. »

2 juillet 1661
« Après ma leçon de chant, j'ai pris un fiacre et je suis allé à l'opéra de Sir William Davenant. C'était le quatrième jour de son ouverture et la première fois que je voyais un opéra. Aujourd'hui, on y donnait la deuxième partie du *Siège de Rhodes*. Le roi arriva, la pièce commença. »

Samuel Pepys (1633-1703), avait vécu sa jeunesse sous le Commonwealth, ce qui explique la fraîcheur de ses impressions. Employé à l'économat de l'Amirauté, il en gravit les échelons jusqu'à occuper de hautes fonctions. Entre 1660 et 1669, il tint un *Journal* d'un immense intérêt littéraire et documentaire. Or, Pepys éprouvait pour la musique une très grande passion. Quoique assez près de ses sous, il entretenait divers maîtres de musique, de chant ou de danse. Il jouait de plusieurs instruments et se risquait même à composer : il nourrissait une telle fierté de sa chanson *Beauty retire* qu'il la fit figurer dans le portrait qu'il commanda à John Hayes. Loin de constituer une exception, Pepys est très représentatif de l'amateur londonien en un temps où une véritable « mélomanie » s'emparait de la cour et de la ville. Ainsi trouve-t-on de nombreuses entrées relatives à la musique dans les *Mémoires* de John Evelyn (1620-1706), un gentleman farmer érudit. *Memoirs of Musick*, essai sur l'histoire de la musique de Roger North, procureur général de Jacques II, nous fournit également des informations très intéressantes sur la vie musicale de l'époque.

Comme presque tous les souverains anglais qui l'avaient précédé, Charles II Stuart aimait la musique, le chant, la danse et les spectacles. Il ramenait cependant de son exil à la cour de Louis XIV (pour qui il éprouvait une admiration sans limite), un goût fortement marqué par l'influence française. C'est ainsi qu'il mit à la mode la guitare, très en vogue en France, et fit largement appel à des musiciens français, tel Louis Grabu(t) qui prit en

1666 la direction de la musique royale. Il créa, au sein de celle-ci un ensemble de cordes imité des « Vingt-quatre violons du Roy » de Versailles et envoya deux de ses musiciens, Pelham Humphrey et John Banister se perfectionner en France[1]. Tout cela n'alla pas sans susciter des frictions entre musiciens anglais et français et un mécontentement certain. Pepys note ainsi, le 20 novembre 1660, que « le roi a fait un grand affront aux musiciens de Singleton[2] en leur demandant d'arrêter et de jouer de la musique française ». Dès 1662, Charles II utilisa ses vingt-quatre violons pour accompagner les services à la Chapelle Royale. Evelyn en fut indigné : « Au lieu des instruments à vent à l'ancienne, graves, solennels, qui accompagnaient l'orgue, on introduisit un concert de vingt-quatre violons lors de chaque pause, imitant ainsi la manière légère et extravagante des Français qui convient mieux aux tavernes ou au théâtre qu'à l'église. » L'emploi de castrats italiens (au lieu des hautes-contre anglais traditionnels) à la chapelle de la reine, la portugaise et catholique Catherine de Bragance, ne fut pas non plus du goût de tout le monde.

Henry Cooke (vers 1615-1672), nommé dès le retour du roi maître des enfants de la Chapelle Royale, fut chargé de réorganiser celle-ci. Il était temps : sur les trente-deux choristes habituels, il n'en restait plus que cinq ! Compositeur estimable, très marqué par l'influence italienne, auteur d'odes, d'anthems et de partitions dramatiques, celui qu'on appelait le « Capitaine Cooke » à cause de son grade dans l'armée royaliste pendant la guerre civile, était un musicien de grande expérience et

---

1. Il n'est pas prouvé, contrairement à une affirmation souvent répétée, qu'ils travaillèrent auprès de Lully. En fait, les musiciens anglais envoyés sur le continent subirent au moins autant l'influence italienne que l'influence française.

2. John Singleton conduisait une sélection des musiciens du roi que, toujours à l'imitation de Louis XIV, Charles II avait constitué en « Petite bande ».

il y réussit parfaitement. En même temps, on s'occupa de rassembler les partitions dispersées, de racheter des instruments, de réparer les orgues. John Hingston, qui s'en occupa tout d'abord, fut du reste aidé, à partir de juin 1673 par un jeune assistant de quatorze ans, fort doué, du nom de Henry Purcell...

L'argent manquait pourtant. Le roi savait mal arbitrer entre les nombreux chapitres de ses dépenses et le Parlement serrait les cordons de la bourse ; dans les années 1670, Charles II se trouva même obligé de vendre pour 1 300 000 livres sterling de terres afin de boucler ses budgets. En 1668, Henry Cooke refusa d'envoyer chanter les enfants de la Chapelle tant leurs vêtements étaient en loques. Le Trésor devait aux musiciens d'énormes arriérés : à sa mort, celui du même Henry Cooke atteignait 1 600 livres sterling, soit près de 2 000 000 de nos francs. Cela n'empêcha pas la Chapelle Royale de recruter d'excellents musiciens, attirés par le prestige de cette institution que bien peu quittèrent de leur plein gré. Ainsi William Turner, qui a laissé de la bonne musique d'église dans un style souvent grandiose « à la française » (en particulier son anthem *The King shall rejoice*) : né en 1651, il entra à neuf ans dans le chœur des enfants ; reçu en 1569 à la Chapelle puis à la musique du roi, il y demeura jusqu'à sa mort en 1740, soit quelque quatre-vingts ans de carrière ! Mais bien peu aussi respectaient l'article 3 du règlement de 1663 qui, reprenant des dispositions très anciennes, rappelait que « Nul ne sera reçu gentleman s'il ne renonce aux emplois qu'il occupe ailleurs... » Poussés par les soucis d'argent ou la soif d'autres gloires, les musiciens du roi, compositeurs et interprètes, multipliaient les occasions de se produire en dehors de Whitehall : au théâtre, dans de nouvelles formes de manifestations musicales. En fait, l'influence et l'importance de la Chapelle Royale et de la Musique du roi, en tant qu'institutions, ne cesseront plus de décroître[1]. Jacques II, qui succéda à son frère en 1685, n'eut guère le temps de s'occuper de musique. Catholique, absolutiste, il fut renversé par la révolution pacifique de 1688, qui confia la couronne à Mary et à Guillaume d'Orange, puis à la dynastie de Hanovre. Il faudra encore un certain temps pour que la Grande-Bretagne devienne une démocratie parlementaire au sens moderne du terme mais, si les souverains continueront d'y régner, ils gouverneront de moins en moins. A partir de la fin du XVIIe siècle, quelque goût qu'en ait le roi ou la reine, la musique cesse d'être une affaire de Cour. Elle se fait désormais à la ville.

On le sait, l'interdiction des représentations théâtrales s'était quelque peu assouplie dans les dernières années du Commonwealth. Six semaines à peine après son retour à Londres, Charles II accordait les premiers privilèges royaux à Thomas Killigrew, l'un de ses courtisans, et à William Davenant. Ce dernier s'empressa de reprendre son grand succès, *The Siege of Rhodes*, revu, augmenté et réparti en deux épisodes, pour l'émerveillement de notre ami Samuel Pepys. L'histoire des scènes londoniennes, assez compliquée, est ponctuée d'incendies de théâtres, d'entrepreneurs qui se brouillent avec leurs interprètes, de troupes qui s'associent ou se dissocient. Killigrew exploita son privilège au Théâtre Royal de Drury Lane, qui brûla en 1672 et fut reconstruit (sur les plans de Christopher Wren) en 1672. Mais on y donna surtout des pièces de théâtre — encore que celles-ci comportassent souvent beaucoup de musique. La troupe de Davenant (puis de sa veuve, qui reprit le flambeau de Sir William à la mort de celui-ci, en 1668)

---

1. Au point que George V envisaga en 1924, dans ce pays pourtant attaché aux traditions, de supprimer le titre de maître de la Musique du roi. Pour que cette charge immémoriale (et devenue honorifique) fût maintenue, Edward Elgar, au sommet de sa gloire, dut y postuler lui-même.

s'était établie d'abord à Lincoln's Inns et, après 1671, dans une salle de Dorset Garden, également sur les plans de Wren. C'est cette salle qu'on appelait communément l'opéra. Voué à l'opéra italien, le King's Theatre, plus connu sous le nom de Haymarket, ne fut inauguré qu'en 1705.

Comme ailleurs en Europe, l'opéra offrait aussi un lieu de rencontres, de discussions d'affaires ou d'intrigues amoureuses. A cause du régime politique britannique, il prenait toutefois souvent une importance très particulière. Pepys raconte que le 7 décembre 1666, on alla chercher les députés dans les théâtres en les priant de retourner au Parlement y voter un acte auquel le roi tenait beaucoup (et qui fut du reste repoussé). Le cas n'était pas exceptionnel et de nombreux votes furent sans doute décidés dans les coulisses, non de la Chambre des Communes, mais de Dorset Garden ou de Haymarket. Au tournant du siècle, on inaugura une pratique qui devait se répandre largement par la suite en Angleterre : le lancement d'un concours de composition lyrique dont la bourse était fournie par des « personnes de qualité pour l'avancement de la musique ». Le premier concours fut lancé le 21 mars 1700 dans la *London Gazette* pour un masque de Congreve, *The Judgement of Paris*. Le montant total était de 200 guinées[1], réparti en un premier prix de 100 guinées, un deuxième de 50, un troisième de 30 et un quatrième de 20. Les vainqueurs furent dans l'ordre John Weldon (1676-1736), qui devait entrer à la Chapelle Royale l'année suivante, John Eccles, Daniel Purcell, frère cadet de Henry (on reparlera plus loin de ces deux compositeurs) et un musicien morave engagé à la Chapelle Royale, Gottfried Finger (1660-1723).

L'une des grandes affaires du théâtre lyrique sous la

---

1. La guinée, unité de compte pour les choses nobles, équivalait à 21 shillings, soit 1 livre sterling et 1 shilling. Très grossièrement, la guinée représentait alors entre 1 000 et 1 500 francs actuels.

Restauration fut la diffusion à Londres de l'opéra français et de l'opéra italien. Le français Robert Cambert qui, ruiné, avait dû céder à Lully son privilège parisien, arriva à Londres en 1673. Dès l'année suivante, il monta à Drury Lane, avec Grabu, *Ariane ou le Mariage de Bacchus* et *Pomone*, de l'un et l'autre compositeurs. Leur « Royal Academy of Music » à la française ne rencontra toutefois qu'un succès limité. Cambert mourut dans des circonstances demeurées mystérieuses en 1677 et Grabu, exclu de ses fonctions à la musique royale cette même année 1674, rentra à Paris en 1679. Quant à l'opéra italien proprement dit, en dépit de l'habitude d'intercaler des chansons à l'italienne dans les œuvres anglaises, sa formule mit longtemps à s'imposer. Comme le résumait un article du *Gentleman* : « A l'étranger, les opéras sont des pièces où l'on chante chaque mot, ce qui n'est pas apprécié en Angleterre. » L'emploi des castrats ne suscitait guère d'enthousiasme. Pepys, en sortant d'un salon de musique chez Lord Bruncker où se produisait le Seignor Vincentio et ses musiciens, note le 16 février 1667 : « Ils firent de la très bonne musique, mais elle ne me plut pas à l'égal des pièces que j'ai pu entendre en anglais par Madame Knipp, le capitaine Cooke et d'autres. Quant aux eunuques *(sic)*, ils ne m'ont pas non plus transporté. Leur registre est élevé et leur voix très suave, mais j'ai pris au moins autant de plaisir avec certaines voix de femmes et d'hommes [en haute-contre], telles que celle de Laud Crisp. » De nombreux pamphlets parurent contre l'opéra étranger, par exemple celui de John Dennis (1706), intitulé : *Essai sur l'opéra à la manière italienne qu'on est en train d'introduire sur la scène anglaise, avec des réflexions sur les dommages qu'il peut causer au public.* Un journal rapporta que le même Dennis, pendant une représentation de *Pyrhus et Demetrius*, d'Alessandro Scarlatti, avait été pris de convulsions. Le spectacle fut néanmoins très applaudi et l'opéra italien trouva peu à peu son public. Mais celui-ci ne renia pas pour autant sa conception traditionnelle de la dramaturgie lyrique. En fait, les compositeurs britanniques, s'ils ne répugnaient nullement à s'inspirer du langage musical français ou italien, s'en tinrent presque exclusivement à une telle conception.

Le phénomène le plus important de la période de la Restauration demeure sans doute l'institution, pour la première fois en Europe, de concerts publics et payants. Nul besoin d'insister sur la signification sociologique de cette innovation ; il ne tenait pas au hasard qu'elle fût apparue en Angleterre où c'était la bourgeoisie, et non plus la noblesse ou le clergé, qui détenait désormais le pouvoir. A vrai dire, ces concerts avaient des précurseurs : les récréations musicales proposées par certaines tavernes[1], notamment *The Mitre* à Whapping, *The Greene Dragon*, *The King's Head* de Greenwich, sans oublier *The Goose and Gridiron* (L'oie et le gril), construit après le grand incendie de 1666 et dont l'enseigne représentait les armes de la Compagnie des Musiciens de Londres[2]. Des musiciens y chantaient ou y jouaient (comme dans certains cafés d'aujourd'hui), mais la clientèle pouvait s'y donner elle-même concert, à la manière de Pepys et de ses amis au Greene Dragon. Reste qu'à la fin de 1672, John Banister franchit un pas décisif. Violoniste et compositeur, Banister, né en 1630, avait été le chef des vingt-quatre violons du roi avant de se voir supplanter par Grabu. Ainsi parut, dans *The London Gazette* des

---

1. La taverne anglaise, dont les pubs actuels constituent une descendance, présente, comme ceux-ci, des particularités marquées. Il en existait de luxueuses, assorties d'un restaurant et de salles privées où l'on traitait ses affaires — quand on n'y rendait pas la justice. Pepys les fréquente souvent sans craindre pour sa respectabilité, dont il était pourtant fort soucieux.
2. *The Goose and Gridiron* ne tarda pas à s'attirer une autre célébrité. C'est dans cette taverne qu'à la Saint-Jean d'été 1717, quatre loges londoniennes fondèrent la première obédience maçonnique.

26-30 décembre 1672, la première annonce de concert de l'histoire de la musique :

« On informe qu'à la résidence de M. John Banister (appelée aujourd'hui « école de musique »), à Whitefriars près de George Tavern, ce présent lundi, de la musique sera donnée par d'excellents maîtres. On commencera à quatre heures précises de relevée et il en sera ainsi chaque après-midi par la suite. »

Le prix était modique (1 shilling, soit 50 à 70 francs actuels), mais la salle, si l'on en croit Roger North, se limitait à « un vilain trou, empli de tables et de chaises avec un box garni de rideaux pour les musiciens ». Par la suite, Banister transporta ses concerts dans des lieux plus agréables et plus élégants. On ignore hélas le contenu des programmes, mais on peut imaginer qu'ils comportaient, au moins pour une part, des pièces composées par les interprètes eux-mêmes (à l'instar des salons de musique privés). Quant à la qualité de l'exécution, la réputation de Banister suffit comme caution.

Quand Banister mourut en 1679, Thomas Britton reprit le flambeau. A la différence de Banister, Britton n'était pas musicien, mais marchand de charbon. Ses concerts, qui se poursuivirent chaque mardi pendant quarante ans, prenaient place dans l'étable convertie en entrepôt où il tenait commerce. A coup sûr, Britton ne poursuivait pas des buts lucratifs. L'abonnement annuel coûtait 10 shillings (500 à 700 francs) et la tasse de café 1 penny (5 francs). Enfin, la première salle expressément destinée aux concerts publics payants fut ouverte à la fin des années 1670 dans York Buildings (à peu près à l'endroit où se trouve aujourd'hui la gare de Charing Cross). Dès lors, les lieux de concerts se multiplièrent. La première grande « société de concerts », la célèbre Academy of Ancient Musick fut fondée en 1710. On fit aussi beaucoup de musique dans les jardins (à Vauxhall en particulier) et dans les stations thermales, comme à Epsom ou à Lambeth. Il en coûtait 20 francs pour le concert et un verre d'eau minérale. Il faudra encore quelques décennies pour que cette nouvelle pratique musicale se répande sur le continent où le prince, la Cour et l'Église restaient les seuls dispensateurs de musique.

Non que l'Église, en Angleterre, eût cessé de jouer un rôle musical important. Certes, après la guerre civile et le Commonwealth, on avait dû, un peu partout et plus encore qu'à la Chapelle Royale, restaurer les bases de la liturgie : les orgues, les maîtrises et les partitions. Pour les premières, l'Angleterre disposait d'excellents facteurs, en particulier Bernard Smith (dit Father Smith), qui avait étudié en Hollande pendant les années difficiles, et Renatus Harris, qui avait travaillé en France. En ce qui concerne le personnel, organistes, chantres, choristes, le rétablissement d'une tradition interrompue pendant vingt ans ne s'avéra pas trop difficile, du moins dans les grandes cathédrales. Toutefois, des recrutements hâtifs et la pratique inévitable du cumul des postes favorisaient un certain laxisme : en 1688, par exemple, Stephen Jeffries, organiste de la cathédrale de Gloucester (l'une des grandes) fit scandale en jouant, en guise de *volontaries*, des ballades populaires [1]. A Durham, un autre organiste, Richard Hutchinson, blessa grièvement l'un de ses choristes à coups de chandelier. Pire : l'un des compositeurs les plus attachants de la Restauration, Michael Wise (1648-1687) fut tué dans une rixe avec un veilleur de nuit qu'il avait grossièrement insulté. Wise, qui cumulait les fonctions de contre-ténor à la Chapelle Royale, d'organiste à la cathédrale de Salisbury et de maître des chœurs à Saint-Paul, s'était déjà signalé pour

---

1. Sans doute n'était-ce pas la musique en elle-même qui suscitait tant d'émoi, mais l'association que l'assistance ne pouvait manquer de faire avec les paroles de ces chansons, pour le moins lestes.

ses extravagances et sa conduite déplorable. Très doué, plein de charme expressif, voire de pathétique (comme souvent les mauvais sujets), il nous a laissé une quarantaine d'anthems (dont la très belle *The Way of Sion do mourn*) et plusieurs services fort intéressants. Le cas de Michael Wise montre *a contrario* que l'Église restait un point de passage obligé pour la plupart des musiciens ; quelques décennies plus tard, son tempérament et son style n'aurait pas manqué de l'attirer ailleurs, mais dans le genre profane, Wise n'écrivit que quelques chansons.

On entreprit enfin un effort systématique de reconstitution du répertoire liturgique. Deux personnalités qui, du reste, n'étaient pas des compositeurs professionnels, s'y illustrèrent. Robert Creighton (1636-1734) fut douze ans professeur de grec à Cambridge avant de devenir chanoine et maître des chœurs de la cathédrale de Wells. Ses œuvres ne présentent pas un intérêt majeur, mais sa science et son expérience lui permirent de jouer un rôle très éminent. Moins longue que celle de Creighton, la carrière de Henry Aldrich (1648-1710) fut étonnante et considérable. Prêtre, érudit, historien, héraldiste, mathématicien, architecte (il construisit plusieurs bâtiments de l'université d'Oxford, où il termina sa vie comme vice-chancelier), Aldrich amassa une immense collection de partitions et d'ouvrages musicaux anciens, d'une importance inestimable. Il donnait des concerts dans ses appartements du Christ Church College et composa une énorme quantité de musique, dont les limites évidentes n'empêchèrent pas la popularité. *Last but not least*, Aldrich était un arrangeur acharné. Il refit à son goût et mit sur des paroles anglaises de très nombreuses œuvres latines, non seulement de Tallis, de Byrd ou d'autres compositeurs britanniques, mais aussi d'Italiens comme Palestrina ou Carissimi.

La collection rassemblée par Thomas Tudway (1650-1726), quoique plus tardive, fut presque aussi importante que celle d'Aldrich. Son auteur, qui l'entreprit à la fin de sa vie sur la commande du comte d'Oxford, appartenait pourtant à la génération des musiciens de la Restauration. A la différence de Creighton et d'Aldrich, Tudway était un professionnel, organiste du King's College de Cambridge et auteur d'œuvres non négligeables — notamment des anthems comportant des symphonies instrumentales. A côté de Tudway, quelques autres musiciens d'église mineurs méritent d'être cités : John Goldwyn (1667-1719), Daniel Roseingrave (1650-1727) ou Henry Hall (1655-1707), sans oublier un très grand virtuose, Jeremiah Clarke (1674-1707). Clarke, en qui ses contemporains voyaient « le plus élégant interprète de musique d'église du royaume », exerça à Saint-Paul puis à la Chapelle Royale. Ses œuvres religieuses ou profanes (musiques de scène) ne manquent pas d'intérêt. L'une d'elles, un *Trumpet volontary*, arrangée au tournant de notre siècle par Henry Wood et abusivement attribuée à Purcell, est devenue un véritable « tube ». La fin de Clarke fut tragique : il se tira une balle dans la tête à la suite d'un chagrin d'amour — ou, plus prosaïquement, d'un accès de démence.

Sans même parler de celle de Purcell, la mort prématurée de Pelham Humphrey (1647-1674) priva la musique anglaise de l'un de ses espoirs les plus sûrs. Dès 1663, Pepys (et l'assistance de la Chapelle Royale) avaient remarqué « un excellent anthem à cinq voix sur le psaume 51, composée par l'un des jeunes gens du capitaine Cooke, un joli garçon ». Peu après, comme on l'a vu, Charles II envoyait Humphrey sur le continent où il subit, assez profondément, l'influence de Carissimi. Son caractère, toujours selon Pepys, s'y était gâté : « Il se prend pour un vrai Monsieur, plein de morgue, d'arrogance et de vanité, méprisant toute œuvre et tout talent en dehors du sien. Personne, cependant, ne nie ses grandes qualités. » Pelham Humphrey, qui avait épousé la fille de son maître, le capitaine Cooke, n'a pas eu le temps de composer beaucoup. Mais ses *verse anthems* très italiens, ses chansons et ses compositions pour des masques confirment l'opinion de Pepys. Subtile, expressive, remarquablement écrite, sa musique est un très beau modèle de baroque à l'anglaise.

John Eccles fut le seul compositeur notable de cette époque à n'écrire que très peu pour l'église (quelques psaumes anglicans). Appartenant à une grande famille de musiciens, membre des « Vingt-quatre violons » et même, en 1700, maître de la Musique du roi, c'est à la scène qu'il consacra le meilleur de ses activités. Sa chanson *I burn, I burn*, pour le *Don Quixote* de d'Urfey, fut sans doute la plus célèbre de son époque. John Eccles témoigne, d'une manière exemplaire, de l'attitude, déjà notée, qu'adoptèrent les compositeurs britanniques : emprunter aux Français et aux Italiens leurs innovations en matière d'expression et de langage, mais ne rien céder sur la conception anglaise de l'opéra. Ainsi, *The British Enchanters* d'Eccles, en 1706, constitua-t-il un brûlot contre l'opéra italien. D'aucuns ont même affirmé que son *Semele*, s'il n'était demeuré inédit, aurait pu permettre à l'opéra anglais, après Purcell, de se mesurer sur des bases solides avec ses concurrents continentaux du XVIIIe siècle.

Si l'on s'accorde de nos jours pour reconnaître l'importance majeure de John Blow, le cas de ce grand musicien illustre la relativité des opinions et des goûts. Nul, en son temps, ne contesta son autorité, mais le fameux Docteur Burney, quelques décennies plus tard, le soumit à une critique d'une extrême violence, affirmant notamment que les « crudités » de son contrepoint et les licences de son harmonie jetaient le doute non seulement sur ses connaissances musicales, mais aussi sur son talent. Certes, à la même époque, d'autres personnalités éminentes, comme William Boyce, prirent la défense de Blow, mais on trouve encore un écho du jugement de Burney chez des musicologues d'aujourd'hui — tandis que d'autres lui reprochent au contraire son manque d'audace et qu'un troisième parti d'enthousiastes n'hésite pas à l'égaler à Purcell. Compte tenu du nombre et de la variété des compositions de Blow, on déduira simplement que chacun a raison et tort à la fois.

Il faut avouer, de plus, que la carrière et l'œuvre de John Blow viennent contredire plusieurs constatations, de nature générale, faites dans ce chapitre. Ainsi, pour l'essentiel, la vie de Blow s'organisa-t-elle autour de la vie musicale, profane ou sacrée, de la Cour. Né en 1649 dans une famille pauvre de Newark, Blow fut l'un des premiers enfants recrutés par le capitaine Cooke pour le chœur de la Chapelle Royale ; il y entra, en même temps que Pelham Humphrey et Michael Wise, dès 1660. Très précoce — ses premières compositions furent publiées quand il n'avait que quatorze ans —, il dût néanmoins quitter la Chapelle quand sa voix mua. Il semble qu'il étudia alors avec Christopher Gibbons. A dix-neuf ans, il est organiste titulaire de la cathédrale de Westminster et, presque en même temps, virginaliste du roi. Reçu gentleman de la Chapelle Royale en mars 1674, il succède quatre mois plus tard à son ami Pelham Humphrey, qui venait de mourir, comme maître du chœur d'enfants de la Chapelle et compositeur ordinaire de Charles II. Toujours à la Chapelle, il est nommé organiste en 1676 et cède en cette même année sa charge de Westminster à Purcell. Cet impressionnant cursus institutionnel n'était pas terminé : en 1687, il devient aumônier et maître du chœur d'enfants de Saint-Paul[1] ; en 1695 il reprend, à la mort de Purcell son poste d'organiste à Westminster ; en 1699, on crée pour lui celui de compositeur de la Chapelle Royale. A vrai dire, à partir de cette époque et jusqu'à sa mort, le 1er octobre 1708, il n'écrivit plus guère.

---

1. On se rappellera cependant que la vieille cathédrale avait brûlé lors du grand incendie de 1666 et que les travaux de reconstruction, sur les plans de Christopher Wren, étaient loin de toucher à leur fin. Le premier service ne fut célébré à Saint-Paul qu'en 1697 et le nouvel édifice complètement achevé qu'en 1708.

Il n'en laissa pas moins une œuvre dont l'énormité, ajoutée au sérieux avec lequel il s'acquittait de ses charges multiples, explique aisément l'inégalité. Pour l'église, elle comprend huit services, quelques cantiques, onze motets latins et près d'une centaine d'anthems de toute nature. Blow se montre particulièrement convaincant dans les pièces qui correspondent à son tempérament digne et grave et dans celles d'un caractère encore plus mélancolique ou suppliant, telles que *O Lord I have sinned*, écrite à l'occasion de la mort du général Monk, ou *My God, my God*. Il en est de même de ses nombreuses odes, genre mi-sacré mi-profane, comme celles composées pour la Sainte-Cécile ou la fameuse ode sur la mort de Henry Purcell. Le langage musical de John Blow, parfois déconcertant, explique les contradictions des commentateurs. Très divers, il peut être polyphonique ou baroque, savant ou négligé, laborieux ou inspiré, hardi ou archaïque. Les motets en latin, souvent fort beaux *(Salvator Mundi, Gloria Patri)*, témoignent naturellement d'une influence italienne plus marquée. Les œuvres instrumentales, qu'il s'agisse de celles pour clavier ou des pièces en trio, sont également d'une grande variété de formes et de styles.

Pour la plupart, les très nombreuses compositions vocales profanes de Blow étaient composées pour les plaisirs et les jours de la cour. Cela n'empêcha pas Blow de les diffuser dans plusieurs publications et, notamment, dans un recueil célèbre qui en rassemble une cinquantaine, l'*Amphion Anglicus*. On trouve même dans celui-ci une superbe pièce, *Sing, Sing ye Muses*, pour les concerts publics de York Buildings. Le *Grove Dictionary of Music* décrit avec justesse, en cinq mots, la palette des sentiments dont Blow a empreint ses chansons, duos et trios : mélancolie, brillant, puissance, suavité, lyrisme.

Il faut enfin accorder une importance toute particulière à la seule partition dramatique que nous connaissions de Blow : *Vénus et Adonis*. Blow ne la destinait pas à la scène londonienne ; l'œuvre fut représentée à la Cour, à Oxford, en 1681. Elle conjugue avec succès l'élément français (dans l'ouverture et les danses), une écriture vocale marquée d'italianisme et un lyrisme subtil et poignant, proprement anglais. On a souvent dit que cette œuvre exerça une influence directe sur le *Didon et Énée* de Purcell, postérieur de huit ans. Et, certes, les deux hommes se connaissaient bien. En vérité, si la musique de *Vénus et Adonis* n'a pas toujours la perfection douloureuse, la fraîcheur savante de *Didon et Énée*, les deux œuvres, notamment dans les dernières scènes, ont une parenté évidente. Reste à savoir si *Vénus et Adonis*, qui ne comporte, pas plus que *Didon et Énée*, de dialogues parlés, peut être considéré comme un opéra en bonne et due forme — et donc comme une vraie « première » dans la musique anglaise. La courte durée de l'œuvre (une cinquantaine de minutes), son titre même de « Masque pour le divertissement du roi », le très petit nombre des personnages et la dramaturgie réduite à l'extrême, dans le goût de la pastorale, semble trancher la question, au demeurant fort académique.

Le nom de Purcell a déjà été évoqué plusieurs fois. Entre tous ses contemporains, quel qu'en fût le talent, une place à part devait être réservée à celui que John Dryden, dans son Ode mise en musique par Blow, célébrait ainsi :

> Quand Purcell vint, ses rivaux
> N'eurent plus d'autres chants que ceux de ses louanges.
> Les frappa la stupeur, l'admiration pour cet homme sans pareil,
> L'homme sans pareil,
> Trop tôt parti,
> Trop tard venu.

VIII

The Fairy King

Henry Purcell

Il est significatif qu'en dépit de leur goût bien connu pour les parallèles, les historiens n'aient guère songé à comparer Purcell et Mozart. Les points de similitude ne manquent pourtant pas : nés presque exactement à un siècle de distance, tous deux fils d'excellents musiciens, ils moururent prématurément, au même moment de leur âge, laissant l'un et l'autre une œuvre d'une importance et d'une beauté extrêmes. Les choses restant égales d'ailleurs, on trouverait facilement aussi dans cette œuvre des parentés subtiles mais certaines.

Ce parallèle se heurterait en effet à une difficulté majeure. Nous savons tout, ou du moins beaucoup de choses, de l'homme que fut Mozart. Grâce aux lettres qu'il envoya et qu'il reçut, grâce à d'innombrables témoignages, nous connaissons son caractère, ses sentiments privés, ses ambitions et ses déceptions, ses joies et ses peines. Nous ignorons tout, ou presque, de Purcell, hormis la sèche chronologie de sa carrière et de ses œuvres — et ce que ces dernières nous disent de lui, mais qui n'est pas affaire d'historien.

C'est d'ailleurs par une interrogation que commence

la biographie de Purcell : s'il ne fait pas de doute que Henry Purcell naquit à Londres au cours du second semestre 1659, les historiens se disputent sur sa filiation. Était-il le fils de Thomas Purcell, membre de la musique privée du roi et gentleman (ténor) de la Chapelle Royale ou du frère de celui-ci, un autre Henry, également gentleman de la Chapelle, maître des chœurs de Westminster, compositeur pour les violons du roi et, comme on l'a vu, l'un des créateurs du *Siege of Rhodes* ? On n'entrera pas dans cette querelle, d'un intérêt limité : à supposer que Purcell ne soit pas le fils de Thomas, qui vécut jusqu'en 1682, c'est celui-ci qui l'éleva quand Henry mourut, en 1664. Dans l'un et l'autre cas, il s'agit d'un « enfant de la balle ». Purcell entra donc, tout naturellement, dans le chœur d'enfants de la Chapelle Royale (la date exacte n'est pas connue) et il le quitta à sa mue, en 1673. Il ne resta pas longtemps éloigné de Whitehall car, dès le 10 octobre de la même année, il était nommé assistant auprès de John Hingston comme « conservateur, fabricant, raccommodeur, réparateur et accordeur des régales, orgues, virginals, flûtes, flûtes douces et toutes autres sortes d'instruments à vent », sans pour autant percevoir de salaire. Il est probable qu'il bénéficia des conseils, sinon des leçons de Locke (dont nous savons par Pepys qu'il était un familier de la famille Purcell), de Pelham Humphrey et de John Blow. En tout cas, on imagine aisément ce que ses activités de facteur, et aussi de copiste occasionnel à Westminster, purent ajouter à la formation technique du jeune compositeur. Son talent fut très vite reconnu : en 1677, à dix-huit ans à peine révolus, il devenait compositeur ordinaire pour les violons du roi et, en 1679, il succédait à la charge d'organiste de Westminster, abandonnée par John Blow. A propos de ces succès précoces, on notera que l'obscurité qui recouvre la personnalité privée de Purcell ne correspond nullement à celle du personnage public[1]. Sa gloire fut considérable de son vivant — emphase poétique mise à part, l'Ode de Dryden en rend justement compte — et, à la différence de beaucoup de compositeurs de son époque, elle demeura intacte jusqu'à nos jours.

En 1680, Purcell fait ses débuts au théâtre avec une musique de scène pour *Theodosius*, de Nathaniel Lee, puis pour le *King Richard III* de Nahum Tate, futur librettiste de *Didon et Énée*. Purcell ne cessera plus de partager ses activités entre ses charges officielles, les compositions sacrées ou profanes pour la Cour, le théâtre (plus d'une quarantaine de musiques de scène et une demi-douzaine d'ouvrages lyriques) et une foule de compositions de nature diverse, y compris une bonne cinquantaine de catches[2]. A la même époque, il épouse France Peters dont il aura six enfants — l'un d'eux, Edward, né en 1689, fera une modeste carrière musicale. Le 14 juillet 1682, Purcell entre comme organiste à la Chapelle Royale et, en 1683, à la mort de John Hingston, il assume la pleine responsabilité de la conservation de l'instrumentarium à Whitehall. Quand Jacques II succéda à son frère, en 1685, Purcell contribua pour une large part aux cérémonies du couronnement et le nouveau souverain le nomma claveciniste de sa musique privée.

---

1. Les anecdotes rapportées par John Hawkins dans *A General History of the Science and Practise of Music* (1776) sont très tardives et plus que douteuses. Il faut regretter que le *Journal* de Pepys s'interrompe en 1669 et qu'on ne trouve rien sur Purcell dans les quatre cent vingt-six *Vies brèves* de John Aubrey (1625-1697). En fait, le genre biographique (appliqué à d'autres personnages que les grands de la terre) ne se développera que plusieurs décennies après la mort de Purcell.

2. Les paroles de certains de ces catches parurent tellement obscènes aux premiers éditeurs des œuvres complètes de Purcell, en 1876, qu'ils les remplacèrent par des textes de leur goût. On n'en déduira rien du caractère de Purcell : le grave John Blow lui-même écrivit quelques catches et l'on a vu (cf. p. 109) qu'on ne peut juger les mœurs de ce temps à notre aune.

La révolution de 1688 ne perturba pas pour autant la carrière de Purcell dont on ignore, cela va sans dire, les opinions politiques. Et c'est l'année suivante, en 1689, que Purcell donna l'un des chefs d'œuvre majeurs, *Didon et Énée*. Entièrement chanté, cet « opéra » demeurait, comme *Vénus et Adonis* de Blow, d'effectifs et de durée réduits. On sait que *Didon et Énée* n'était pas destiné à une salle publique, mais à une institution privée de jeunes filles de Chelsea, dirigée par John Priest. Contrairement à ce qu'on lit parfois, il ne s'agissait pas de n'importe qui : personnalité londonienne très en vue, considéré comme le meilleur maître à danser de son temps, John Priest collabora d'ailleurs à d'autres œuvres de Purcell. Sa qualité de chorégraphe explique que la courte partition de *Didon et Énée* ne comporte pas moins de dix-sept passages dansés. Certains auteurs suggèrent aussi que l'œuvre, rarement reprise sur une scène publique, n'eut donc qu'un succès limité. Le fait est vrai, l'interprétation, abusive. Tout simplement, *Didon et Énée* ne pouvait satisfaire l'appétit du public de l'époque, accoutumé à des spectacles copieux, voire surabondants. Ainsi, lors de sa première reprise publique, en 1700, *Didon et Énée* ne constituait que l'un des quatre divertissements intercalés dans la représentation d'un *Mesure pour Mesure* assez librement adapté de Shakespeare et auquel, pour faire bon poids, on avait encore ajouté un prologue en vers ! La brièveté de l'œuvre continua à la réduire, lors des quelques reprises ultérieures, à ce rôle d'intermède.

Quoi qu'il en soit, le succès de *Dioclesion*, en 1690, confirma la place prééminente conquise par ce musicien de trente ans. Dryden, dans la préface d'*Amphytrion* pouvait écrire : « Nous avons enfin trouvé en lui [Purcell] un Anglais égal aux meilleurs étrangers. » Le cocorico (ou, pour se conformer au bestiaire britannique, le rugissement) de Dryden fut relayé par le triomphe de son *King Arthur* mis en musique par Purcell, en mai 1691. Au moment où les hostilités menaçaient d'éclater entre la France et l'Angleterre [1], les allusions patriotiques de cet opéra à l'anglaise ne pouvaient que déchaîner un enthousiasme qui toucha au délire avec le fameux air *Fairest Isle* :

>O plus belle des îles, île entre toutes les îles
>Où règnent le plaisir et l'amour...

A partir de 1692, Purcell travaille de plus en plus pour la scène. Cette année-là, il fait représenter un nouveau chef-d'œuvre, *The Fairy Queen*, ensemble de quatre masques autour de l'adaptation (par un auteur inconnu) du *Songe d'une nuit d'été* de Shakespeare. Il compose également la plus belle de ses quatre odes à l'occasion de la Sainte-Cécile, *Hail, Bright Cecilia* et la musique de sept autres pièces de théâtre (ce sera, désormais, sa moyenne annuelle). L'une de ces pièces, *The Libertine destroyed* de Shadwell, mérite à un double titre d'être signalée. D'une part, Purcell en reprendra une marche dans sa célèbre musique pour les funérailles de la reine Mary, le 3 mars 1695. C'est, d'autre part, l'un des tout premiers ouvrages dramatiques sur le thème de Don Juan qui inspira un musicien [2]. De 1693 date notamment la plus connue des six odes écrites par Purcell pour l'anniversaire de la reine Mary, *Come, Ye, Sons of Art*. En 1694, Purcell revient à Shakespeare avec la musique d'un *Timon d'Athènes* adapté par Shadwell. Il

---

1. Les manuels français d'histoire rappellent toujours l'inimitié héréditaire des deux nations. A vrai dire, celles-ci ne s'étaient pas réellement affrontées depuis bien longtemps. La guerre, déclarée l'année suivante par Louis XIV, cinq ans après la révocation de l'édit de Nantes, visait à rétablir sur le trône d'Angleterre le souverain jacobite, catholique et absolutiste, chassé en 1688.
2. Le premier semble avoir été, en 1669, Jacopo Melani (1623-1676), avec son *Empio Punito*. Rappelons que la pièce originelle de Tirso de Molina remonte à 1630 et le *Don Juan* de Molière, à 1665.

collabore, avec John Eccles aux deux premiers épisodes du populaire *Don Quixote* de d'Urfey et à sept autres pièces, dont trois de Dryden. Enfin, en 1695, Purcell donne encore deux semi-opéras (c'est-à-dire des opéras dans la tradition britannique, avec parties parlées) : *La Tempête*[1], autre adaptation de Shakespeare par Shadwell et *The Indian Queen*, sur un livret de Dryden et Howard. Cette œuvre à peine achevée[2], cependant, Purcell prend froid et s'alite. Sa maladie s'aggrave et il meurt le 21 novembre, veille de la Sainte-Cécile, à trente-six ans seulement. Il sera enterré à Westminster aux sons mêmes de la musique qu'il avait fait exécuter, huit mois auparavant, pour les obsèques de la reine Mary.

Purcell ne composa pas aussi précocement que Mozart ; la presque totalité de son œuvre fut écrite en une quinzaine d'années seulement, entre 1680 et 1695. La somme n'en paraît que plus monumentale : quelque cinq cents pièces, dont l'édition complète représente trente-deux volumes et qui vont de la sonate à trois voix à l'opéra, du catch à l'ode triomphale. De manière sommaire, on peut les répartir en quatre ou cinq groupes, certains de ceux-ci correspondant à une période particulière de la carrière du musicien.

Compte tenu du déroulement de cette carrière, c'est la musique d'église qui en occupe le début : une soixantaine d'anthems, trois services, des hymnes et une vingtaine d'airs sacrés. A l'exception de son *Te Deum*, composé à l'occasion de la Sainte-Cécile en 1694, presque toutes ces œuvres datent de la période 1680-1688. Les plus

---

1. Ces travaux récents montrent qu'une partie notable de la partition que l'on connaissait (et que certains exégètes considéraient comme « la plus achevée que Purcell ait jamais écrite pour le théâtre »...) est postérieure et d'un autre compositeur, sans doute John Weldon, vers 1710.

2. L'était-elle tout à fait ? Daniel Purcell, frère cadet de Henry, y ajouta en tout cas, en conclusion ou en complément, un cinquième acte.

anciennes ont souvent la forme d'un *full anthem* dans la tradition polyphonique anglaise. Dans ce genre, il faut signaler les plus remarquables : *O Lord, God of Hosts* et *Hear my Prayer, O God*, tous deux écrits entre 1680 et 1682. Purcell se tourna ensuite plus souvent vers le *verse anthem*, qui privilégie le soliste et dont *My Heart is indinting*, destiné au couronnement de Jacques II, en 1685, constitue l'exemple le plus brillant. Ce dernier qualificatif n'est pas hors de propos, tant la séduction de beaucoup de ces œuvres revêt un caractère profane. Comme l'écrit sans exagération Kenneth R. Long, certaines « ne sembleraient pas du tout déplacées dans *King Arthur* ou *The Fairy Queen* ». On remarquera aussi la virtuosité et le registre impressionnants des parties solistes confiées à la voix de basse, dus à la présence, à la Chapelle Royale, d'une basse tout à fait exceptionnelle, John Gostling.

On a vu qu'au contraire, la grande majorité des nombreuses compositions pour la scène de Purcell furent entreprises dans les quatre dernières années de sa vie. On se bornera à rappeler que ces œuvres, qu'on ne saurait détailler davantage ici, appartiennent toutes aux genres londoniens de la musique de scène ou du semi-opéra, à la seule exception de *Didon et Énée*, conçue et représentée dans un cadre très particulier. Il est difficile d'imaginer la manière dont l'opéra anglais aurait évolué si Purcell avait vécu une trentaine d'années de plus. On peut toutefois rêver à la synthèse qu'il n'aurait pas manqué de réussir entre son génie, son attachement à la tradition lyrique britannique, féérique et réaliste, et son aisance à s'adapter au langage souple des Italiens.

Les pièces vocales profanes de Purcell, composées tout au long de sa vie créatrice, sont à la fois très nombreuses et très diverses. Elles se répartissent en deux catégories. La première comprend les odes, les cantates profanes et les cantates dites « de bienvenue », destinées à la Cour et à des circonstances particulières : fêtes, anniversaires, cérémonies, etc. Le terme « mi-profane, mi-sacré » employé plus haut à propos de ces œuvres renvoie à leur caractère solennel et à leur exécution par la Chapelle Royale et la musique du roi — encore que le texte seul permette parfois de les distinguer de certains anthems. Les plus caractéristiques ont déjà été citées ; elles comportent volontiers une instrumentation très riche (trompettes, timbales, trombones) et le triomphalisme à la française inspire fréquemment leurs ouvertures. A la seconde catégorie appartiennent les pièces vocales pour soliste, duo et trio avec continuo, ainsi que les catches. On en compte plus de deux cents. Incorporée à l'occasion dans un ouvrage scénique, une large sélection fut publiée par la veuve de Purcell, en 1698 et 1702, sous le titre mérité de : *Orpheus Britannicus*. Dans la plupart des cas, il s'agit de « chansons », au sens que Verlaine donnait à ce terme. Elles traduisent, avec une simplicité jamais dénuée de raffinement, une subtilité jamais dépourvue de fraîcheur, les mille et un états de l'âme. Elles témoignent aussi de l'exceptionnel don de Purcell pour marier la musique et les mots. Il n'est pas étonnant qu'on ait attribué au musicien la préface de *Dioclesian* (en fait de la plume de Dryden), qui affirmait : « Musique et poésie ont toujours été reconnues comme sœurs ; elles vont la main dans la main, elles se soutiennent l'une l'autre. Séparées, elles peuvent exceller, mais elles excellent encore davantage quand elles se joignent... »

On néglige parfois les œuvres instrumentales de Purcell (fantaisies, sonates pour deux violons, basse et continuo, pièces pour clavecin). La plupart d'entre elles semblent remonter au début de sa carrière (vers 1682). Les fantaisies à l'anglaise restent marquées d'un certain archaïsme, mais on a peut-être trop pris au pied de la lettre l'affirmation de Purcell lui-même, qui déclarait que ses sonates voulaient rivaliser, dans leur manière, avec les maîtres italiens. Si l'on songe qu'elles sont légèrement antérieures aux *Sonate da camera* de Corelli, on conviendra qu'il est au moins parvenu à ce but.

Il faut bien céder à l'incoercible tentation du parallèle. Purcell, comme Mozart, fait partie de ces musiciens qui ne se sont jamais souciés d'inventer une nouvelle écriture ou de nouvelles formes et qui ont choisi d'exprimer leur génie dans celles que leur entourage et leur époque leur ont fournies. Et pourtant, comme chez Mozart, chaque note de Purcell porte la marque de la personnalité du compositeur. Éminemment mélodique, éminemment expressive, rieuse ou poignante, souvent ambiguë, la musique de Purcell est éminemment subjective. Ce qui explique la diversité des jugements qu'elle a pu susciter, non sur sa valeur intrinsèque, mais sur le type de sensibilité qu'elle sait éveiller. Et J. A. Westrup a mille fois raison d'écrire, en conclusion de son étude sur Purcell[1] : « En art comme en religion, nous sommes portés à trouver ce que nous souhaitons trouver, à juger la source sur ce qu'elle offre à notre soif. »

---

[1]. J. A. Westrup : *Purcell*, J. B. Janin, Paris, 1947.

IX

L'irrésistible ascension de George Frederic

Handel et l'Angleterre

Né le 23 février 1685 à Halle en Saxe, Handel[1], naturalisé anglais depuis 1727, mourut à Londres le 14 avril 1759. Il avait vécu ses vingt-trois premières années dans les pays germaniques, les trois suivantes dans divers États italiens et les quarante-huit dernières en Angleterre, où il écrivit la partie la plus considérable de son œuvre. Il tenait les bases de sa formation de Zachow, un Allemand, mais c'est de Rome, de Naples et de Venise qu'il ramena le style d'opéra qu'il fit triompher à Londres. Dans ces conditions, quelle place lui accorder dans une histoire de la musique anglaise ?

Encore faudrait-il que le terme de nationalité eût la même signification alors et aujourd'hui. Descartes, que l'on considère, à tort ou à raison, comme le parangon de l'esprit français, passa le plus clair de son existence à l'étranger. Le maréchal de Saxe, fils naturel de l'Électeur,

---

1. Selon la graphie utilisée par le musicien lui-même en anglais ou en français. Il écrivait aussi Händel en allemand et Hendel en italien. Jamais Haendel...

fut le meilleur soldat du règne de Louis XV. Le fameux Law, contrôleur général ces finances du Régent, était un baron écossais. Roubillac, l'un des plus grands sculpteurs « anglais » du siècle et auteur du beau monument à Handel, venait de... Lyon. Il s'agit donc, une nouvelle fois, d'un problème académique. Le génie de Handel transcende le pointillé dérisoire et mouvant des frontières nationales ; il puise dans ses sources allemandes, dans sa familiarité avec la musique italienne et, aussi, dans l'exemple français. Mais son insertion pendant un demi-siècle dans la vie britannique ne pouvait manquer de se traduire par une influence réciproque entre le grand compositeur, son public et les autres musiciens anglais.

Handel arriva en Angleterre à la fin de l'année 1710. Le 15 février 1711, il créait à Haymarket le premier de ses grands opéras italiens, *Rinaldo*, qui obtint un immense succès. Il repartit pour le continent au mois de juin et revint à Londres à l'automne de l'année suivante. L'installation, cette fois, fut définitive : Handel ne traversera plus le Channel qu'à l'occasion de quelques voyages de courte durée.

On cède parfois à la tentation de présenter cette installation comme l'origine d'un profond bouleversement des genres et des goûts musicaux en Grande-Bretagne. La personnalité exceptionnelle du compositeur et les nouvelles voies qu'il ouvrait auraient ainsi permis de secouer la torpeur dans laquelle la musique se trouvait plongée, en Grande-Bretagne, depuis la mort de Purcell. Certes, aucun musicien de stature majeure ne s'était imposé. Mais il s'en fallait de beaucoup pour que la musique anglaise fût un désert. La génération autour de Purcell n'avait pas disparue : Blow ne mourut qu'en 1708 et Daniel Purcell, éclipsé aujourd'hui par la gloire de son frère, en 1717. Né en 1750, le remarquable John Eccles, encore plus injustement méconnu, poursuivit sa carrière jusqu'en 1735 et l'on n'oubliera pas John Weldon (1676-1736), auteur d'un magnifique recueil d'anthems,

Divine Harmony (et, on l'a vu, d'une bonne partie de *La Tempête* purcellienne). D'autres compositeurs très estimables méritent amplement d'être cités. La basse Richard Leveridge ne fut pas seulement un grand chanteur, mais l'auteur de chansons nombreuses et variées dont certaines sont demeurées célèbres, comme le caractéristique *The Roast-Beef of Old England*. William Croft (1678-1727), qui écrivit surtout pour l'église, a laissé de nombreux anthems, des hymnes d'une très grande beauté et plusieurs services anglicans parmi lesquels un *Service funèbre* que sa simplicité grave et raffinée met à l'égal des œuvres des très grands musiciens. On doit à Robert Woodcock (?—1734), un flûtiste dont on ne sait pratiquement rien, plusieurs séries de concertos très intéressants pour son instrument. Il en est de même du violoniste virtuose William Corbett (1675-1748). On saluera également un Écossais pur malt, Sir John Clerk of Pennicuik (1676-1755), amateur très professionnel qui alla étudier à Rome auprès de Corelli et qui écrivit de nombreuses cantates sacrées et profanes. Enfin, avant Handel, dès le début du siècle, un autre musicien allemand de grand talent s'était établi à Londres : Johann Pepusch (1667-1752). On aura l'occasion d'en reparler.

La vie musicale restait extrêmement active dans un pays qui était déjà (et qui restera longtemps) le plus prospère d'Europe et dans une capitale dont la population atteignait le triple de celle de Paris — proportion d'autant plus impressionnante que la France comptait, au total, trois fois plus d'habitants que l'Angleterre. John Walsh y avait fondé, en 1695, une autre dynastie de grands éditeurs. A partir de 1702, il publia le premier périodique musical (on y trouvait surtout de nouvelles partitions) : *The Monthly Mask of Vocal Music*. Les concerts ne cessaient de se multiplier (on y reviendra au chapitre suivant) ; notons seulement, par exemple, que l'Academy of Ancient Music affichait des programmes de musique vocale variés et d'une grande qualité, où figuraient

DATE	OPERAS	ORATORIOS	MUSIQUE SACREE
1711	Rinaldo		
1712	Il Pastor Fido		
1713	Teseo		Te Deum d'Utrecht
1714			Te Deum ré majeur
1715	Amadigi		
1717			Chandos anthems (1717-24)
1718			
1719			Chandos Te Deum
1720	Radamisto		
1721	Muzio Scevola[1]		
	Floridante		
1723	Ottone		
	Flavio		
1724	Giulio Cesare		O praise the Lord
	Tamerlano		
1725	Rodelinda		
1726	Scipione		
	Alessandro		
1727	Admeto		Coronation anthems
	Riccardo Primo		
1728	Siroe		
	Tolemeo		
1729	Lotario		
1730	Partenope		
1731	Foro		The Ways of Zion do mourn
1732	Ezio	Esther	
	Sosarme		
1733	Orlando	Athalia	
		Deborah	
		Belshazzar	
1734	Arianna		Anthem de mariage (Anne et William)
1735	Ariodante		
	Alcina		
1736	Atalanta		Anthem de mariage (Prince de Galles)
1737	Arminio		
	Giustino		
	Berenice		
1738	Faramondo		
	Serse		
1739		Israel in Egypt	
		Saul	
1740	Imeneo	L'allegro, il penseroso...	
1741	Deidamia		
1742		Le Messie	
1743		Samson	Dettinghem anthem
			Dettinghem Te Deum
1744		Joseph et ses frères	
		Semele	
1745		Hercules	
1746		Occasional oratorio	
1747		Judas Macchabeus	
1748		Alexander Balus	
		Josuah	
1749		Salomon	Foundling hospital anthem
		Susanna	
1750		Theodora	
1751			
1752		Jephta	
1757		The Triumph of Time and Truth[2]	

(1) en partie seulement de Handel (2) Pasticcio anglais d'œuvres antérieures

L'IRRÉSISTIBLE ASCENSION...

MUSIQUE VOCALE PROFANE	MUSIQUE DE CHAMBRE	ŒUVRES POUR ORCHESTRE
Venus & Adonais		
		Water Music
		6 concertos grossos op.3 (1718-34)
	Suites clavecin (I)	
	Suites clavecin (II)	
	Voluntaries	
Alexander's Feast		6 concertos pour orgue op.4
	Sonates en trio op.5	
Ode à Sainte-Cécile		12 concertos grossos op.6
		6 concertos pour orgue
		6 concertos orgue op.7 (1740-51)
		Music for the royal fireworks
The Choice of Hercules		

même des œuvres de Lassus, de Tallis ou de Byrd — conformément au nom de l'institution, mais non à une autre idée reçue, selon laquelle on ne s'intéressait jadis qu'à la musique « contemporaine ».

Quand Handel fit ses débuts londoniens avec *Rinaldo*, l'opéra italien, fut-il « made in England », ne constituait plus une nouveauté depuis longtemps. Le premier du genre avait été créé le 16 janvier 1705 à Drury Lane, *Arsinoe*, opéra « entièrement chanté » dû à un brelan cosmopolite : le Français Charles Dieupart, l'Italo-Allemand Nicolas Haym et l'Anglais John Clayton (vers 1660-vers 1730). Clayton défendra ensuite avec acharnement la musique anglaise contre les importations étrangères. Un tel revirement peut se comprendre : l'invasion italienne déferlait sur le pays. Ainsi, en 1706, avait-on représenté *Il Trionfo di Camilla* de Buononcini, futur rival de Handel ; ainsi, en dépit du préjugé britannique contre les « eunuques » s'arracha-t-on, de 1708 à 1712, le castrat Nicolini. On s'explique alors qu'Aaron Hill, adaptateur du livret et producteur de *Rinaldo*, ait déclaré à la reine que cet opéra « était un natif des possessions de Sa Majesté » [1]. Le compositeur ne séjournait pourtant en Angleterre que depuis quelques semaines...

La longue carrière de Handel en Angleterre ne fut pourtant pas uniformément triomphale et, si l'on a appelé ce chapitre « l'irrésistible ascension de George Frederic », cela ne signifie pas que celui-ci n'ait jamais rencontré de résistance. Le génie du compositeur, la solidité de son caractère, mais aussi sa remarquable faculté d'adaptation lui permirent néanmoins de se rétablir. Le tableau chronologique, pp. 149 et 150, qui résume la production

---

1. Mais aussi, une dernière fois, Handel était-il vraiment un « étranger en Grande-Bretagne ? Il exerçait toujours les fonctions de maître de chapelle de l'Électeur de Hanovre. Or, la loi sur la succession dynastique prévoyait que ce même Électeur de Hanovre occuperait le trône d'Angleterre à la mort de la reine Anne — ce qui fut en effet le cas trois ans plus tard, en 1714.

de Handel en Angleterre, montre du reste, d'un seul coup d'œil, ces changements de cap.

Il est impossible, dans ce livre, de détailler la biographie du compositeur ou d'analyser chacune de ses œuvres et l'on se reportera, pour cela, aux monographies consacrées à Handel. On se limitera donc à quelques observations générales, mais révélatrices de l'évolution de la musique en Angleterre au cours de la première moitié du XVIIIe siècle. On constatera tout d'abord que son énorme production lyrique (trente-cinq opéras en trente ans, sans parler de quelques autres cantates et airs à l'italienne) n'a pas empêché Handel de composer pour la Cour et pour la ville, notamment pour l'un de ses premiers protecteurs, James Brydges, premiers duc de Chandos[1]. Il s'agit, d'une part, d'œuvres écrites dans des circonstances particulières : anthems pour la chapelle de Chandos, à Cannons, Te Deum célébrant la paix ou des victoires, etc. Beaucoup de commentateurs se refusent à considérer ces œuvres superbes comme appartenant à la « musique anglaise » et il est vrai qu'elles ne ressemblent guère aux compositions dans lesquelles les musiciens de la Chapelle Royale s'étaient, naguère encore, illustrés. Mais les temps avaient changé. Mais Purcell lui-même avait déjà employé, dans les ouvertures de ses anthems et de ses odes, ce même style grandiose à la française. Mais ces œuvres n'en furent pas moins exécutées et, semble-t-il, à la satisfaction des auditeurs, dans le cadre d'institutions typiquement britanniques auxquelles Handel faisait apport de son talent. Quant aux œuvres instrumentales, pièces de chambre ou concertos, elles relevaient de genres pratiqués par tous les musiciens de l'âge baroque. On y

---
1. Bien mal acquis profite parfois. Ce personnage considérable, qu'on disait le plus riche du royaume, peut être célébré comme mécène, mais non comme modèle de vertu. Trésorier des armées, il devait sa fortune à la prévarication, à la concussion et autres manières de détourner des fonds, publics ou privés...

sacrifiait en Angleterre comme en Italie, en Suède comme en Bohème. Handel n'était d'ailleurs pas le seul à Londres : Michael Christian Festing (vers 1700-1752) composait également des concertos grossos et John Humphries (vers 1707-1740) des pièces pour violon inspirées de Corelli. Et, s'il reste incontestable que le concerto pour orgue et orchestre constitue une innovation handelienne, un musicien peu connu mais fécond, William Felton (1715-1769), n'en écrivit pas moins de trente-deux, à la même époque.

Deuxième observation : la carrière lyrique de Handel traversa une série de hauts et de bas pour s'achever en une série de fours retentissants à la fin des années 1730. Cependant, le sort de chacune de ses œuvres, réussite ou échec, tenait moins à leur intérêt intrinsèque (ni, bien sûr, à notre jugement d'aujourd'hui) qu'à l'évolution erratique du goût des Anglais pour l'opéra italien. La passion qui s'empara des « lyricomanes » londoniens atteignit un point tel qu'il est tentant de la comparer, dans ses manifestations et ses conséquences, à la folie du cinéma entre les années 1920 et les années 1950. Pendant cette période, on vit les salles s'ouvrir et se fermer tout aussi vite, les sociétés de production se multiplier et faire faillite, les organisateurs s'enfuir avec la caisse, les « vedettes » percevoir des cachets inimaginables[1] et leur notoriété éclipser complètement celle des compositeurs ou des librettistes. La situation était d'autant plus malsaine qu'une partie importante du public (en particulier les classes moyennes) ne se laissa jamais convaincre par le genre, qu'elle combattit au contraire avec vigueur. Dans un ouvrage paru un demi-siècle plus tard, en 1799, le Révérend William Coxe résumait déjà fort bien la situation : « Le public prit toujours le parti de Handel

---

1. A l'époque. De nos jours, les 800 guinées pour sept mois (plus 150 guinées par création) accordées en 1709 au grand castrat Nicolini ne nous impressionneraient plus.

mais, sauf les classes les plus aristocratiques de la société, il n'était pas assez attaché à l'opéra italien pour que celui-ci devint une entreprise populaire et rentable. »

En dépit du triomphe de *Rinaldo* en 1711, les débuts de Handel sur la scène britannique furent assez lents. Entre 1712 et 1720, il composa et fit représenter trois opéras seulement (quatre si l'on compte *Silla*, donné semble-t-il en privé) et il disparut même de l'affiche pendant trois ans, du printemps 1717 au printemps 1720. Tout changea cette année-là avec la fondation à Haymarket de la Royal Academy of Music, lancée par la haute aristocratie grâce à une souscription qui permit de recueillir 15 600 livres sterling (le roi y avait contribué pour 1 000 £). Ce fut, du moins dans le domaine musical, une période faste ; de 1720 à 1728, Handel ne produisit pas moins de quatorze opéras (y compris *Muzio Scevola* dont il n'était responsable que d'un acte). En même temps, à vrai dire, Buononcini et Ariosti y représentèrent chacun sept œuvres. L'entreprise, démesurée, ne pouvait durer ; elle s'effondra en 1728 et Handel en reprit lui-même l'exploitation avec son associé Heidegger. En 1729, il repartit sur le continent y chercher des chanteurs. Six nouveaux opéras suivirent, de 1729 jusqu'en 1737. Mais la concurrence d'une nouvelle société, « The Opera of the Nobility » (ce nom dit assez la nature comme les limites de la « cible »), contribua, une fois encore, à la catastrophe. En 1737, l'opéra des nobles et celui de Handel firent faillite, avec de lourdes conséquences non seulement sur les finances du compositeur, mais aussi sur sa santé. Après avoir pris les eaux à Aix-la-Chapelle, Handel revint à Londres pour la dernière phase de sa carrière dramatique : quatre opéras entre 1738 et 1741 (plus un « pasticcio », *Alessandro Severo*) avec un fort maigre succès ; l'année de leur création, ses deux derniers opéras, *Imeneo* et *Deidamia* eurent respectivement deux et trois représentations. Mais, depuis quelques années, Handel avait compris les possibilités que lui ouvrait en Angleterre une nouvelle forme de son génie : l'oratorio.

Il faut cependant revenir sur un événement un peu antérieur qui exerça une influence certaine tant sur le destin de l'opéra italien à Londres (et donc de Handel) que, de manière plus générale, sur le genre lyrique en Angleterre. Le 29 janvier 1728, le poète John Gay faisait représenter à Lincoln's Inn Fields une « comédie musicale » intitulée *The Beggar's Opera* (L'Opéra du gueux ou du mendiant). Du point de vue dramatique, l'œuvre présentait plusieurs particularités : elle ne mettait en scène ni personnages mythologiques ni grandes figures historiques, mais des « marginaux » venus de la Cour des Miracles, mendiants, voleurs, prostituées, etc. De manière subtile et néanmoins très évidente, il s'agissait aussi d'une satire violente des mœurs politiques corrompues visant, entre autres personnalités, le premier ministre Walpole. La comédie était entremêlée de nombreux airs que Gay demanda à Johann Pepusch. Originaire de Berlin, installé à Londres depuis les premières années du siècle, Pepusch était un musicien de grand talent. Docteur en musique de l'université d'Oxford, longtemps maître de chapelle du duc de Chandos, on lui doit de très belles pièces religieuses, des œuvres instrumentales et un certain nombre de masques dont l'intérêt a malheureusement été occulté par la célébrité du *Beggar's Opera*. En fait, Pepusch ne composa vraiment que l'ouverture. Il avait choisi ses airs, en les arrangeant, dans le trésor des chansons populaires anonymes (quarante-sept sur soixante-neuf) et chez d'autres compositeurs (on y retrouve quatre fois Purcell et deux fois... Handel lui-même). *The Beggar's Opera* remporta un succès prodigieux et battit tous les records de durée et de recettes de la scène anglaise.

Avec son esprit caustique, Gay ne pouvait manquer d'égratigner l'opéra italien. La création de sa pièce coïncidait d'ailleurs avec la déconfiture de la Royal Academy of Music. Ainsi ce dialogue aux allusions limpides :

Le comédien (Player) : Mais, mon ami, c'est une terrible tragédie que vous me racontez là ! Non, il ne faut pas de catastrophe, car un opéra doit finir bien !

Le gueux (Beggar) : Votre objection, Monsieur, est justifiée. Mais on peut s'en tirer : dans ce genre de drame, on ne s'inquiète pas de l'absurdité de l'intrigue.

Gay ne songeait sans doute pas à atteindre Handel ; il connaissait du reste fort bien celui-ci pour qui il avait écrit, naguère, le livret de la sérénade *Acis et Galathea*. Entrepreneur malheureux, mais attentif et avisé, Handel se voyait toutefois obligé de comparer la popularité du *Beggar's Opera*, écrit en anglais pour des Anglais « moyens », à celle de ses propres opéras. Au cours de la première demi-saison, l'œuvre de Gay et Pepusch avait connu soixante-deux représentations ; dans le même temps, ses deux créations, *Siroe* et *Tolemeo* n'en comptèrent ensemble que vingt-cinq...

Mieux, le succès de *The Beggar's Opera* ne fut pas un feu de paille et suscita immédiatement des émules. La même année étaient créés *The Cobler's Opera* (L'Opéra du savetier) et *The Quaker's Opera* (la secte des Quakers faisait l'objet de beaucoup de railleries). L'année suivante, ce fut *The Village's Opera*, puis *The Beggar's Wedding* (Le Mariage du gueux) et *The Devil to Pay*[1] d'un Irlandais, Charles Coffey, etc. La vogue de ces *ballad operas*, qui comportaient à doses variables les mêmes ingrédients que *The Beggar's Opera* dépassa d'ailleurs largement les limites de Londres. On en fit, et on en représenta partout, à Édimbourg comme à Dublin ou à Bristol. En vérité, ils avaient été précédés par un autre genre populaire, plus dansé que chanté, la pantomime. La première, *The Tavern Bilkers* (La Taverne des escrocs), remontait à 1702. En 1723, deux de ces pièces, l'une et

---

1. Le titre n'est pas aisé à traduire, il joue sur l'amphibologie du sens littéral : « Il faut payer le diable » et de l'expression familière qui en découle : « Cela coûte la peau des fesses ».

l'autre sur le mythe de Faust, s'étaient livré une concurrence acharnée : le *Docteur Faustus* de John Ernst Galliard (1680-1749) et celui de Henry Carey[1] (1687-1743), compositeur fort aimable, un temps élève de Geminiani.

Il n'est pas difficile d'expliquer l'engouement du public pour ces œuvres ; les causes sont exactement inverses de celles qui précipitèrent la débâcle de l'opéra italien. Il n'est pas difficile non plus d'en remonter aux origines : il s'agit d'une nouvelle expression de cette veine nationale qui mêle le merveilleux, le familier, l'absurde, l'ironie et un peu de guimauve sentimentale. Quant au thème et aux personnages du *Beggar's Opera*, on sait ce qu'il en advint entre les mains de Kurt Weill et de Berthold Brecht.

On a souvent dit que *The Beggar's Opera*, par son succès comme par les railleries qu'il décochait à l'opéra italien, avait pesé sur la décision de Handel d'abandonner ce dernier genre et de se tourner vers l'oratorio. On ne saurait le nier, mais notre tableau chronologique prouve que les choses ne se passèrent pas si simplement. La première représentation publique d'un oratorio de Handel, *Esther*, est postérieure de quatre ans à la création du *Beggar's Opera* et il semble bien que l'œuvre, au moins sous une première forme, ait été composée, pour le duc de Chandos, une dizaine d'années auparavant, vers 1720... En fait, Handel ne commencera vraiment à produire en série ses oratorios qu'en 1739.

Ces précisions montrent au moins deux choses. D'une part, Handel ne s'est pas facilement résigné à abandonner l'opéra italien ; pour cela, il lui fallait admettre que l'avenir de ce genre se trouvait, désormais et sans retour, compromis en Angleterre[2]. En revanche, ses hésitations à

---

1. On a parfois attribué à Carey la paternité du *God Save the King*, mais à tort. L'origine de l'hymne national britannique, obscure et controversée, remonte cependant à cette époque.

2. Au demeurant, *l'opera seria* allait passer par de sérieuses mutations et subir la dure concurrence de *l'opera buffa*.

aborder l'oratorio découlaient seulement de son incertitude sur les débouchés de celui-ci. Car, si nouveau que fût le genre en Angleterre, Handel s'y était déjà essayé depuis très longtemps : exactement depuis le printemps 1708, quand, âgé de vingt-trois ans, on avait donné à Rome ses premiers oratorios, *La Resurrezione* et *Il Trionfo del Tempo e del Disinganno*.

L'oratorio, sous ses diverses formes, venait du reste d'Italie, où il était né au cours du siècle précédent. Les œuvres de Giocomo Carissimi (1605-1665) en avaient démontré de manière éclatante les possibilités. Aussi le *Musicalisches Lexicon* de Walther, paru en 1732, donnait-il déjà une définition précise de l'oratorio à la manière de Handel : « Un opéra spirituel ou la représentation musicale d'une histoire spirituelle /... / composé de dialogues, de solos, duos et trios, de chœurs puissants »... Il va sans dire que cette représentation ne comportait pas de scénographie, ce que précisait d'ailleurs le programme d'*Esther* : « Aucune action ne sera figurée sur la scène. » Avec le recul du temps, nous voyons bien aujourd'hui les raisons pour lesquelles ce genre prit si bien en Angleterre. Il s'agissait d'œuvres en anglais, chantées par des Anglais, représentant en général ces personnages bibliques (et, pour la plupart, empruntés à l'Ancien Testament dont les Anglais étaient familiers) et soutenus par de nombreux chœurs, forme polyphonique bien ancrée dans la tradition britannique du psaume et du *verse anthem*. L'oratorio permettait également aux auditeurs, souvent encore marqués par la tradition puritaine, de jouir des plaisirs de la musique lyrique avec bonne conscience. Comme l'écrivait le *Dublin Journal* du 13 avril 1742, après la création du *Messie* : « Le sublime, la grandeur, la tendresse, coulés sur des paroles élevées, majestueuses et émouvantes ont conspiré à captiver, à charmer et à transporter l'oreille et le cœur. »

Il s'en fallut de beaucoup, cependant, pour que les oratorios de Handel aient rencontré, tous et tout de suite, le même succès. Il y eut des échecs retentissants, comme celui de *Deborah*, d'*Israel in Egypt* ou d'oratorios profanes comme *Semele*. *Le Messie* lui-même, après le triomphe qui accueillit sa création à Dublin, en 1742, attendit jusqu'au début des années 1750 pour s'imposer à Londres. L'un des reproches qu'on leur adressait le plus fréquemment portait sur l'indécence de la représentation, hors de l'église, de figures sacrées — tous ne s'accommodaient pas aussi facilement du compromis proposé par Handel. Celui-ci se gardait bien pourtant d'exciter par trop la sensibilité puritaine, puisant ses livrets dans Milton, Pope ou les demandant à Thomas Morell, Samuel Humphreys ou Charles Jennens. Il n'y eut guère que deux exceptions notables (celles, du reste, qui effarouchèrent le plus) : *Israel in Egypt* et *Le Messie*, dont le livret était une compilation de textes issus de l'Ancien et du Nouveau Testament. Mais tout s'arrangea, peu à peu. Quand il mourut, le 14 avril 1759, quelques jours après une exécution triomphale du *Messie* qui l'avait épuisé, Handel était devenu, à jamais, un héros national britannique.

Pour illustrer l'influence de Handel sur l'évolution de la musique et de la vie musicale en Angleterre, il suffit de se reporter au témoignage le plus bref, mais aussi le plus précis et le plus éloquent : le programme du premier grand « Festival Handel » donné à l'abbaye de Westminster et au théâtre du Panthéon, vingt-cinq ans plus tard, pour le centenaire de la naissance du grand musicien, en 1784[1]. Ce festival fut suivi de bien d'autres, mais le programme ne varia guère :

— 26 mai : *Te Deum de Dettinghem*, l'un des *Chandos anthem*, *Foundling anthem*.

---

1. L'erreur vient sans doute de la réforme du calendrier à laquelle on procéda en Angleterre à partir de 1753. Auparavant, l'année commençait le 1er mars. Handel était né en février 1685 (calendrier continental) donc en 1684 (ancien calendrier anglais). On voudra bien pardonner les confusions de même nature qui auraient pu se glisser dans ce livre.

— *27 mai* : musique instrumentale, notamment quatre concertos pour orgue.
— *28 mai* : répétition du *Messie* (plus de cinq cents exécutants).
— *29 mai* : *Le Messie.*
— *3 et 5 juin* : reprises du *Messie.*

X

L'heureux commerce de ses semblables

Les contemporains anglais de Handel

Un travers très commun chez les biographes est de prêter à leur héros, à défaut de toutes les vertus, une dimension incommensurable à celle que l'histoire leur a accordée. La musique anglaise du XVIIIe siècle (comme celle de la plus grande partie du siècle suivant) est restée si longtemps méconnue, voire méprisée, qu'un mouvement analogue porterait volontiers à lui rendre plus encore que la postérité ne lui a refusé. Aujourd'hui néanmoins, bien qu'avec beaucoup de retard sur d'autres pays, la lecture, l'édition, l'exécution ou l'enregistrement des œuvres anglaises de cette époque commencent à démontrer qu'une telle redécouverte se justifie amplement. Contrairement à un postulat trop répété, y compris par les Anglais eux-mêmes, ni la vie ni la mort de Handel n'ont stérilisé la musique britannique.

On ne saurait davantage invoquer, pour nier l'existence d'une musique anglaise au Siècle des lumières, la présence à Londres d'un grand nombre de musiciens étrangers. Certes, il arrivait que leurs confrères britanniques se plaignent de cette concurrence. En 1729, Daniel Defoe, l'auteur de *Robinson Crusoe*, préconisait la création d'une sorte de conservatoire national de musique qui « éviterait la coûteuse importation de musiciens étrangers... Au lieu de dépenser 1 500 livres sterling par an pour un chanteur italien, on aurait, pour 300 £, soixante musiciens anglais bien instruits et capables de vivre de leur art ». Mais ce phénomène n'était nullement particulier à la Grande - Bretagne. A la demande accrue de la chambre, de l'église et de la scène répondait, partout en Europe, une vaste migration de professionels de la musique. Beaucoup venaient d'Italie, mais aussi d'Allemagne, d'Autriche et de l'actuelle Belgique. Comme Handel ou Pepusch à Londres, Domenico Scarlatti et Boccherini exercèrent à Madrid ; Sarti à Copenhague ; Paisiello et Cimarosa à Saint-Pétersbourg ; Gluck, Gossec, Grétry, Sacchini, Cherubini, Viotti et même Salieri à Paris. La carrière internationale de Hasse n'a rien à envier (sauf le confort des voyages) à celle d'un grand musicien d'aujourd'hui. Vers le milieu du siècle, un certain Ludwig van Beethoven, musicien, quitta Malines pour s'installer à Bonn. Son petit-fils reçut son prénom.

Ce qu'on ne peut contester, cependant, c'est l'attirance des musiciens du continent, compositeurs ou interprètes, pour la Grande-Bretagne ; celle-ci leur offrait non seulement les débouchés habituels auprès de la Cour ou des grands, mais la possibilité de se produire dans les très nombreux concerts de Londres (la plus grande ville d'Europe) et même en province. Bien avant le reste de l'Europe, on y avait très vite développé, multiplié, diversifié la forme de pratique musicale inventée naguère par John Banester. En dehors des concerts habituels ou de circonstance (ceux de la Sainte-Cécile, par exemple), les Londoniens avaient la faculté de s'abonner à des cycles de concerts (6 guinées pour vingt-quatre concerts par an, avec demi-tarif pour la dame accompagnant l'abonné), sacrifier à son plaisir l'âme en paix lors des concerts de charité ou soutenir les musiciens au profit de qui se donnaient régulièrement des « concerts à bénéfice ». On notera que c'est au cours de l'une de ces manifestations, le 3 février 1752, qu'on entendit pour la première fois à Londres « une nouvelle espèce d'instrument nommé *Piano et Forte* ». Plus encore que ceux du siècle suivant, le programme de ces concerts était redoutablement copieux. On en jugera par l'un des rares qui nous soient parvenus complets, celui du 16 avril 1729 au profit du hauboïste Jean Christian Kytch. On n'a aucune raison de douter qu'il ne fût exemplaire des goûts des auditeurs :

I   Ouverture de *Ptolémée* de M. Handel.
    Airs : « *Non oh Dio* », rôle de Madame Cuzzoni dans *Calphurnia*[1].
    « *Lusinghe piu care* », rôle de Madame Faustina dans *Alexander*[2].
    Huitième concerto de Corelli par Castrucci et autres.
    Air du cor dans *Griselda*[1].

II Concerto grosso de Pepusch, avec soli de clavecin interprétés par M. Bach[3].
    Airs : « *Fonti amiche* », rôle de Madame Cuzzoni dans *Ptolémée*[4] accompagné aux flûtes.
    « *Ch'io mai vi possa* », rôle de Madame Faustina dans *Siroe*[5].
    Solo de hautbois par Kytch.
    Concerto pour cors, composition de Nicholini[6].

---

1. De Buononcini.
2. De Handel.
3. Aucun membre de la grande famille des Bach ne se trouvait à Londres à cette date. Il s'agit donc d'un homonyme.
4. De Handel.
5. De Handel.
6. ? Seule chose certaine, ce ne peut être le fameux castrat Nicolini, qui triompha à Londres dans les premières années du siècle.

III Concerto pour hautbois, composé par Alberti[1].
Airs : « *Ombra cara* », rôle de Senesino dans *Radamistus*[2].
« *L'Empio Rigor* », rôle de Madame Cuzzoni dans *Rodelinda*[3].
Concerto pour petite flûte composé par Babel[4]*(sic)*.
Première partie de *Water Musick* de Handel avec les cors.

Les associations jouaient, enfin, un rôle très important dans la vie musicale britannique. En fait, l'extraordinaire développement des associations de toute nature constitue un aspect majeur et tout à fait original de la société anglaise au XVIIIe siècle. Il résultait de la conjonction de plusieurs facteurs spécifiques : une urbanisation encore timide, mais beaucoup plus marquée que sur le continent, un régime de libertés publiques et privées en avance d'un siècle sur celui des autres pays européens, la relative importance de la classe moyenne et la prospérité dont elle jouissait, le rôle politique des corps intermédiaires[5], sans oublier la volonté, implicite ou explicite, de ressouder

---

1. Il s'agit soit de Domenico Alberti (vers 1710-vers 1740), l'inventeur de la « basse d'Alberti » soit, plus vraisemblablement, de Giuseppe Matteo Alberti (vers 1685-1751). Tous deux furent édités à Londres par Walsh.
2. De Handel.
3. De Handel.
4. William Babell (vers 1690-1723), compositeur anglais, élève de Pepusch, fort connu à l'époque pour ses concertos pour flûte dans le style de Vivaldi.
5. Tout au long du siècle, les voyageurs et les commentateurs britanniques ne cessèrent de s'étonner du système politique et social de la France, dont la civilisation suscitait pourtant l'admiration. « En France, les Grands vivent avec une considérable magnificence, mais les autres, dans une considérable pauvreté. Il n'y a pas de classe moyenne heureuse comme en Angleterre. Les magasins de Paris sont minables ; la viande offerte sur les marchés conduirait ici les marchands en prison [...]. Les raffinements de la cuisine française sont une nécessité : ils ne pourraient manger de viande s'ils ne pouvaient l'assaisonner », constate Samuel Johnson (James Boswell, *Vie de Johnson,* année 1775).

un corps social mis à mal par les déchirements du siècle passé. Aussi les sociétés et les clubs se multiplièrent-ils à l'infini. Réunis le plus souvent dans les tavernes, leur but était pieux ou charitable (comme la Société pour la promotion de la science chrétienne), mutualiste (tels les *box clubs* ou les mutuelles d'obsèques), purement convivial (on y jouait aux cartes et l'on y discutait, le plus souvent politique), gaillard — les *cock and hen clubs*[1] — où des jeunes gens et des jeunes femmes, rarement vertueuses, chantaient, dansaient et baguenaudaient, voire franchement scandaleux, comme le fameux *Hell Fire Club* (Club du feu de l'enfer), où le duc de Wharton et la jeunesse dorée se livraient à tous les excès du libertinage. Dans le domaine des arts et des lettres, la gamme s'étendait du *Literary Club* qui rassemblait de très grands noms de la culture britannique (le peintre Josuah Reynolds, le célèbre comédien David Garrick, le philosophe Adam Smith, les écrivains Samuel Johnson ou Oliver Goldsmith, etc.) jusqu'aux *spouting clubs* (clubs de déclamation). Là, déplorait un contemporain[2], « des apprentis, des employés et de jeunes écervelés, intoxiqués par le théâtre, se réunissaient dans des pubs pour déclamer ; ils négligeaient ainsi leur travail en dépit des conseils de leurs amis et ne songeaient plus qu'à devenir comédiens ».

On doit réserver une place particulière à l'une de ces associations, en raison de son importance mais, aussi, de sa place notable dans la vie musicale : la Franc-Maçonnerie. Organisée pour la première fois (mais non pas créée) en 1717 à Londres, elle se proposait de regrouper des hommes, qui « sans elle, n'auraient sans doute pu se rencontrer », et de favoriser chez ses membres la pratique des devoirs civiques, moraux et religieux. Elle se développa très rapidement, recrutant toujours dans les classes moyennes (marchands, artisans, propriétaires terriens,

---

1. Littéralement : « clubs des coqs et des poules »...
2. T. Murphy : *The Apprentice*, 1756.

intellectuels), mais bénéficiant du patronage de personnalités de la haute aristocratie — l'héritier du trône, le prince de Galles, en fit presque toujours partie. Dès l'origine, la pratique musicale y fut extrêmement active, tant par les chansons qui accompagnaient traditionnellement les réunions [1] que par les concerts publics ou privés (voire les masques, pantomimes ou représentations d'opéra) qu'elle organisait ou qu'elle « sponsorisait ». Chaque loge comprenait un organiste (le plus souvent professionnel) et, aux échelons national et régionaux de l'institution, un « Grand Organiste » dont le titulaire était en général un compositeur de renom. L'un des exemples les plus significatifs du rôle de la Franc-Maçonnerie anglaise dans la vie musicale est fourni par une société de concerts, souchée sur la loge « Queen's Head » [2], la *Philo-Musicae et Architecturae Societas Apollini* qui fonctionna du 18 février 1724 au 23 mars 1727, sans doute tous les quinze jours. Elle désigna comme « dictator » le grand violoniste et compositeur Francesco Xaviero Geminiani. Né à Lucques en 1687, il avait étudié auprès de Corelli pour s'établir à Londres dès 1714 ; il assuma par la suite des fonctions importantes en Irlande, à Dublin où il mourut en 1762. En dehors de nombreuses œuvres de premier intérêt (suites, concertos, arrangements de Corelli, etc.) et d'une musique « à programme » sur un poème du Tasse, *La Forêt enchantée*, son traité sur l'*Art de jouer du violon*, publié à Londres en 1751, reste un classique du genre. Il ne subsiste pas de documents sur le programme des séances de musique dirigées par Geminiani dans sa société maçonnique. La bibliothèque musicale de celle-ci, dont nous connaissons

---

1. Dès leur première édition de 1723, les *Constitutions* d'Anderson, charte de base de la Franc-Maçonnerie comportaient, outre une histoire et le règlement de l'institution, plusieurs chansons notées.

2. Comme la plupart des associations, les loges maçonniques se réunissaient dans les tavernes, dont elles portaient le nom distinctif.

une partie du catalogue permet cependant de s'en faire une idée. Il s'agissait essentiellement de musique instrumentale : symphonies et concertos d'Albinoni, de Torelli, d'Albicastro[1] et symphonies des opéras de Handel, Buononcini ou Pepusch.

Quant aux très nombreuses associations purement musicales, il en existait de diverses espèces ; plusieurs (dont le nom figure ici en capitales) fonctionnent toujours. Certaines rassemblaient musiciens professionnels, amateurs et simples auditeurs, telle la *Castle Society*, dont les concerts s'accompagnaient d'amples libations et de buffets bien garnis. D'autres se montraient plus restrictives, comme la *Society of Gentlemen Performers* (Société des honorables amateurs) ou l'*Academy of Ancient Music* qui, si elle donnait des concerts publics, soumettait l'admission en qualité de sociétaire à la composition d'une œuvre de musique chorale ; Buononcini en fut honteusement chassé en 1727 quand on s'aperçut qu'il avait purement et simplement plagié sa contribution. D'autres encore, ouvertes aux chanteurs amateurs et professionnels, se spécialisaient dans un répertoire : le *Noblemen and Gentlemen's Catch Club* (fondé en 1761), l'*Anacreontic Society* (1766), la MADRIGAL SOCIETY (1741) et une infinité de clubs voués aux catches et aux glees. Tout le monde ne voyait pas d'un très bon œil ces associations où se cotoyaient hobereaux, notables, musiciens d'orchestre ou d'aventure, avocats, marchands de grains et chapeliers. Lord Chesterfield, dans ses fameuses *Lettres à son fils* faisait la moue : « Les violoneux, les souffleurs de flûte et les gens de cette espèce ne sont pas des compagnies convenables pour un homme de bon ton. » De telles manifestations de snobisme (le mot remonte du reste à cette époque) n'empêchèrent nulle-

---

1. Henricus Albicastro (fin du XVIIe—début du XVIIIe siècle), violoniste et compositeur suisse, de son vrai nom Heinrich Weissenburg von Biswang.

ment les sociétés musicales de prospérer et de se répandre dans tout le Royaume-Uni. Norwich, York, Lincoln, Lichfield, Bristol en comptaient même deux. En 1724 fut fondée l'une des plus illustres de ces institutions, le THREE CHOIRS FESTIVAL, tenu à tour de rôle à Gloucester, Worcester et Hereford et réunissant les chœurs de ces trois villes cathédrales. Non loin de là, à Birmingham, fut créée, en 1768, à l'aube de la révolution industrielle, la *Musical & Amiable Society*. On en trouvait partout, et celles d'Écosse et d'Irlande n'étaient pas les moins dynamiques.

La carrière de l'un des musiciens britanniques les plus intéressants de l'époque, Charles Avison (1706-1770), illustre bien l'action stimulante de ces associations sur la vie musicale. Né à Newcastle upon Tyne, Avison avait travaillé avec Geminiani à Londres. Organiste à l'église Saint-Jean de sa ville natale, il en devint, en 1738, directeur de la *Musical Society* qui, avec la société jumelle de Durham, ne donnait pas moins de trois concerts par semaine. Il comptait parmi ses interprètes le jeune William Herschel (1738-1822), d'origine hanovrienne, violoniste, hauboïste et compositeur fécond, qui deviendra plus tard l'un des plus grands astronomes de son temps — il découvrit, entre autres, la planète Uranus et développa les connaissances sur les étoiles doubles et la galaxie... En 1750, Avison créa à Newcastle une autre association, la *Marcello Society*, qui se consacra à l'exécution des psaumes de Benedetto Marcello et, surtout, à leur publication. Il occupa ensuite divers postes d'organiste ou de professeur de musique, notamment à Édimbourg où il participa aux activités de la *Musical Society* locale. Avison a composé une soixantaine de beaux concertos ainsi qu'un superbe et original arrangement pour orchestre à cordes de douze pièces pour clavecin de Domenico Scarlatti. La plupart de ses nombreuses sonates en trio manifestent l'influence de Rameau. Critique musical autorisé, Avison est également l'auteur du premier grand ouvrage du genre en Angleterre, *Essay on Musical expression* (1751) dont certaines positions anti-handeliennes provoquèrent une ardente polémique.

Le concert — et la la scène — n'absorbaient cependant pas la totalité de la vie musicale. Le cas de Maurice Greene prouve que des compositeurs importants, mais il est vrai de moins en moins nombreux, continuaient comme autrefois à consacrer la majeure partie de leur activité à l'église. Né en 1696, Maurice Greene appartenait à une famille fort ancienne et cossue de propriétaires terriens ; son père était chapelain de la Chapelle Royale, chanoine de Salisbury et ministre de plusieurs paroisses londoniennes. Élève de Jeremiah Clarke, Greene fut nommé, à moins de vingt-deux ans, organiste de la cathédrale Saint-Paul, où il fit la connaissance de Handel qui venait fréquemment y jouer l'instrument. Les deux hommes lièrent amitié et demeurèrent un certain temps intimes, jusqu'à ce qu'une brouille violente les séparât. En 1727, Greene succéda à Croft comme organiste de la Chapelle Royale[1]. En 1735, il accédait à la fonction suprême de l'establishment musical, la direction de la musique royale. Quant il mourut, en 1755, il préparait la publication d'une vaste anthologie de musique d'église, ancienne et contemporaine. Son œuvre sacrée est considérable : plus d'une centaine d'anthems, un service et sept *Te Deum*, sans parler de ses pièces pour orgue (notamment des *voluntaries*). L'écriture de Greene, qui ne se signale pas par l'audace ou l'originalité, montre néanmoins de grandes qualités : le don de la mélodie et le sens très affirmé du traitement des chœurs. Si cette carrière évoque immanquablement celle des musiciens anglais du passé, d'autres aspects de la vie de Greene trahissent pourtant, de manière significative, l'influence de son temps. Grand amateur d'opéra, il fut l'un des fondateurs de la *Castle*

---

[1]. Ce poste, que Handel aurait convoité, pourrait avoir été le sujet de leur brouille.

Society, de l'*Academy of Ancient Music* puis de la rivale de celle-ci, l'*Apollo Society* et, enfin, de la *Royal Society of Musicians*, institution à but philanthropique et mutualiste. Dans le domaine profane, Greene a composé trois oratorios (l'un perdu, ceux que nous connaissons fort intéressants), de la musique instrumentale, d'assez nombreuses pièces vocales, notamment sur les poèmes des *Amoretti* de Spenser et des odes de circonstance pour la Cour.

Si les deux compositeurs anglais les plus importants de cette époque sont, à quelques mois près, exactement contemporains, William Boyce (1711-1779) partagea sa carrière entre l'église et la scène, tandis que Thomas Arne (1710-1778) se consacrait presque exclusivement à cette dernière. Boyce fut, du reste, l'élève de Maurice Greene à Saint-Paul, après avoir appartenu aux chœurs de cette cathédrale jusqu'à sa mue. Successeur de John Weldon au poste de compositeur de la Chapelle Royale, il participa aux activités de l'*Apollo Society* et dirigea l'un des premiers festivals des Trois Chœurs en 1737. Il s'y fit remarquer par sa très belle ouverture *Worcester* et, aussi, par une toute nouvelle manière de conduire l'orchestre : avec un rouleau de papier, ancêtre de notre actuelle baguette[1]. Deux publications, l'une et l'autre en 1747, confirmèrent la réputation que Boyce s'était déjà gagnée par quelques excellents masques (notamment *The Secular Masque*) : un recueil de chansons, *Lyra Britannica*, et un volume de douze sonates pour deux violons et basse (ce sera d'ailleurs le seul) qui battit tous les records de vente. En 1749, il fut reçu bachelier et docteur en musique de l'université de Cambridge après son morceau de concours, un anthem. La même année, le grand

---

[1]. On se servait jusqu'alors d'une canne avec laquelle on frappait le sol (on se rappelle la funeste mésaventure de Lully), quand le chef ne participait pas lui-même à l'exécution au clavecin (*maestro al clavicembalo*) ou comme violoniste.

comédien David Garrick s'attacha les services de Boyce pour son théâtre de Drury Lane. La production de musique sacrée de Boyce, jusqu'alors abondante, céda la priorité aux masques, aux pantomimes, aux divertissements et à la musique de scène, notamment pour plusieurs pièces de Shakespeare *(La Tempête, Roméo et Juliette, Un Conte d'hiver,* etc.). Directeur de la Musique Royale à la mort de Greene et organiste de la Chapelle Royale en 1757-1758, Boyce fournit une cinquantaine d'odes pour les diverses célébrations de la Cour, notamment celles du Nouvel An. Il attacha un soin particulier aux ouvertures de ces œuvres, dont un bon nombre constituent de véritables symphonies en trois mouvements à la française (lent-vif-lent) ou à l'italienne (vif-lent-vif). Certaines seront d'ailleurs publiées séparément. Atteint de surdité à la fin de sa vie, William Boyce entreprit alors de réaliser ce que Maurice Greene n'avait pas eu le temps de mener à bien. Les trois volumes de *Cathedral Music,* publiés entre 1760 et 1773, constituent une somme dont l'intérêt considérable n'a pas diminué et qui démontre l'attachement des Anglais à leur passé musical dans une époque plutôt tournée vers l'innovation. Le jugement porté sur l'œuvre de Boyce par le docteur Burney, quelques années après la mort du compositeur, demeure tout à fait valable : « Ses productions, fondées aussi bien sur l'étude de nos maîtres nationaux que sur celle des meilleurs maîtres étrangers, témoignent de qualités originales et de bon aloi qui confèrent à toutes ses œuvres un cachet particulier et personnel de force, de clarté et d'aisance, exempt de mélange de styles ou d'ornements superflus ou hétérogènes. »

Rien ne semblait destiner Thomas Arne à devenir le meilleur compositeur lyrique anglais de son siècle. Son père, tapissier et fils de tapissier, le destinait au droit. Il lui fit faire des études à Eton, puis un stage de trois ans chez un notaire. Pendant ce temps, Thomas touchait en cachette l'épinette dans sa chambre et empruntait l'habit d'un domestique pour assister aux spectacles d'opéras[1]. Pour son bonheur et pour le nôtre, il y fit la connaissance du violoniste et compositeur Festing qui se prit d'amitié pour lui et donna au saute-ruisseau des leçons de musique. Festing, convaincu du talent du jeune homme parvint même à persuader le tapissier de laisser son fils suivre sa vocation. Le démon des planches devait vraiment sommeiller dans les gènes de la famille, car le jeune frère de Thomas, Richard et sa sœur Susannah entreprirent eux-mêmes une brillante carrière dans le chant et la comédie. Et Arne choisit pour épouse une jeune cantatrice, Cecilia Young, fille d'un organiste... Si ses débuts en musique avaient été difficiles, la gloire le couronna très vite. Dès 1738, son masque *Comus*, sur le livret de Milton, rencontra un succès qui se prolongea jusqu'à l'âge romantique. Un autre masque, *Alfred*, qui célébrait le grand roi de la vieille Angleterre (871-900) connut en privé d'abord puis, en 1745, en public, un nouvel et complet succès. L'œuvre, dans laquelle se trouve le fameux *Rule Britannia*[2] fut jouée à de multiples reprises et sous des formes variées, y compris comme oratorio. Compositeur attitré du théâtre de Drury Lane, Arne y donna de nombreuses chansons et musiques de scène, en particulier pour des pièces de Shakespeare. En 1742, à la suite des déboires conjugaux de sa sœur, Arne s'installa avec elle pour deux saisons à Dublin, où la vie

---

1. Censés accompagner leur maître, les domestiques en livrée bénéficiaient au poulailler de places très bon marché, voire gratuites.

2. *Alfred* contient des allusions aux problèmes dynastiques auxquelles ses premiers auditeurs ne restèrent pas insensibles : cette période fut en effet celle d'une nouvelle, et tout aussi infructueuse, tentative de soulèvement jacobite contre la dynastie de Hanovre.

Rule Britannia (sur lequel Beethoven écrivit plusieurs variations) fut et reste l'hymne national « bis » des Anglais. Signalons en passant qu'hanovrien fidèle, en dépit de ses origines catholiques, Arne mit en musique à sa manière, pendant la crise, les paroles du *God save the King*. Mais son air ne put remplacer celui que nous connaissons.

musicale était très intense : on venait d'y créer *Le Messie* et la ville comptait plusieurs théâtres réputés. Rentré à Londres, Arne reprit ses activités à Drury Lane, puis à Covent Garden. Il y donna de nouvelles musiques de scène, de nombreux *comic operas* (terme qu'il vaut mieux traduire par comédie musicale que par opéra-comique), des masques et une charmante *burletta* (farce) à l'italienne, *The Golden Pippin* (La Reinette d'or). Entre temps, il avait fait un autre séjour à Dublin et reçu le grade de docteur en musique à Oxford — on imagine qu'un tel honneur combla celui qui n'avait guère été qu'un autodidacte. En 1762, il triompha avec son *Artaxerses*, premier et seul *opera seria* purement anglais. Membre du *Noblemen's and Gentlemen's Catch Club* et de la *Madrigal Society*, il donnait chaque année un concert de catches et de glees qui attirait les foules. Mais, en dépit de sa célébrité, l'irrégularité de ses revenus lui causa de gros soucis jusqu'à la fin de sa vie. Son fils Michael (1740-1786) continua la récente tradition familiale. Auteur de chansons à succès et virtuose du clavier, il eut cependant le tort de se prendre de passion pour l'alchimie. Les dépenses qu'il fit pour son laboratoire, à la recherche de la pierre philosophale, le conduisirent à la prison pour dettes.

L'œuvre de Thomas Arne, importante et diverse, mérite amplement une redécouverte. Il a sans doute manqué à Arne un grand librettiste pour que ses comédies musicales eussent la postérité de celles de Gilbert et Sullivan, un siècle plus tard. *Comus* n'a rien perdu de son intérêt et *Artaxerses* peut soutenir bien des comparaisons. L'ensemble de la musique d'Arne, riche en trouvailles de toute nature, mélodieuse, expressive, élégante, efficace, a le mérite de rester profondément anglaise malgré ses emprunts aux formes italiennes. Avant tout musicien de théâtre, Arne est aussi l'auteur d'oratorios, d'odes et de cantates ainsi que de très belles pièces instrumentales, notamment des sonates pour le clavecin, pour deux violons avec basse et six superbes concertos pour orgue.

Moins notables, mais fort intéressants, de très nombreux autres compositeurs illustrent, en Angleterre, les deux premiers tiers du XVIIIe siècle. William Hayes (1705-1777), organiste de la cathédrale de Worcester fut l'un des champions de Handel, dont il dirigea partout les œuvres et qu'il défendit contre les attaques d'Avison. On ne s'étonnera donc pas si ses oratorios, ses nombreux anthems, ses cantates et ses odes, d'une grandeur et d'une science indéniables, témoignent de l'admiration qu'il portait à l'auteur du *Messie*. John Nares (1715-1783), organiste de York Minster a laissé de nombreuses œuvres pour l'église, mais ses pièces pour le clavecin comptent parmi les plus belles jamais écrites au XVIIIe siècle. John Christian Smith (1712-1795), d'origine allemande, était le fils de l'économe et du copiste de Handel, dont il reçut quelques leçons. Il transforma en opéras deux pièces de Shakespeare *(Le Songe d'une nuit d'été* et *La Tempête)* et composa de nombreuses autres œuvres lyriques dans le style italien. On lui doit également plusieurs oratorios, notamment un beau *Paradise Lost* sur le texte de Milton et une douzaine de suites pour clavecin, quelque peu inspirées de Handel, mais d'un charme certain. La récente redécouverte des concertos de John Hebden (1712-1765) montre que ce musicien, violoncelliste et bassoniste, pouvait rivaliser avec bien des compositeurs italiens. Enfin, le talent de l'organiste aveugle John Stanley (1712-1786) attira le Tout-Londres, à commencer par Handel, dans sa chapelle de l'Inner Temple. Parmi ses nombreuses compositions, on retiendra tout particulièrement ses *voluntaries*, ses concertos pour cordes et ses cantates où se dessine déjà la transition entre l'âge baroque et le style classique. Bien d'autres encore mériteraient d'être mentionnés. On se résignera à citer seulement, par ordre chronologique, Charles King (1687-1748), Thomas Kelway (1695-1749), Joseph Gibbs

(1699-1788), John Travers (1706-1758), John Alcock (1715-1806) et Richard Mudge (1718-1763), sans oublier John Frederic Lampe (1701-1751), compositeur d'opéras qui favorisa les débuts de Thomas Arne. Le prétendu désert du baroque anglais est empli de musique...

XI

Les voyages du Docteur Burney
L'âge classique

C'est aux Anglais que nous devons le tourisme — le mot et, dans une large mesure, la chose. Depuis le début du XVIIIe siècle, les familles aisées avaient pris l'habitude d'envoyer leurs fils sur le continent, convaincues que ces voyages formeraient la jeunesse de leur progéniture, la frotteraient aux arts libéraux et achèveraient de la conforter dans le sentiment que, décidément, nul pays en ce bas monde ne pouvait valoir « *the jolly old England* ». L'expédition, qui durait un ou deux ans, voire davantage, se nommait le *Grand Tour*. Elle traversait la France (plus ou moins vite selon l'état des relations entre la Grande-Bretagne et cette nation), se hasardait parfois aux Pays-Bas, en Allemagne ou en Autriche, mais sa destination principale restait l'Italie. Les beautés brunes, l'opéra, la peinture et la sculpture, les premières fouilles archéologiques, le Vésuve en étaient les attraits principaux. On trouvait même, à Florence ou à Rome, des colonies britanniques si nombreuses qu'elles dispensaient d'apprendre l'italien.

Charles Burney, qui se lança sur la route du *Grand Tour* vers la France et l'Italie en 1770, puis en 1772, vers les Pays-Bas et l'Allemagne, n'était ni un fils de famille ni vraiment un jeune homme. Né en 1736 d'un père quelque peu bohème, danseur, violoniste et portraitiste, il avait lui-même déjà huit enfants de ses deux mariages successifs. Organiste, apprenti compositeur chez Thomas Arne (qui ne s'était pas privé de l'exploiter), il avait travaillé avec David Garrick, notamment pour une adaptation du *Devin de village* de Jean-Jacques Rousseau, produite à Dury Lane sous le titre de *The Cunning Man* (L'Astucieux). Mais Charles Burney se sentait plus porté vers la recherche et l'érudition que vers la composition. D'une curiosité encyclopédique, il s'intéressait à l'astronomie et ne manquait pas d'ambitions littéraires [1]. En 1769, l'année précédant son premier voyage, l'université d'Oxford lui avait décerné les grades de bachelier et de docteur en musique. Il veilla toujours à ce que ce dernier titre demeurât attaché à son nom.

Le Docteur Burney avait expliqué à David Garrick le but de ses voyages, qu'il effectua, on s'en doute, à moindres frais que ses compatriotes de la jeunesse dorée : « Je veux, d'une part, tirer des bibliothèques et des conversations de vive voix avec les érudits, tous les renseignements possibles sur la musique des anciens. D'autre part, je voudrais juger de mes propres yeux *l'état actuel* de la musique contemporaine dans les lieux que je traverserai, d'après les exécutions des œuvres et les conversations avec les grands compositeurs... »

Le Docteur Burney ne s'était pas jeté sur les chemins malaisés et aventureux du continent pour son plaisir personnel. Le titre des relations de ses voyages, qu'il fit paraître respectivement en 1771 et 1773, annonçait bien ses intentions : *L'État présent de la musique en France et*

---

[1]. Bien qu'on lui accordât en ce domaine un certain talent, ce fut l'une de ses filles Fanny Burney, épouse d'Arblay (1752-1840), qui combla cette ambition avec une série de romans à succès : *Evelina, Cecilia* et *Camilla*.

en Italie / en Allemagne, aux Pays-Bas et dans les Provinces Unies / ou le journal d'un voyage dans ces pays effectué pour rassembler les matériaux d'une histoire générale de la musique[1]. Entre 1776 et 1789, parurent en effet les six volumes de la première histoire générale de la musique depuis les origines, ouvrage d'une importance exceptionnelle que l'on peut considérer comme le fondateur de la musicologie.

En fait, cette science avait eu quelques précurseurs et le Docteur Burney un sérieux concurrent, tous anglais. Depuis quelques décennies, le développement de la presse en Grande-Bretagne, qui y jouissait d'une très grande liberté, avait suscité l'apparition d'une véritable critique musicale, illustrée par un homme comme Joseph Addison (1672-1719). De même, un ouvrage comme celui de Roger North, cité plus haut, avait apporté des informations essentielles sur la musique et les musiciens de son époque. Mais l'entreprise du Docteur Burney, de nature systématique, s'appuyait sur les principes de la science moderne : travail sur le terrain, recueil et examen des sources documentaires, rassemblement et recoupement des témoignages. C'est ce qui la séparait de celle, menée au même moment, par un personnage fort respectable, Sir John Hawkins, juriste de profession et familier du Premier Ministre, Horace Walpole. On pourrait tirer un roman passionnant, plein de suspense et de rebondissements, des péripéties de la course que Burney et Hawkins se livrèrent afin que leur ouvrage parût le premier — Burney gagna, de quelques mois. On se bornera à constater que les éléments qui opposent toujours diverses

---

1. En dépit de l'intérêt de ces ouvrages, qui restent de référence, leur traduction française est épuisée depuis... plus de deux siècles. De même, le journal de voyage privé de Burney, retrouvé, publié et sans cesse réédité sous le titre *Music, Men and Manners in France and Italy, 1770* (Eulenburg, Londres) n'a jamais été traduit ; il constitue pourtant l'une des chroniques les plus vivantes et les plus attrayantes de la vie quotidienne au Siècle des lumières.

conceptions de la critique, s'affrontaient déjà. Burney était un créateur raté, mais un vrai professionnel ; Hawkins, un simple amateur, mais fort éclairé. Il aimait les historiettes pittoresques, sans trop s'inquiéter de leur authenticité ; Burney passait tout au crible de la raison et de l'expérience. Il s'appuyait sur le jugement de ses pairs ; Hawkins sur les allées du pouvoir. Burney soignait son style ; Hawkins écrivait de manière savoureuse, mais un peu n'importe comment. Il goûtait les charmes de la musique ancienne ; Burney, jugeant celle-ci sur les canons classiques de l'harmonie et du contrepoint, la traitait dédaigneusement de « gothique ». Chacun choisira son camp...

Il est significatif que le Docteur Burney ait fait suivre son premier voyage en France et en Italie d'un second qui le conduisit en Allemagne. Trente ans plus tôt seulement, on n'y aurait guère songé. Depuis le milieu du siècle, en effet, la migration des musiciens germaniques relayait, quand elle ne la remplaçait pas, celle des Italiens. Le premier compositeur important avait été Carl Friedrich Abel (1723-1787), à Londres dès 1759. En 1762, le cadet des fils Bach, Jean-Chrétien (1735-1782) le rejoint. Ensemble, ils fondent, en 1764, dans la salle de Hanover Square, magnifiquement décorée par Gainsborough, les *Bach-Abel Concerts*. En 1765, le jeune Mozart fait étape à Londres. Il ne s'y établira pas, mais on sait qu'il y songera sérieusement à la fin de sa vie. En 1773, le chef d'orchestre et compositeur Wilhelm Cramer (1746-1799) s'installe en Angleterre. C'est un mineur, mais il vient du fameux orchestre de Mannheim, dont les qualités et les innovations affectent profondément, partout, l'évolution de la musique instrumentale : très haut niveau des musiciens du rang (« une armée de généraux », selon le Docteur Burney), introduction de la clarinette et sophistication de l'emploi des bois et des cuivres, utilisation du crescendo, du decrescendo et des contrastes dynamiques, etc.). A vrai dire, l'influence de

Mannheim avait commencé à s'exercer dès le début des années 1760 par l'intermédiaire d'un noble écossais, le Très Honorable Thomas Alexander Erskine, comte de Kelly (1732-1781). Excellent violoniste, il avait au cours des trois ans que dura son *Grand Tour*, séjourné à Mannheim et joué dans l'orchestre sous la direction de Johann Stamitz. Revenu en Écosse, il publia en 1761 six symphonies et en 1767 une « ouverture périodique » dans le plus pur style de Mannheim. En 1781, Johann Peter Salomon (1745-1815) se fixe à Londres ; violoniste et compositeur lui aussi, il y devient un grand organisateur de concerts ; c'est lui qui attire en Angleterre Joseph Haydn pour deux séjours triomphaux, en 1791-92 et en 1794-95. Haydn y apporta sa marque et en rapporta l'idée de son oratorio *La Création*. Il avait été précédé, en 1790, du grand pianiste Johann Ludwig Dussek (1760-1812). On pourrait citer, enfin, Ignaz Pleyel (1757-1831) qu'on tenta vainement d'opposer à Joseph Haydn lors de la seconde saison londonienne de celui-ci.

Les Italiens (du moins les chanteurs et les instrumentistes) n'avaient pas pour autant disparu de la scène londonienne. Leur influence ne pouvait toutefois contrebalancer la domination massive que la musique allemande et autrichienne allait exercer pendant plus d'un siècle, en Angleterre comme ailleurs. Du reste, les seuls compositeurs importants d'origine italienne présents à Londres à cette époque constituent des cas atypiques. Muzio Clementi (1752-1832) se trouvait en Angleterre depuis l'âge de quatorze ans, mais son œuvre pour piano, très personnelle, exprime dans une large mesure les sentiments du *Sturm und Drang* germanique. Son apport le plus spécifique à la vie musicale britannique tient plutôt à ses activités de professeur, d'éditeur et de facteur de pianos. Quant au grand violoniste Giovanni Batista Viotti (1755-1824), il fallut la Révolution pour lui faire quitter la France où il cumulait ses fonctions au Théâtre de Monsieur avec une carrière d'affairiste, associé du douteux Léonard, perruquier de Marie-Antoinette. Dès le retour des Bourbons, en 1814, il s'empressera de regagner Paris.

Et les Anglais ? En vérité, il semble que l'apparition du style galant, puis l'hégémonie du classicisme viennois aient contribué au coup d'arrêt que va subir, pendant de longues années, le développement de l'art national. Cela n'empêchera nullement la vie musicale anglaise de demeurer extrêmement brillante, qu'il s'agisse des concerts, de l'opéra ou de la pratique domestique ; ainsi, nombre de célébrités d'autres disciplines, Laurence Sterne au violon, James Boswell à la flûte ou Thomas Gainsborough au basson et à la basse de viole furent-ils des amateurs de niveau élevé. Londres, point de passage obligé, attirera plus que jamais les grands musiciens du continent, Weber, Mendelssohn, Schumann, Wagner, sans parler de Berlioz, qui avait épousé une Anglaise, ou de Beethoven, qui ne fera d'ailleurs pas le voyage, souvent envisagé. Du reste, les compositeurs britanniques ne manquèrent pas. Mais, pendant près d'un siècle, aucun n'atteindra, et de loin, la stature de ses prédécesseurs ni, bien sûr, celle des rivaux du continent.

Il serait cependant exagéré d'attribuer aux seules influences étrangères cette crise — relative — de la musique britannique. Ainsi, peut-on expliquer, au moins en partie, l'état de la musique religieuse par celui de l'Église d'Angleterre dans les dernières décennies du siècle. Le scepticisme aimable, l'indifférence en matière de religion (ce qui ne signifie d'ailleurs pas l'athéisme) de l'époque ne pouvaient pas ne pas toucher aussi l'Angleterre. L'assistance boudait les offices. Souvent absents, les Lords évêques préféraient à la vie trop calme de leur siège les plaisirs de Londres ou les charmes de Bath. Les cathédrales continuaient d'entretenir des maîtrises et des organistes, mais leur niveau baissait, les instruments se détérioraient sans qu'on les réparât ou qu'on les remplaçât. Cependant, un renouveau religieux avait commencé à se manifester en Angleterre, issu des dénominations non conformistes et principalement du méthodisme du Révérend John Wesley. L'évangélisme fondamental de celui-ci, son exigence de simplicité et son abandon (provisoire) de toute hiérarchie rappelaient, à certains égards, les positions des puritains. A la différence de ces derniers, toutefois, John Wesley aimait beaucoup la musique, qu'il estimait même indispensable à la pratique d'une foi sincère et joyeuse. Aux célébrations pompeuses de la *High Church*, il substituait des assemblées, tenues au besoin en plein air, dont des laïcs assuraient le ministère. On y chantait beaucoup, et en général fort bien, des hymnes non accompagnés qui empruntaient leur style, sinon leurs timbres, aux chants populaires traditionnels. Le Révérend Charles Wesley (1707-1788), frère du fondateur du méthodisme, n'en écrivit pas moins de six mille cinq cents !

Les organistes des cathédrales ne cessèrent pas pour autant de composer une grande quantité de musique, d'une valeur le plus souvent fort médiocre. D'ailleurs, les auteurs les plus intéressants se limitaient rarement à l'église. Jonathan Battishill (1738-1801), en dehors de ses chansons et de sa musique de théâtre, a laissé une dizaine d'anthems dont deux tout à fait remarquables, *Call to remembrance* et *O Lord, look down from Heaven*. William Croft (1775-1847) fut le prodige de tous les enfants prodiges ! A deux ans, il improvisait au clavier, à quatre il assurait une série de récitals quotidiens et à quinze, on le nommait organiste de la prestigieuse Christ Church d'Oxford. Très doué pour le dessin et la peinture, on le donnait de plus comme un expert en matière de... feux d'artifice et de spectacles pyrotechniques. Mais ce recordman de la précocité ne devint jamais un autre Mozart. De son œuvre, assez conventionnelle, on retiendra surtout un assez bel oratorio, *Palestine*. Mozart, quant à lui, fondait de grands espoirs sur Thomas Attwood (1765-1838), qui avait reçu ses leçons à Vienne.

Organiste de la cathédrale Saint-Paul, puis de la Chapelle Royale, Attwood devint aussi l'ami de Mendelssohn lors des voyages de celui-ci en Grande-Bretagne. Auteur de sonates un peu simplettes, ses anthems, ses odes et par-dessus tout ses cantiques ne manquent pas d'intérêt. Mais le meilleur musicien d'église de son temps fut incontestablement Samuel Wesley (1766-1837), fils de l'auteur des six mille cinq cents hymnes. Enfant prodige lui aussi, mais dépressif et instable, il s'écarta de la voie de son oncle et de son père et se convertit au catholicisme — pour revenir plus tard sur cette conversion. Sa musique religieuse, latine et anglaise, surpasse ses compositions profanes (symphonies, concertos ou sonates), néanmoins de très bonne facture. Considéré comme le meilleur organiste de son temps, Samuel Wesley se fit, l'un des premiers en Angleterre comme sur le continent, le champion de Jean-Sébastien Bach, quelque peu négligé depuis sa mort. On retrouve du reste dans son œuvre, toutes proportions gardées, quelques traits du maître allemand, notamment un sens certain de l'ampleur, de la durée et de la force de la phrase musicale.

On a qualifié plus haut la crise de la musique anglaise de relative. C'est que s'il n'existait, tout comme ailleurs du reste, aucun musicien capable de supporter la comparaison avec un Gluck, un Haydn ou un Mozart, on n'avait jamais composé ni joué autant de musique en Angleterre. De la musique, on en trouvait partout, dans les concerts publics ou privés, dans les sociétés charitables, dans les théâtres, dans les « bagnos », établissements théoriquement destinés aux ablutions, mais en fait réservés à des plaisirs moins innocents, dans les tavernes, dans la rue, sans compter celle que l'on dispensait généreusement dans les parcs d'agrément, notamment à Vauxhall Gardens, au prospectus éloquent :

« Le concert commence par de la musique instrumentale à six heures du soir pendant une demi-heure environ ; la clientèle est ensuite divertie par des chansons, entre chacune desquelles on jouera un concerto ou une sonate jusqu'à la fin du divertissement, qui se situe en général vers dix heures du soir. »

Tout cela, pour 1 shilling (environ 50 francs actuels), sans compter, bien sûr, ce qu'il était loisible de dépenser en boissons, en repas... ou en pertes au jeu. Les meilleurs musiciens du moment se produisaient à Vauxhall Gardens. James Hook (1746-1827) y présida longtemps. Non seulement il y jouait tous les soirs un concerto pour orgue, mais il y donnait ses chansons. Il en composa plus de deux mille et l'une d'elles au moins, *The Lass of Richmond Hill*, fait toujours partie de la mémoire collective britannique. L'altiste de l'orchestre était William Smethergell (1751-1836), auteur de symphonies qui ne valent certes pas celles de Haydn, mais qui n'en restent pas moins d'excellente facture. En 1795, on y entendit pour la première fois l'illustre contrebassiste Domenico Dragonetti (1763-1826), qui venait de se fixer à Londres et à qui l'on doit l'archet et la technique moderne de son instrument, jusqu'alors condamné à doubler, quand il le pouvait, le violoncelle à l'octave.

On ne s'étonnera donc pas du nombre de compositeurs qui méritent au moins une mention, même si leur nom, parfois très injustement, est tombé dans l'oubli. Après le comte de Kelly, son ami John Collett (1735-1775) avait contribué par ses symphonies à diffuser en Angleterre le style de l'école de Mannheim. La troisième de son opus 2 devint très populaire comme ouverture d'un *pasticcio* à succès, *Midas*, en 1764. John Valentine (1710-1791) se fit connaître par ses six symphonies expressément destinées « aux amateurs et aux débutants », œuvres sans prétention mais pleines de fraîcheur. John Garth (1722-1810), organiste à Durham, partageait avec son ami Avison une passion pour Benedetto Marcello. On retiendra de lui ses sonates pour clavier avec accompagnement, forme primitive du quatuor avec piano (deux violons et un violoncelle assurant le *ripieno* harmonique). William Jackson (1730-1803) montra que les leçons du Docteur Burney n'avaient pas été perdues. Il préféra cependant s'intéresser à son propre pays dans son essai, *Observations on the present State of Music in London* (1791). En dehors de ses sonates et de quelques opéras, on notera son *Ode to Fanny* dans laquelle on trouve l'utilisation systématique des instruments pour imiter, efficacement sinon toujours avec très bon goût, les bruits les plus divers.

Les genres, assez nouveaux, de la pièce pour violoncelle seul et du duo pour violoncelle et violon furent pratiqués par les deux frères Paxton, Stephen (1735-1787) et William (1737-1781), par ailleurs féconds compositeurs de glees, et par Robert Wainwright (1748-1782). Pour le violon seul, on citera les œuvres de John Abraham Fischer (1744-1806), mari de la célèbre Nancy Storace. On ne le confondra pas avec Johann Christian Fisher (1733-1800), qui épousa, lui, la fille du grand peintre Gainsborough et qui composa des concertos pour l'instrument dont il était virtuose, le hautbois. Dans le domaine des sonates et concertos pour le piano, on retiendra les noms de Philip Cogan (1748-1833), d'un Irlandais, William Southwell (1756-1842) et de Thomas Wright (1763-1829), sans oublier le prolifique Benjamin Cook (1734-1793), organiste de Westminster qui toucha d'ailleurs à presque tous les genres. Thomas Norris (1741-1791) ne lui céda guère à cet égard. Ténor réputé, il se produisit dans toutes les grandes manifestations, le Festival des Trois Chœurs ou les commémorations Handel. Il était également organiste à Christ Church et l'auteur de partitions de nature très variée, vocales ou symphoniques.

Charles Wesley (1757-1834), frère de Samuel et fils du révérend du même nom, fut l'un des nombreux enfants prodiges de l'époque[1]. Élève de Boyce, grand virtuose du clavier, on lui doit d'intéressants quatuors et des concertos pour orgue très handéliens. Atteint, avant même la trentaine, de sénilité précoce, il cessa malheureusement de composer sans avoir donné sa pleine mesure. Autre nom déjà rencontré, celui de Philip Hayes (1738-1797), fils de William Hayes ; ce gentleman de la Chapelle Royale fut au moins aussi célèbre par son caractère détestable et son énorme corpulence (on le disait l'un des hommes les plus gros du Royaume-Uni) que par son talent d'organiste et ses œuvres ; des concertos, des sonates et un oratorio, *Prophecy*. John Marsh (1752-1828) a non seulement laissé quelques symphonies, mais des mémoires d'un grand intérêt. Il faut enfin citer un grand violoniste d'origine française, François Barthélémon (1741-1808), installé très tôt à Londres. S'il pratiqua tout naturellement le concerto et la sonate pour violon, on lui doit aussi un opéra fort convenable, *Pélopidas*.

On fera cependant une place à part à Thomas Linley II (1756-1778). Fils de Thomas Linley I (1733-1795), directeur du théâtre de Drury Lane, auteur de nombreux opéras, ses quatre sœurs furent de grandes cantatrices et ses deux autres frères musiciens. Lui-même violoniste, d'un talent exceptionnel, il fit à Florence, en 1771, la connaissance de Mozart avec qui il se lia d'une brève, mais très forte amitié. Thomas Linley devait trouver une mort stupide, à vingt-deux ans, dans un accident de bateau. Ses trois comédies musicales, ses anthems et le seul de ses vingt concertos qui n'ait pas été perdu montrent que la musique anglaise perdit sans doute avec

---

1. Cette profusion inhabituelle de « génies » précoces conduisit un contemporain. Daines Barrington, à entreprendre une étude sur les cas de Mozart, des deux frères Wesley, de William Crotch et d'un amateur surdoué, Garrett Wellesley, comte de Mornington.

lui, avant qu'il ne parvint à maturité, un très grand compositeur.

Pas davantage que ceux du continent, la plupart des musiciens britanniques n'échappèrent à la tentation de la scène. On remarquera cependant que c'est dans ce domaine que les meilleurs d'entre eux demeurèrent le plus fidèles à l'esprit national, quand ils n'apportèrent pas à leur tradition des éléments à la fois originaux et conséquents. Le plus célèbre reste Samuel Arnold (1740-1802). Élève de la Chapelle Royale, il se dirigea très vite vers le théâtre où il subsista d'abord comme claveciniste et compositeur de pastiches à Covent Garden. En 1769, il eut la chance d'épouser une riche héritière et acheta, pour l'exploiter, le parc des Marylebone Gardens. Mais l'affaire capota quelques années plus tard à la suite des indélicatesses d'un employé. Arnold n'avait pas pour autant renoncé à sa carrière au théâtre. Il mit en musique la suite du *Beggar's Opera* autrefois interdite par la censure et donna, en 1777, ce qui semble bien être le premier opéra tiré du *Barbier de Séville*, *The Spanish Barber*, cinq ans avant celui de Paisiello et quarante ans avant celui de Rossini. Il est difficile de passer en revue les quelque quarante œuvres qu'il composa pour la scène (*Turk and no Turk*, *The Castle of Andalusia*, le ballet anti-esclavagiste *Inkle and Yarico*, etc.). Mais on y notera le goût de la couleur locale et de l'exotisme, l'emploi de thèmes folkloriques, notamment écossais ou irlandais, sans parler de l'apparition, dans *Two to One* (1784) au moment de la guerre d'Amérique, du fameux *Yankee Doodle*. Cette intense activité n'empêcha pas Samuel Arnold de devenir organiste et compositeur à Westminster et à la Chapelle Royale, d'organiser l'aide aux musiciens déshérités et d'écrire une dizaine d'oratorios, des anthems, des odes, des chansons ainsi qu'une grande quantité de musique de chambre, en particulier pour le pianoforte. Les innombrables productions de Samuel Arnold ne sont certes pas toutes des chefs-d'œuvre, mais cet excellent compositeur mériterait qu'on le joue plus souvent, du moins sur le continent.

Il serait difficile de lui trouver personnalité plus opposée que celle de Charles Dibdin (1745-1814). Celui-là était un compositeur riche et consacré, celui-ci un autodidacte, dix-huitième enfant d'une famille pauvre. Dibdin toucha à tout sans avoir rien appris à l'école : comédien, chanteur, il s'essaya à la poésie, au roman, à l'histoire, au récit de voyage, il organisa des concerts... et composa. Son librettiste, Isaac Bickerstaff, le meilleur de son temps, provoqua un énorme scandale (il était homosexuel) et dut s'enfuir sur le continent. Dibdin lui-même se réfugia deux ans à Nancy afin d'éviter la prison pour dettes (il n'y échappera quand même pas par la suite). Après quoi, il décida de s'exiler aux Indes, gagna son passage grâce à un tour de chant en province, embarqua mais, s'apercevant qu'il détestait la mer, se fit débarquer après quelques milles, etc... Ces péripéties et ces mésaventures expliquent, en partie du moins, la vie, la truculence, la vérité — et le caractère parfois bâclé — des opéras et des intermèdes de Dibdin, parmi lesquels on citera, entre cent autres, *The Ephesian Matron*, *The Padlock*, *The Brickdust Man*. Seul, le fil d'un rasoir y sépare souvent le drame et la parodie du drame. On y voit défiler des juifs, des nègres, des Castafiore en perdition, des cocus, des veuves joyeuses, des Français, des Gallois et des porteurs d'eau. Beaucoup de partitions de Dibdin présentent de sérieuses lacunes, mais le résultat des efforts entrepris pour les restituer se montre encourageant.

William Shield (1748-1829), élève d'Avison, fut violoniste avant de se consacrer au théâtre. Compositeur attitré de Covent Garden à partir de 1782, il écrivit une bonne cinquantaine d'œuvres pour la scène dont une musique pour *Le Mariage de Figaro* en 1788. Moins connu que Samuel Arnold ou Charles Dibdin, il est encore plus caractéristique des tendances originales de l'opéra anglais en cette fin du XVIIIᵉ siècle : influence du folklore, en particulier celtique, goût de la couleur locale (emprunts à des chants de marins canadiens, à des airs russes, aux percussions orientales), sens déjà tout romantique des ambiances noires ou rocambolesques (châteaux sinistres, passages dérobés, troubadours et fantômes). En dehors de ses opéras dont les plus célèbres furent *Rosina*, *The Poor Soldier*, *The Woodman*, Shield a écrit des duos pour violon et des chansons, ainsi que deux traités théoriques : *An Introduction to Harmony* et *Rudiments of Thorough Bass* (Rudiments de basse continue).

On terminera par le plus sage, Stephen Storace. En réalité, il faudrait dire les deux Stephen Storace. Le premier, le père (1725-1781), contrebassiste de son état, venait d'Italie. Établi d'abord à Dublin puis à Londres, il y traduisit les intermezzi de Pergolese, en particulier *La Serva padrona*. Son fils, né Anglais et très fier de l'être (1762-1796), fit cependant ses études au Conservatoire San Onofrio de Naples. A Londres, il débuta par des œuvres de musique de chambre qu'il envoya à sa sœur, Nancy Storace, la grande cantatrice et tendre amie de Mozart. Il vint bientôt rejoindre celle-ci à Vienne et y prit des leçons de Mozart qui l'aida, paraît-il, à mettre en forme ses deux opéras (italiens), *Gli equivoci* et *Gli sposi malcontenti*. Néanmoins, ce furent des opéras anglais qu'il écrivit de retour en Angleterre en 1787 : *The Haunted Tower*, *The Pirates* (son chef-d'œuvre) ou *The Cherokee*, qui fut sans doute le premier spectacle sur le Far West et dont un thème aux allures celtiques fut par deux fois utilisé par Beethoven. Malheureusement, les partitions d'orchestre de presque toutes ces œuvres furent détruites dans un incendie au début du XIXᵉ siècle et nous n'en possédons plus que les parties vocales.

XII

La musique adoucit les mœurs
La musique au temps de la révolution industrielle

En 1797, quand le père du socialisme anglais, Robert Owen, fit l'acquisition des usines de New Lanark, il renonça à employer les enfants de moins de dix ans. A leur intention, il ouvrit des écoles où l'enseignement musical prenait une place importante et fonda des chorales.

Dans son numéro d'avril 1833, la revue *The Harmonicon* louait un autre grand industriel, John Strutt : « Il estime que pour ses ouvriers, la musique *emollit mores nec sinit esse feros*. On souhaite vivement que cet exemple soit suivi dans les établissements qui emploient un grand nombre de personnes. »

Quelques années plus tard, le musicologue George Hogarth se réjouissait : « L'expérience montre aujourd'hui et sans cesse davantage que même les classes qui gagnent leur pain quotidien à la sueur de leur front peuvent trouver dans la musique une récréation à leur portée, un divertissement innocent, plein d'avantages moraux et sociaux. »

Après qu'on lui eut assigné un rôle religieux (voire politique sous la Révolution française), on confiait donc désormais à la musique le soin de contribuer à la paix, au confort (et aussi à la sobriété) d'une population de plus en plus nombreuse et de plus en plus urbanisée[1]. On se tromperait cependant en voyant dans cette attitude, pratiquement unanime dans la société britannique du XIXe siècle, un calcul cynique afin d'améliorer la productivité et d'éviter les conflits du travail. Ici comme ailleurs (et plus encore qu'ailleurs), le nouveau siècle rejetait les licences des temps passés et réinventait la morale : l'expression « bonne musique » ne devait plus seulement être entendue à son sens esthétique. Pour démontrer l'excellence de Balfe, l'un des compositeurs les plus célèbres de son temps, son biographe affirmait qu'il « était, par goût, un prédicateur de la morale. Dans ses opéras, on ne trouve jamais ni mouvement sensuel, ni intrigue douteuse, ni paroles équivoques qui pourraient entraîner l'âme dans les provinces de l'impureté ».

On créa donc, notamment dans les régions industrielles, de nouvelles institutions musicales. Sur le modèle du vieux festival des Trois Chœurs (Worcester, Gloucester, Hereford, du reste non loin des Midlands), furent fondés ceux de Leeds ou de Birmingham. Un peu partout, les chorales se multiplièrent. Pour faciliter l'apprentissage du chant par ceux et celles qui, dans leur immense majorité, ne connaissaient pas le solfège, Sarah Ann Glover et John Curwen *(Singing for Schools and Congregations,* 1843) mirent au point une méthode très particulière, le *Tonic Sol-Fa,* qui eut un immense succès et qui reste encore en usage en Angleterre[2]. Un autre mouvement,

---

1. En cent ans, de 1801 à 1901, la population urbaine passa de 20 % à 70 % de la population totale.
2. On ne saurait trop insister sur l'influence considérable de cette méthode, diffusée par un périodique à grand tirage, *The Tonic Sol-Fa Reporter* et défendue jusqu'à nos jours par un apôtre infatigable, Henry Coward (1849-1944), directeur de la *Sheffield Choral Union.* Apparentée à la vieille solmisation, le *Tonic Sol-Fa* se fonde sur l'apprentissage à l'oreille des intervalles par rapport à la tonique. Quelle que soit celle-ci, on la nomme toujours « *doh* » et la gamme

parallèle, connut un très grand développement : les « Brass Bands » (orchestres de cuivres). A l'origine de toutes nos fanfares et harmonies, il se trouva favorisé à la fois par les innovations de la facture (le facile cornet à pistons et les instruments d'Adolphe Sax) et par l'extension des chemins de fer qui permit à l'un des piliers du mouvement, Enderby Jackson (1827-1903), d'organiser des rencontres et des concours d'ensembles venus de tout le pays.

Si les « rois de la mine et du rail » subventionnaient ce mouvement d'éducation musicale populaire, celui-ci était souvent mené sur le terrain par des ecclésiastiques appartenant aussi bien aux dénominations « dissidentes » (presbytériens, méthodistes, militants de l'Armée du Salut, fondée en 1865, etc.) qu'à l'Église d'Angleterre. Le renouveau de la religion accompagnait en effet, tout naturellement, celui de la morale. Dans le domaine musical, il prit diverses formes. On édita de nombreux psautiers, comme *The Psalter Noted* de Thomas Helmore (1811-1890) en 1849, ou *Hymns ancient and modern* en 1861. Les institutions des cathédrales, qui avaient traditionnellement joué un rôle majeur, furent réorganisées et grandement améliorées au fil des ans. On en comptait quarante à la fin du siècle (dont dix nouvelles en Angleterre). On restaura les orgues, on en installa de modernes, on forma des organistes compétents grâce au *Royal College of Organists*, ouvert en 1864. Le retour au grégorien, amorcé en France par Dom Guéranger, se fit sentir très vite en Angleterre. La conversion de John Newman, plus tard cardinal, y avait du reste suscité,

---

diatonique s'énonce toujours ainsi : « *Doh, ray, me, fah, sol, lah, te, doh* ». Les notes diésées s'écrivent « *de, re, fe, se, le* » et les notes bémolisées : « *ra, ma, la, ta* ». Enfin, la gamme mineure, quelle qu'elle soit, s'aligne sur celle de la mineur, la sus-dominante modale prenant un nom particulier : « *Lah, te, doh, ray, me, ba, se, lah* ». Les valeurs de durée étaient figurées par un système de points et de traits.

non sans quelques remous, la renaissance du catholicisme romain. Et l'immense triomphe de l'*Elijah* de Mendelssohn, créé le 26 août 1846 à la cathédrale de Birmingham, conforta encore le goût britannique pour les oratorios.

Quelques noms se détachent de la foule considérable des musiciens de la « nouvelle Sion » [1]. On doit à John Clarke-Whitfeld (1770-1836), organiste à Hereford et professeur à Cambridge, un important recueil de « Cathedral music » et un oratorio, *The Crucifixion and the Resurrexion* (1822), marqué par l'influence de Haydn et de Mozart. Il publia également des mélodies, dont un *Lalla Rookh* sur le fameux poème de Byron. Robert Pearsall (1795-1856), avocat d'une grande culture musicale, fut l'un des premiers en Angleterre à incorporer des éléments grégoriens dans ses œuvres sacrées. Grand amateur de musique ancienne, il composa par ailleurs de nombreux et fort intéressants madrigaux dans le style élisabéthain. On apprécierait moins, aujourd'hui, ses arrangements victoriens de partitions anciennes (en particulier celui de l'immémorial *Sumer is icumen in).* Outre un certain nombre de glees, John Goss (1800-1880), organiste de Saint-Paul, a composé des anthems lyriques, expressifs, d'une grande qualité. L'un des meilleurs, *If ye believe that Jesus died,* fut écrit pour les funérailles du duc de Wellington, en 1852. Henry Smart (1813-1879) fut très décrié par la postérité, peut-être injuste à l'égard de ses hymnes, de ses cantates, de ses pièces pour orgue (et aussi de ses chansons). Élève et filleul de Thomas Attwood, Thomas Attwood Walmiseley (1814-1856), autre enfant prodige, est l'auteur d'un très beau Service en *ré* mineur (1855). Enfin, la nouvelle impulsion de la musique sacrée anglaise dut beaucoup au Révérend

---

1. La métaphore est d'époque. La victoire sur le « Nabuchodonosor des temps modernes » (Napoléon), la prospérité, la rigueur morale et la foi restaurées suscitaient chez les Britanniques le sentiment d'appartenir à un nouveau « peuple élu ».

Frederick Ouseley (1810-1876), qui fonda, en 1856, un très important institut de formation chorale, le collège de St Michael, à Tenbury, dans le Worcestershire. Il légua à cet organisme, toujours florissant, une inestimable collection de manuscrits. Compositeur lui-même, Ouseley est l'auteur d'une dizaine de services et de soixante-dix anthems, ainsi que d'un oratorio assez intéressant, écrit en 1854 pour l'obtention du grade de docteur en musique : *The Martyrdom of St Polycarp*. Ouseley, professeur à Oxford, a également laissé quelques quatuors et un grand traité d'harmonie (1845).

Mais, de loin, le meilleur compositeur d'église de l'époque reste Samuel Sebastian Wesley (1810-1876), fils naturel de Samuel Wesley et, comme son père, très grand organiste. Moins influencé par Bach que sa prédilection pour ce dernier ne l'eût laissé imaginer, c'est un musicien très personnel, imaginatif, à l'écriture souvent hardie, amateur d'effets dramatiques et d'accentuations puissantes dans ses superbes grands anthems comme *The Wilderness and the solitary Place* (1832), ses psaumes et ses services (en particulier le très beau Service en *mi* majeur). Ses *Voluntaries* sont également excellents et l'on peut regretter qu'il n'ait pas davantage écrit pour le piano, compte tenu du talent dont il a fait preuve dans les quelques œuvres qu'il a destinées à cet instrument.

On imagine bien que, pour se délasser du dur labeur quotidien, le grand public ne limitait pas ses loisirs musicaux à l'intonation de psaumes et de chorals à l'eau de rose. En fait, un fossé de plus en plus profond se creusa entre un vaste secteur de la musique populaire et la tradition du *folk song*, liée elle-même à la musique « savante » par des liens nombreux et historiques. Avec l'urbanisation, le trésor des ballades rurales fut progressivement négligé au profit des dizaines de milliers de *broadside ballads* des villes, fabriquées en série par des usines à chansons qui se livraient une concurrence effrénée. De même que la révolution industrielle, la production en avait été lancée dès les dernières décennies du XVIII̊ siècle par des chansonniers comme Joseph Mather (1737-1804) ou John Freeth (1731-1808). Au XIX̊, un Reuben Holder (1797- ?), un Samuel Laycock (1812-1893) et une foule d'anonymes prirent le relais. Certains de ces « tubes » ne manquaient d'ailleurs pas de talent ni, parfois, d'allusions aux dures conditions de travail des ouvriers, comme *The poor Cotton Weaver* (Le Pauvre tisseur de coton), vers 1815. En même temps s'ouvraient d'innombrables music-halls, dont J. B. Priestley a donné une description un peu tardive, mais éloquente : « Dans ces salles enfumées et bruyantes, avec leurs orchestres de cuivre, leur luxe terni de dorures, les couleurs crues des lumières tombant des galeries, nous étions plongés dans le brillant été de la Saint-Martin d'un art populaire, d'un folklore unique, issu de la verve et de l'ironie, du pathos et de l'humour sans limites des ouvriers anglais. »

Les Londoniens de goûts plus relevés et d'une classe sociale plus distinguée ne manquaient pas, quant à eux, les « Promenade Concerts ». Beaucoup de jardins avaient fermé au début du siècle et leur rôle musical fut repris par des grandes salles où le public pouvait, comme naguère, aller et venir, boire ou manger en écoutant de la musique. L'idée venait de Paris, où Philippe Musard (1792-1859), prolifique compositeur de quadrilles et de valses, avait lancé la mode en 1833. Cinq ans plus tard, les concerts *à la Musard* faisaient fureur à Londres. C'est d'ailleurs un autre Français, Louis-Antoine Jullien qui en fut, à Drury Lane, la plus tapageuse illustration. Né en 1812 d'un père chef d'harmonie militaire, Jullien avait avant tout le don du spectacle. Il dirigeait au milieu de l'orchestre, installé au centre de la salle, de manière à ce que chacun pût voir ses gestes théâtraux. Le morceau terminé, épuisé par le génie qu'il venait de dispenser, il s'effondrait dans un fauteuil doré en se prenant la tête dans les mains. Il conduisait Beethoven avec une baguette endiamantée et des gants blancs qu'on lui apportait, en grande pompe, sur un plateau d'argent. Mieux encore, il n'hésitait pas à assaisonner les partitions de quelques effets spéciaux : du tonnerre dans la *Symphonie Pastorale*, des cuivres et des *fff* un peu partout. En dépit (ou à cause) de sa vulgarité, son succès était triomphal. On ne doit cependant pas juger Jullien avec trop de sévérité. C'est lui qui fit venir Berlioz à Londres et la diffusion qu'il donna à la musique symphonique auprès d'un très large public s'avéra bénéfique. Jullien s'enfuit d'Angleterre pour échapper à ses créanciers en 1857 et mourut en France, dans un asile d'aliénés, en 1860. Mais les « Proms » allaient devenir à la fin du siècle, sous la baguette de Henry Wood, l'une des institutions musicales les plus respectables et les plus innovatrices du Royaume-Uni.

« Aucune ville au monde ne consomme autant de musique que Londres », écrivait Berlioz en 1848 dans *Les Soirées de l'orchestre*. Il ajoutait, citant une anecdote de Balzac à propos des grandes vedettes : « Paris les juge et Londres les paye. » Il était inévitable en effet que la Grande-Bretagne, avec sa vie musicale traditionnellement intense et sa richesse désormais sans rivale, attirât dans sa capitale, mais aussi dans les provinces, les plus grands noms de la musique. Beethoven fit créer sa Neuvième Symphonie à Vienne, mais l'œuvre lui avait été commandée par la London Philharmonic Society, fondée en 1813. *Le Freischutz* de Weber (comme à Paris, plus ou moins heureusement adapté), remporta un tel succès qu'on vit paraître, dans un journal de Londres, la petite annonce suivante : « Recherche valet qui *ne sache pas* siffler le chœur des chasseurs. » Sur la lancée, Covent Garden commanda au compositeur *Oberon* qui triompha dès sa création, le 12 avril 1826. On sait que Weber, désespérément malade, mourut à Londres moins de deux mois plus tard. Mendelssohn devint en Angleterre l'une des personnalités les plus adulées (toutes catégories confondues). Il était l'intime de la reine Victoria et du prince Albert — lui-même excellent musicien et compositeur passable. Outre Berlioz et Wagner, Spohr, Moscheles, Liszt, Chopin, Verdi, Gounod, Dvorak y firent des séjours plus ou moins prolongés. Toutefois, aucun compositeur majeur ne s'y fixa définitivement. Les seules importations notables furent celles de Julius Benedict (1804-1885) et de Michael Costa (1808-1884). Le premier, originaire de Stuttgart, élève de Hummel et de Weber, s'établit à Londres en 1835. Naturalisé britannique, il y créa un opéra romantique et irlandais, *The Lily of Killarney*, en 1862, et quatre autres œuvres lyriques. Ses *Six Choral Songs* et son oratorio *St Peter* (Birmingham, 1870), bien que trahissant l'influence de Mendelssohn, sont d'une belle écriture, lyrique et raffinée. Michael Costa, Italien également naturalisé, auteur d'opéras, d'oratorios *(Eli,* Birmingham, 1855), de chansons et de *country dances,* joua surtout un rôle comme chef permanent de la Philharmonic Society, qu'il dirigea de 1846 à 1854. En 1851, à la suite des difficultés de cette dernière, Henry Bishop créa la New Philharmonic Society. D'autres grandes sociétés de concerts se constituèrent un peu partout, notamment à Liverpool et à Manchester, avec Charles Hallé. Au milieu du siècle, enfin, Londres ne comptait pas moins de dix théâtres où l'on donnait des opéras.

En dehors de l'enseignement, au demeurant de très haute qualité, dispensé par les universités et les cathédrales, il n'existait pas en Angleterre de conservatoire de type classique. Cette lacune fut comblée en 1823 avec la fondation de la Royal Academy et l'on ne s'étonnera pas de constater que le règlement de cette institution stipulait : « Le premier objet de l'éducation des élèves implique une stricte attention portée à leur instruction morale et religieuse. » Avec l'énorme diffusion du piano[1], les

---

1. Le modèle le moins cher coûtait entre 20 et 25 guinées, soit au moins six mois du revenu d'une famille modeste. Mais il existait un marché de l'occasion très actif.

académies destinées à l'enseignement de l'instrument se multiplièrent, en particulier sous l'impulsion de Johann Logier (1777-1846) qui inventa des cours collectifs. L'édition musicale connut simultanément une expansion exceptionnelle. Entre 1800 et 1914, les statistiques du copyright montrent qu'il se publia au moins un million de titres ! La maison la plus célèbre fut sans doute celle de William Vincent Novello, fondée en 1811, qui se spécialisa d'abord dans la musique religieuse mais qui ne tarda pas à se lancer sur le marché très rémunérateur des partitions chorales (celles du *Choral Hand Book*, produites à plusieurs centaines de milliers d'exemplaires, ne coûtaient que 3 pence [1] la page) et des valses, quadrilles et polkas, souvent composés pour commémorer un événement d'actualité. La fonction de critique musical acquit définitivement droit de cité dans la presse générale (tel Leigh Hunt dans *The Examiner* ou Thomas Love Peacock) comme, bien sûr, dans la presse spécialisée où se distinguèrent, parmi une foule de titres, *The Quarterly Musical Magazine review* (fondé en 1818) ou *The Harmonicon* (fondé en 1828). Les théories sur la nature de la musique (parfois inspirées par Darwin) ou de l'harmonie ne cessèrent, tout au long du siècle, d'agiter les spécialistes. Entre cent noms, on retiendra celui d'Alfred Day (1810-1849), qui fondait assez bizarrement tout le système harmonique sur la tonique, la dominante et la sustonique, et celui de John Steiner (1840-1901). Certains compositeurs prirent une part active à ces débats, qui ne furent pas toujours sereins. Alexander Macfarren (1813-1887), par exemple, se fit aussi bien un nom par ses critiques, par ses écrits théoriques (sur l'harmonie et sur le contrepoint) que par son œuvre abondante, agréable, mais encore très marquée par Mozart : neuf symphonies, quatre concertos pour piano, huit ouvertures (dont *Hamlet*, en 1856), une opérette sur le thème très

---

[1]. Une dizaine de francs environ.

britannique de Robin des Bois : *Robin Hood* (1860) et une adaptation musicale de la fameuse comédie d'Oliver Goldsmith (1728-1774), *She stoops to conquer* (Elle s'abaisse pour vaincre). On lui doit également des œuvres de musique de chambre intéressantes, en particulier six quatuors.

La musique anglaise de cette époque a mauvaise réputation. Il en a longtemps été de même de l'architecture et de l'art décoratif victoriens avant qu'on en retrouve, récemment et à grands frais, le charme raffiné et original. La modestie s'impose également dans le domaine musical : la plupart des partitions n'ont plus été exécutées depuis un siècle au moins et elles ne sont pas toujours d'une consultation aisée. Quand il est possible de les étudier, les « réévaluations » tournent souvent à la dérision des censeurs. Ainsi, en 1907, Ernest Walker (révisé en 1951 par J. A. Westrup) déclarait-il dans son *History of Music in England* que « la plupart des œuvres de John Field étaient désormais recouvertes de poussière ». Depuis, Field a été retrouvé, interprété, enregistré et l'on peut constater qu'il s'agit bel et bien d'un compositeur important — on savait pourtant de lui qu'il avait profondément influencé Chopin, Mendelssohn et Liszt, sans parler de son disciple Friederich Wieck, grand pédagogue et père de Clara Schumann.

Le cas de John Field s'avère d'ailleurs assez particulier par rapport à l'objet du présent ouvrage. Né en 1782 à Dublin, ce pur Irlandais ne vécut en Angleterre que ses années d'apprentissage, de 1793 à 1802, auprès de Clementi, dont il fut longtemps le collaborateur. Tout le reste de sa carrière se déroula sur le continent, principalement en Russie, à Saint-Pétersbourg, où il mourut, alcoolique, en 1837. Sa carrière, l'intensité dramatique de ses *Nocturnes* (c'est lui qui inventa le genre) et le romantisme généreux, mais parfois un peu boursouflé, de ses concertos pour piano en font davantage un précurseur des grands virtuoses internationaux du

XIXe siècle qu'un compositeur britannique. La musique anglaise ne saurait guère non plus revendiquer l'excellent Georges Onslow (1784-1853), d'origine et de formation anglaises, mais qui passa presque toute sa vie en France[1]. Le cas de Henry Hugo Pearson (1815-1873), musicien relativement mineur, est plus complexe. Professeur à Édimbourg, auteur d'un oratorio, *Jerusalem* et d'un *Second Faust*, Pearson, devenu Pierson, s'établit en Allemagne à l'âge de trente ans. Il y devint l'ami de Mendelssohn et de Schumann, y écrivit des lieder, des pièces pour piano, des poèmes symphoniques, quelques opéras et ne revint jamais en Grande-Bretagne.

En vérité, la musique anglaise jouait de malchance. Elle avait perdu en 1778, à l'âge de vingt-deux ans, Thomas Lindley II, qui promettait de devenir un grand compositeur. En 1806, mourait à vingt ans, usé par les excès, George Saunders, dit Pinto (du nom de sa mère), dont on a dit que « s'il avait vécu, l'Angleterre aurait eu l'honneur de produire un second Mozart ». Né en 1785, ami de John Field, Pinto n'avait eu le temps de composer que six sonates (et quelques pièces plus ou moins inachevées). Les deux sonates de l'opus 3 (1803) sont en tout cas de purs chefs-d'œuvre qui rappellent (ou plutôt qui annoncent) le lyrisme poignant de Schubert. Un peu plus tard dans le siècle, Francis Edward Bache (1833-1858), élève de Sterndale Bennett, mourait presque aussi prématurément en laissant, entre autres œuvres plus faciles, un Trio avec piano en *ré* mineur qui permettait d'espérer le meilleur.

William Sterndale Bennett (1816-1875) fut l'un des très rares compositeurs de cette époque qui ne s'intéressa pas au théâtre — c'est sans doute aussi le meilleur de

---

1. Selon une légende assez invraisemblable, mais très pittoresque, Onslow ne serait autre que... Louis XVII, recueilli à Londres après avoir été enlevé du Temple et recueilli dans une riche famille anglaise.

tous, sans qu'il faille pour autant établir de corrélation. Entré à la Royal Academy of Music en 1816, il y étudia avec Cipriani Potter (1792-1871). Ce dernier, auteur de quatorze symphonies, de quatre ouvertures, de trois concertos pour piano et de quelques pièces de musique de chambre, tirait beaucoup de fierté de ses rencontres avec Beethoven[1]. Il inculqua le goût de la musique allemande à son élève. Sterndale Bennett fit plusieurs voyages en Allemagne (où il suscita l'admiration de Mendelssohn et de Schumann), créa en 1849 à Londres la Bach Society et publia des mélodies sur un double texte, anglais et allemand. Mais, si l'on retrouve parfois dans ses cinq symphonies une certaine atmosphère schumannienne, l'influence germanique ne semble pas avoir marqué outre mesure l'œuvre de Sterndale Bennett, qui demeure très anglais par la grâce (parfois un peu facile) de ses thèmes, son lyrisme et son sens très raffiné des couleurs sonores. Bennett, qui dirigea la Philharmonic Society jusqu'en 1866, puis, la Royal Academy of Music, a d'ailleurs sacrifié (avec bonheur) au goût britannique de l'oratorio avec *The Woman of Samaria* (1867) et surtout *The May Queen* (1858). Il demeure cependant avant tout un compositeur pour le piano, qu'il s'agisse de ses sonates ou de ses quatre concertos — enfin redonnés aujourd'hui et qui figurent parmi les plus intéressants de ce genre au XIXe siècle. Sa musique de chambre, en particulier son sextuor et sa très belle sonate pour violoncelle et piano op. 32, démontre elle aussi que la période antérieure à la « renaissance musicale anglaise » présente plus d'intérêt qu'on ne l'admet généralement.

C'est Henry Bishop (1786-1855) qui fournit l'exemple

---

1. Cipriani Potter fut sans nul doute un homme fort agréable. Beethoven écrivait de lui : « Il m'a rendu visite plusieurs fois. Il semble un bon garçon et il est doué pour la composition. » Quant à Wagner, qui dirigea à Londres la quatrième Symphonie en *sol* majeur de Potter, il disait : « C'est un compositeur un peu vieux jeu, mais très amical ».

le plus caractéristique du goût musical du grand public et de l'establishment britanniques. En 1842, il fut le premier musicien professionnel anglais à recevoir les honneurs de l'anoblissement et, jusqu'au début des années 1860, aucun autre compositeur n'était plus joué que lui. Fils d'un boutiquier, Sir Henry avait été l'élève de Francesco Bianchi (1752-1810), originaire de Crémone et établi à Londres depuis 1795. L'un de ses premiers opéras, *The Circassian Bride* (1809) consacra sa réputation. Il dirigea pratiquement tous les orchestres de Londres (London Philharmonic, Covent Garden, Vauxhall, etc.) et professa à Édimbourg et à Oxford. On lui doit cent vingt-cinq œuvres pour la scène (opéras, ballets, défilés, etc.), en totalité ou en contribution, parmi lesquelles *Clari* (1823) où l'on trouve l'emploi récurrent de mêmes thèmes, forme primitive du leitmotiv, *Aladdin* (1826), une des nombreuses tentatives lancées pour concurrencer le succès de l'*Oberon* de Weber, *Manfred* (1834) et un *Marriage of Figaro* assez surprenant : le comte, la comtesse et Figaro lui-même n'y avaient que des rôles parlés et les airs étaient empruntés à des ballades populaires... Henry Bishop se fit d'ailleurs, comme Castil-Blaze à Paris, une spécialité des adaptations, voire des arrangements des opéras de Mozart, Weber, Rossini, etc. Il se retira très tôt du théâtre, en 1834, pour se consacrer à la direction d'orchestre et ne composa plus guère que des glees, au demeurant tout à fait excellents. George Alexander Macfarren avait parfaitement défini les qualités et les limites de Bishop : « C'est un homme de théâtre, pas un dramaturge. Il sait représenter des types mais non des personnalités, des attitudes mais non des sentiments, des manières d'être mais non des passions... »

Michael William Balfe (1808-1870) connut, sur la scène, une gloire au moins aussi grande que celle de Sir Henry Bishop. Mais sa personnalité était bien différente. Irlandais de Dublin, enfant de la balle, il fit d'abord une très brillante carrière internationale de baryton en Italie (où il impressionna fort Rossini) et à Paris, avant de revenir à Londres en 1833. Son premier opéra *The Siege of La Rochelle*, en 1835, fut un triomphe. Trois mois avant sa mort à Manchester, le 23 septembre 1826, la Malibran avait fait sa dernière apparition au théâtre dans le rôle titre de *The Maid of Artois*, de Balfe. Presque tous les opéras de Balfe (*Joan of Arc* en 1837, *Falstaff* en 1838, *Keolanthe* en 1841, etc. eurent du succès tant en Angleterre qu'en Europe ou même aux États-Unis, mais aucun ne surpassa celui de *The Bohemian Girl* (1843), l'un des plus phénoménaux du siècle. Celui que l'on appelait « l'Auber de l'Angleterre » écrivit d'ailleurs plusieurs œuvres en français pour l'Opéra de Paris, notamment *Les Quatre fils Aymon* et *Le Puits d'amour*. On ne joue guère Balfe aujourd'hui, pas plus que d'autres gloires lyriques de son temps, tels Mercadante ou Auber lui-même. Le charme et la gentillesse de l'homme, son insurpassable expérience de la scène, son aisance et son don mélodique expliquent les faveurs de son époque. George Macfarren, son ami et contemporain résumait ainsi son opinion : « Les qualités de Balfe ont pour contrepartie un certain laxisme qui le porte à se précipiter sur la première idée venue, sans trop regarder à sa valeur dramatique, ainsi que le souci de l'effet momentané plutôt que celui de l'excellence artistique. Ces raisons, en dépit du succès bien mérité qu'il obtint auprès de la foule, empêcheront toujours ses œuvres de compter parmi les classiques. Mais sa musique, spontanée et volatile, se serait évaporée s'il l'avait soumise aux exigences de la technique ou de la pensée. Ce qui la rend évanescente la rendit aussi universellement populaire. »

De nombreux autres musiciens, de moindre envergure, cherchèrent à conquérir les salons, les salles de concerts et les scènes de l'Angleterre de Victoria et Albert. On se limitera à une dizaine de noms : Tom Cooke (1782-1848), chanteur, chef et arrangeur, Jonathan Blewitt (1782-1853), William Hawes (1785-1846), Charles

Edward Horn (1786-1849), auteur de quarante-quatre œuvres lyriques ou de théâtre, et George Rodwell (1800-152) qui n'en écrivit que quarante, John Liptrot Hatton (1809-1886), auteur d'opéras, de ballets et de chansons, Harry Leslie (1822-1896), John Bacchus Dykes (1823-1876)... On y ajoutera trois compositeurs un peu plus notables. John Barnett (1802-1890), d'origine judéo-allemande par son père, était le cousin de Meyerbeer. Enfant prodige, il ne composa pas moins de vingt œuvres pour la scène dans les seules années 1826 à 1833. Mais on retiendra surtout de lui un oratorio *The Omnipresence of the Deity* (qui ne fut d'ailleurs jamais exécuté) et un recueil de chansons : *Lyric Illustrations of the Modern Poets* (1834). William Vincent Wallace (1812-1865), Irlandais converti au catholicisme, mena tout d'abord une carrière de violoniste virtuose. Avec sa sœur Élisabeth, cantatrice, il parcourut le monde, de Sydney à Valparaiso, de Paris à New York et à Mexico. Revenu à Londres en 1845, il se consacra à au théâtre. Entre ses vingt-neuf opéras, dont cinq en français et trois en italien, *Maritana* et *Lurline* connurent un certain succès. Enfin, Edwin James Loder (1813-1865) aurait sans doute laissé une trace plus importante si des difficultés financières persistantes ne l'avaient contraint à sacrifier son œuvre à des travaux au jour le jour. *The Night Dancers* et *Raymond and Agnes* témoignent en effet d'une écriture subtile, distinguée et d'un véritable sens de la dramaturgie.

XIII

Une soirée au Savoy

La « comédie musicale »

— M. Sullivan, vous saurez sûrement m'éclairer sur un point. J'affirme qu'un compositeur peut tout aussi parfaitement exprimer un thème musical sur le simple tétracorde de Mercure qui ne contient aucun intervalle diatonique, que sur le diapason le plus complexe qui réunit dans sa concordance parfaite tous les accords simples, doubles et renversés.
— Laissez-moi y réfléchir, M. Gilbert, je vous répondrai dans quelques jours.

Arthur Sullivan venait de faire la connaissance de W. S. (William Schenck) Gilbert, un jour de novembre 1869, dans les coulisses d'un théâtre, le Saint-George, où ils figuraient tous deux à l'affiche. Sullivan y était le compositeur d'une courte comédie musicale, *Cox and Box* (livret de Franck Burnand) et Gilbert, le librettiste d'une autre, *Ages Ago* (musique de Fred Clay).

Sullivan ne donna jamais sa réponse à Gilbert. Comment l'aurait-il pu ? Le facétieux Gilbert, tout à fait ignorant en musique, avait mis bout à bout quelques phrases prises au hasard dans l'article « Harmonie » de l'*Encyclopedia Britannica*. Du reste, les deux hommes se perdirent de vue pendant de longs mois.

Il semblait difficile que deux Anglais pussent différer davantage. Fils d'un chirurgien de la marine, Gilbert, l'aîné, né en 1836, aurait aimé suivre une carrière militaire, mais la fin de la guerre de Crimée mit fin au recrutement. Il dut se mécontenter d'un poste dans l'administration de l'Instruction Publique jusqu'à ce qu'un petit héritage lui donnât les moyens d'échapper à une routine qu'il haïssait. Il s'inscrivit au barreau. A fréquenter les tribunaux, il apprit beaucoup de choses, mais non à se faire des clients. Il occupa alors ses loisirs à écrire des « ballades comiques » pour le journal satirique *Fun*, puis, avec succès, des pièces de théâtre. En 1871, six théâtres de Londres l'affichaient. Gilbert était un produit typique de la classe moyenne britannique, grand, mince, le cheveu blond, l'œil bleu, l'allure de l'officier qu'il n'avait pu devenir.

Sullivan, né en 1842, petit, un peu enveloppé, le teint mat, très brun avec des yeux immenses, était d'origine irlandaise par son père et judéo-italienne par sa mère. Il avait vécu une enfance très pauvre jusqu'à ce que la nomination de son père comme chef de musique au Collège militaire de Sandhurst assurât à la famille une petite médiocrité. Arthur Sullivan avait démontré, très tôt, des dons exceptionnels pour la musique, d'abord comme enfant de la Chapelle Royale, puis comme élève à la Royal Academy of Music. A seize ans, il obtint le prix Mendelssohn, qui permettait de passer deux ans au Conservatoire de Leipzig. Il y fut le brillant élève du pianiste Moscheles. Revenu en Angleterre en 1861, il se lia d'amitié avec George Grove (le futur père du fameux *Dictionnaire*), secrétaire des concerts du Crystal Palace, qui lui demanda une musique sur *La Tempête* de Shakespeare. Le lendemain de la création, Sullivan, à vingt ans, était un homme célèbre. Quand il rencontra Gilbert, en 1869, il appartenait déjà à l'establishment.

On avait applaudi ses pièces pour piano, son *Irish Symphony* et son concerto pour violoncelle (1866), ses anthems (notamment *We have heard with our ears*, 1865, qui commençait sur le 8ᵉ ton grégorien), son *Te Deum* pour le mariage du prince de Galles, ses oratorios *Kenilworth* (Birmingham, 1864) et *The Prodigal Son* (Worcester, 1869) et son ouverture *In memoriam*. Nul ne doutait que Sullivan ne devînt (s'il ne l'était déjà) l'égal britannique, si longtemps attendu, de Mendelssohn et de Schumann.

Mais la gloire — celle-là du moins — n'apporte pas toujours la fortune, et Sullivan était très dépensier. Devenu l'intime du prince de Galles (le futur Édouard VII), il lui fallait s'endetter pour suivre le train de vie de ses amis de la haute société. Une charge d'organiste et de maître des chœurs de l'église Saint-Michel n'avait que peu arrangé les choses. Sullivan s'était alors décidé à chercher l'argent là où il se trouvait alors : sur la scène. Si *La Contrabandista*, son premier, *comic opéra* sur un livret mal ficelé de Burnand, avait fait un four, les trois cents représentations de *Cox and Box* renflouèrent sérieusement ses finances. Sullivan se sentait maintenant tout à fait disposé à descendre de temps en temps de son empyrée.

En 1871, un entrepreneur original, Hollenhead, ancien collaborateur de Dickens, qui programmait aussi bien Shakespeare que des opéras ou des burlesques, demanda à Gilbert un *comic opera* pour les fêtes de Noël. Il sollicita Sullivan pour la musique. Ainsi naquit *Thespis*, sous-titré : *The Gods grow old* (Quand les dieux se font vieux). L'ironie subtile avec laquelle Gilbert avait travesti la mythologie demeura incomprise de la salle et ce fut un échec. Avec quelques connaisseurs, Richard D'Oyly Carte, jeune agent plein d'ambition, remarqua cependant les grandes qualités du spectacle, en particulier l'ajustement assez exceptionnel du livret et de la musique. Gilbert et Sullivan n'en poursuivirent pas moins séparément leur carrière. La même année, Sullivan fut consolé de l'insuccès de *Thespis* par les applaudissements qui accueillirent sa musique pour *Le Marchand de Venise* et sa cantate profane, *On Shore and Sea* (exécutée à Londres à l'occasion de l'Exposition universelle), ainsi que par l'extraordinaire popularité (elle dure toujours) de l'un de ses psaumes : *Onward, Christian Soldiers* (En avant, soldats du Christ). En 1873, il obtint tout autant de succès avec son oratorio *The Light of the World* (La Lumière du monde, Festival de Birmingham) et, en 1874, pour sa musique des *Joyeuses commères de Windsor*.

En matière d'opérettes tout au moins, les musiciens français régnaient alors en maîtres sur la scène londonienne. Parfois édulcorés pour ne pas choquer les prudes oreilles victoriennes, Offenbach, Lecocq, Hervé ou Planquette triomphaient sans partage. Pour *La Périchole* qu'il montait en 1875, D'Oyly Carte eut besoin d'un complément de programme. Il le demanda à Gilbert et à Sullivan. Le 25 mars 1875 était créé *Trial by Jury* (Jugement par Jury), dont le critique du *Times* résuma ainsi l'accueil : « Bien des gens se montraient curieux de connaître l'impression qu'une courte fantaisie, œuvre commune de deux Anglais, pourrait faire après l'une des productions de M. Offenbach... A en juger par l'hilarité incessante et presque violente qui constituait une sorte de commentaire à jet continu de la part des spectateurs, *Trial by Jury* n'a souffert en rien d'une juxtaposition aussi dangereuse. Tout au contraire, on peut dire en toute impartialité qu'il lui a soufflé la palme. » L'ère Gilbert et Sullivan avait commencé.

Pendant quinze ans, une suite pratiquement ininterrompue de triomphes accompagnera « l'œuvre commune de deux Anglais ». La collaboration de Gilbert et Sullivan (pour la première et la seule fois dans l'histoire lyrique, le nom du librettiste précéda toujours celui du musicien) reposait pourtant sur un paradoxe : les deux hommes n'éprouvaient guère d'amitié l'un pour l'autre. Ils se voyaient fort peu en dehors des obligations de leur travail et ne s'appelèrent jamais par leur prénom. Gilbert, de goûts simples et bourgeois, s'exaspérait de la vie à grandes brides que menait Sullivan et des fréquentations aristocratiques, sinon royales, de celui-ci. Sullivan, en retour, s'inquiétait volontiers de la poigne de fer avec laquelle Gilbert dirigeait les répétitions et, surtout, de l'esprit frondeur de son associé. Les livrets de Gilbert ridiculisaient en effet, l'un après l'autre, les travers, les modes et même les piliers de la société victorienne. *Trial by Jury*, faisait rire aux dépens de la justice ; en 1877, *The Sorcerer* moquait la petite société rurale, base traditionnelle du royaume ; en 1878, *H. M. S. Pinafore* tournait en dérision la marine et *The Pirates of Penzance*, en 1880, l'armée ; *Patience*, en 1881, prenait comme têtes de Turc les « esthètes » : Oscar Wilde, Swinburne, le peintre Whistler. Entre-temps, Sullivan n'abandonnait pas la musique « sérieuse » ; il avait donné au Festival de Leeds 1881 un bel oratorio, *The Martyr of Antioch* et, quelque temps auparavant, sa mélodie *The Lost Chord* (L'accord perdu), composée à l'occasion de la mort de son frère, était devenue le plus grand succès anglais de tous les temps.

Richard D'Oyly Carte avait résolu d'édifier une salle à la mesure de telles réussites. En octobre 1881, il ouvrit sur le Strand un luxueux théâtre de mille trois cents places, le *Savoy*, le premier au monde qui utilisa l'électricité pour les éclairages de la scène. L'année suivante y fut créé *Iolanthe*, dont *The Theatre* écrivait : « La musique de *Iolanthe* est le chef-d'œuvre du Dr Sullivan. En adaptant les notes aux mots si exactement que le livret et la partition semblent indivisibles, notre compositeur est sans rival en Angleterre. » Dans *Iolanthe*, Gilbert soulevait l'hilarité au détriment de valeurs aussi respectables que *The Fairy Queen* ou le capitaine des pompiers de Londres. Sullivan eut préféré s'enorgueillir de son nouvel oratorio, *The Redemption*, pour le Festival de Birmingham, mais la comparaison entre le revenu annuel de ses *comic operas* (10 000 £) et celui qu'il tirait de ses oratorios (300 £) ne permettait guère d'hésiter. Cependant, anobli en 1883[1], la manière dont ses pairs commentèrent l'événement accrut l'embarras de sa situation. « Cet honneur, affirmait par exemple *The Musical Review*, le charge d'une impérieuse obligation : celle de revenir au domaine d'où il est descendu depuis si longtemps. » Que faire, cependant ? Après la banqueroute de son agent de change, le compositeur se trouva bien forcé de composer *Princess Ida* (satire du féminisme déjà agissant) et, en 1885, avec un succès encore jamais vu (neuf mille représentations en deux ans dans le monde), *The Mikado*, où Gilbert se moquait d'une foule de gens, à commencer par les aristocrates que Sir Arthur fréquentait assidûment. L'incroyable réussite du *Mikado* ne pouvait être égalée de sitôt. En 1887, alors qu'on applaudissait l'oratorio *The Golden Legend* au Festival de Leeds, sortait *Ruddygore*, parodie du grand opéra romantique et, l'année suivante, *The Yeomen of the Guard*, qui ridiculisait l'une des plus vénérables institutions britanniques. Ces œuvres plurent un peu moins. On reprochait en particulier à *The Yeomen of the Guard* un sérieux inaccoutumé. Mais ce sérieux restait encore trop léger pour que Sa Gracieuse Majesté se retinsse de suggérer à son ami Sullivan : « Vous devriez écrire un grand opéra, Sir Arthur, vous y réussiriez si bien ! »

Les désirs d'une reine sont des ordres et Sullivan entreprit sur le champ une œuvre digne des espérances qu'on fondait sur lui, un *Ivanhoe* que D'Oyly Carte programma pour l'inauguration d'un grand théâtre qu'il construisait, le Royal English Opera House, dont il voulait faire le rival de Covent Garden. En attendant, il fallait bien vivre. Un nouveau chef-d'œuvre fut donné

---

[1]. La même distinction ne fut accordée à Gilbert que vingt-cinq ans plus tard...

au Savoy en 1889, *The Gondoliers*, dans lequel Sullivan se livrait à une savoureuse parodie de l'opéra verdien et Gilbert à la satire des théories égalitaires. Mais ce qui devait arriver arriva. Peu après, sur une sombre affaire de moquettes trop chères, Gilbert d'une part, Sullivan et D'Oyly Carte de l'autre, se séparèrent pour ne plus échanger que du papier bleu. *Ivanohe*, enfin créé au Royal English Opera House le 31 janvier 1891, eut une excellente presse, mais les recettes ne compensèrent pas, de loin, les coûts énormes de la production.

Les associés devenus ennemis tentèrent séparément de renouveler le miracle, Gilbert avec Henri Cellier *(The Mountebanks),* Sullivan avec Sydney Grundy *(Haddon Hall).* Les résultats les persuadèrent de faire encore, bon gré mal gré, œuvre commune. En 1893, ils donnèrent *Utopia, Ltd* (travestissement de la « British way of life ») et en 1896, *The Great Duke* où l'on se moquait des cours allemandes. Le succès de ces œuvres fut limité en dépit de leurs qualités. Le charme était rompu. Gilbert et Sullivan poursuivirent leur route, chacun de son côté, avec une fortune variable. Tourmenté depuis longtemps par la gravelle, Sullivan y succomba, le 21 novembre 1900. Sur la demande de la reine, qui voulait qu'on lui rendît cet honneur suprême, il fut inhumé dans la crypte de la cathédrale Saint-Paul. Gilbert lui survécut jusqu'en 1911. Il mourut en secourant, à soixante-quinze ans, une jolie baigneuse imprudente. Il laissait un héritage estimé à quelques 100 millions de nos francs actuels.

On s'étonnera peut-être de la place accordée ici aux champions d'un genre souvent tenu pour mineur ou, au contraire, qu'on ne parle pas des autres « golden boys » de la scène londonienne, tels Frederick Clay (1838-1889), Henri Cellier (1844-1891) ou Edward German (1862-1936). Mais l'entreprise de Gilbert et Sullivan n'est pas seulement exceptionnelle par les péripéties, pourtant assez piquantes, de leur collaboration. Tout d'abord, Sullivan, si l'on ne songe plus à le considérer comme le

Mendelssohn ou le Schumann britannique, reste un compositeur « classique » d'une envergure certaine. Ses œuvres symphoniques, chorales ou de chambre lui auraient valu, de toute manière, une place non négligeable dans la musique de la seconde moitié du XIXe siècle. Le terrible critique Hanslick et ceux-là même qui allaient rendre sa grandeur à la musique anglaise, comme Parry ou Elgar, reconnaissaient son talent, en particulier l'aisance de son écriture et un sens de la mélodie qui allait droit au cœur des gens. L'un des moindres paradoxes n'est pas, d'ailleurs, que ce compositeur à la nature sentimentale, expressive, ait parfaitement réussi à mettre en musique les textes aiguisés, fantaisistes, toujours « au second degré » de Gilbert. La dramaturgie de celui-ci, d'autre part, recourait à des éléments issus d'une longue tradition : la moralité souriante, l'inversion des valeurs, la dérision, un exotisme volontairement de pacotille, le mariage du surnaturel et du quotidien — ceux du masque et du *ballad opera*. Si, en dépit de leur extraordinaire succès dans le monde anglo-saxon, les *Savoy operas* de Gilbert et Sullivan demeurèrent pratiquement inconnus ailleurs, ce ne fut pas seulement à cause de l'impossible subtilité des livrets de Gilbert ou des allusions à la vie britannique, tout aussi imperméables pour les Américains qui s'en montraient pourtant fanatiques. C'est qu'il s'agissait d'un genre que seule pouvait spontanément reconnaître la mémoire collective des spectateurs d'origine britannique, qu'ils habitassent Boston, Sidney ou Toronto. La comédie musicale moderne, fille naturelle des *Savoy operas*, ne gardera pas moins de spécificité. Il est révélateur, au demeurant, que le seul pays où, en dehors du monde anglo-saxon, les représentations de Gilbert et Sullivan obtinrent un certain succès, ait été l'Allemagne, dont l'esprit du *Singspiel* s'écarte moins de ce genre que l'opérette française ou l'opéra bouffe italien. Enfin, les œuvres de Gilbert et Sullivan suscitèrent une pratique musicale tout à fait nouvelle. Un peu partout et parfois dans les moindres villages, en Grande-Bretagne et dans les dominions, se constituèrent des troupes d'amateurs et de semi-professionnels qui leur étaient exclusivement consacrées. Elles n'ont pas tout à fait disparu et l'on ne trouve guère de foyer britannique où ne figure, dans le vieux fonds de bibliothèque familial, quelque recueil de Gilbert et Sullivan.

XIV

Le violon de Sherlock Holmes

Elgar et le « renouveau » de la musique anglaise

On affirme souvent que le *big bang* de ce qu'il est convenu de nommer « la renaissance de la musique anglaise » se produisit en 1880, au festival de Gloucester, avec la cantate *Scenes from Prometheus Unbound* (Scènes d'après le Prométhée déchaîné) de Hubert Parry, sur le texte de Shelley. Charles Villiers Standford et, à un degré moindre, Alexander Mackensie auraient, en même temps que Parry, ouvert la voie au mouvement qui, grâce au plus grand compositeur britannique depuis Purcell, Edward Elgar, allait remettre la musique anglaise au niveau éminent si longtemps occupé dans l'art occidental.

Plusieurs éléments sont généralement invoqués pour expliquer cette mutation, du reste incontestable. L'un des plus courants repose sur l'évolution de la fonction et du statut social du musicien. Comme toutes les sociétés industrielles et productivistes, la Grande-Bretagne considérait les professions artistiques comme des activités à la fois délectables et suspectes. La musique enchantait l'oreille, élevait parfois l'âme de ses auditeurs, mais le père de famille qui en encourageait la pratique chez ses enfants (en particulier chez ses filles à marier), aurait très mal supporté que ses rejetons pussent envisager d'en tirer leur pain quotidien. Dans les dernières décennies du siècle, cependant, des progrès sensibles avaient été réalisés. A Londres (New Philharmonic Society, London Symphony Orchestra, etc.) et en province (Hallé Orchestra à Manchester, Liverpool Philharmonic Orchestra), de grands orchestres furent fondés, sous la direction de chefs anglais respectés, August Manns, Charles Hallé, Henry Wood. Le mouvement des « festivals » ne cessait de se développer, entraînant la constitution de chœurs et d'orchestres au moins semi-professionnels. Mary Wakefield (1853-1910) avait sinon inventé, du moins donné l'essor des « festivals—concours », comme ceux de Kendal dans le district des lacs ou de Morecambe, dans le nord de l'Angleterre. On ne se limitait plus, ici ou là, à donner ces oratorios dont le public se délectait, mais qui devenaient des « ponts aux ânes » si répétitifs qu'ils ne pouvaient que décourager l'inspiration des compositeurs les plus inventifs. Et, surtout peut-être, l'état de musicien commençait à apparaître comme un métier normal, voire respectable : depuis Sir Henry Bishop, la reine Victoria avait anobli la plupart des musiciens parvenus à un certaine notoriété. L'enseignement se transformait. La retraite de Cipriani Potter en 1859 avait provoqué une grave crise de la Royal Academy of Music. Mais cette crise suscita en contrepartie la création d'établissements d'enseignement mieux adaptés aux besoins du temps : la London Academy of Music (1861), le National College of Music (1864) et, surtout, la National Training School for Music, en 1876. Cette même année, un enseignement professionnel en tout point comparable à celui des grands conservatoires du continent [1] était offert avec la fondation

---

1. Le passage par un conservatoire étranger, de préférence allemand (et entre tous, celui de Leipzig), était jusqu'alors considéré comme pratiquement obligatoire.

du Royal College of Music, dont le premier directeur fut George Grove. Enfin, le rôle des agences de concert, de plus en plus nombreuses et efficaces, ne pouvait tendre qu'à régulariser les conditions d'exercice du métier et l'Incorporated Society of Musicians, première organisation syndicale regroupant les différentes professions de la musique (musiciens, facteurs, éditeurs) fut créée en 1882. Les statistiques du recensement témoignent, au demeurant, de la forte croissance du nombre des professionnels anglais rangés sous la dénomination « musiciens et maîtres de musique » :

1871 : 18 000
1881 : 25 000
1901 : 43 000
1911 : 47 000

Mais cette évolution, capitale pour la suite de l'histoire de la musique en Grande-Bretagne, n'avait guère encore eu le temps de faire sentir ses effets. Aussi bien, comme on le verra, Elgar ne remplissait-il aucune des conditions qui eussent favorisé sa carrière — la notoriété ne lui vint, d'ailleurs, que fort tard. Fils d'un accordeur de pianos d'une petite ville de province (Worcester), à la frange de la condition ouvrière et de la toute petite bourgeoisie, catholique convaincu, il lui fut impossible d'entreprendre des études musicales normales. Ce compositeur à l'écriture extrêmement raffinée apprit son métier en écoutant son père jouer de l'orgue à l'église paroissiale, en lisant force partitions ainsi que le *Traité d'orchestration* de Berlioz, et en économisant quatre sous pour aller écouter, à prix réduits, les concerts de Crystal Palace. On a même prétendu (non, peut-être, sans quelque vraisemblance) que c'était le caractère presque marginal de ses origines et de son éducation qui lui avait permis de développer son génie sans contrainte.

Ne serait-ce qu'à cet égard, les « précurseurs de la

renaissance anglaise ne lui ressemblaient pas. Hubert Parry (1848-1918), né dans une famille de riches propriétaires terriens de la région de Gloucester, avait suivi la voie classique des fils de famille : Eton, puis Oxford où il étudia avec Pearson. Champion de cricket, très bon cavalier, excellent joueur d'échecs, homme de lettres à ses heures et toujours de bonne compagnie, son anticonformisme se manifestait davantage dans ses vues politiques et religieuses que dans ses œuvres : quatre symphonies au demeurant fort bien agencées (en particulier sa *Symphonie « Anglaise »* de 1889), trois quatuors et des pièces de chambre assez marquées par Brahms, ainsi qu'une production de chansons très considérable et d'excellente qualité. Ses œuvres chorales témoignent d'une influence certaine de Wagner (pour qui il éprouvait une grande admiration) et d'un goût pour le traitement de vastes effectifs vocaux et orchestraux. En dehors du fameux *Prometheus Unbound*, il faut citer le toujours très populaire *Blest pair of sirens* (1887), l'oratorio *The Glories of our Blood* et, en dépit de son penchant pour la libre pensée, le bel anthem *Hear my words, ye People* (1893) et l'hymne de couronnement *I was glad* (1902).

Alexander Mackensie (1847-1935), Écossais d'Édimbourg, violoniste prodige, avait vécu son enfance et sa jeunesse en Allemagne où il étudia et travailla en orchestre. Revenu à Londres, il y fit une belle carrière d'interprète, de chef d'orchestre et de professeur. Il dirigea ainsi pendant trente-six ans, de 1888 à 1924, la Royal Academy of Music. Compositeur prolifique, au tempérament romantique, il fut, comme beaucoup de musiciens de son époque, très marqué par le mouvement de retour aux sources folkloriques lancé par un ethnomusicologue, Cecil Sharp (1859-1924)[1]. Beaucoup de ses

---

1. Ce mouvement était contemporain, sinon antérieur à celui que Vincent d'Indy et ses disciples de la Schola Cantorum (Bordes, Canteloube, etc.) avaient entrepris en faveur des thèmes régionalistes. Il correspondait aussi au réveil des écoles nationales dans toute

œuvres portent la double marque de ses origines écossaises et de sa formation cosmopolite, en particulier ses trois rhapsodies et son concerto pour piano « écossais ». Si ses opéras ne montrent guère d'originalité, on signalera son quatuor avec piano (op. 11, 1874) assez schumannien, mais intéressant et *London Day by Day* (1902), suite pour orchestre d'un genre londonien assez courant à l'époque qui rappelle, à sa manière, celui des « Cris de Londres » de la période élisabéthaine.

Mais nul, plus que Charles Villiers Standford (1852-1924) n'incarne davantage la figure du musicien de l'establishment, couvert d'honneurs, de charges et de gloire officielle. Né à Dublin, il était originaire d'une famille aisée d'Anglo-Irlandais. Sitôt admis à Cambridge, il y fut nommé titulaire de la prestigieuse Trinity Church. Après quoi, il s'en alla, comme de juste, se perfectionner en Allemagne, auprès de Reinecke à Hambourg et de Kiel à Berlin. A trente et un ans, il devenait le premier professeur de composition du Royal College of Music et, quatre ans plus tard, professeur à Cambridge. Stanford a laissé une œuvre énorme, plus de deux cents numéros dont sept symphonies, six concertos, dix opéras, trente pièces chorales, huit quatuors, etc. Bien que ses origines fussent plus anglo-saxonnes que gaéliques, il a souvent sacrifié au climat folkloriste de l'époque, notamment dans sa symphonie et ses cinq rhapsodies irlandaises ainsi que dans sa « ballade chorale », *Phandrig Crohoore*. Bernard Shaw, Irlandais lui-même qui, sous le pseudonyme de « Corno di Bassetto », élevait alors la critique musicale britannique à la hauteur d'un genre littéraire, n'eut besoin, pour analyser ces œuvres, que d'une petite

---

l'Europe. Dvorak vint diriger son *Stabat Mater* et sa sixième Symphonie en *ré* majeur en 1884 au Festival des Trois Chœurs (Elgar jouait dans l'orchestre) et Alexander Mackensie, à la Royal Philharmonic Society, défendit l'école russe.

phrase assassine : « La musique de Stanford témoigne du conflit effroyable entre l'aborigène celte et le professeur. »

C'est dans la musique d'église que ce compositeur trop parfait et agressivement conservateur a peut-être donné le meilleur de lui-même. Il rendit aux services sacrés l'unité structurelle depuis longtemps perdue et utilisa largement, au lieu des instruments profanes, l'orgue symphonique. Aussi ses services (notamment ceux en *sol*, en *la*, en *fa*, en *ut* et en *sol*) restent-ils fréquemment exécutés aujourd'hui. Ses anthems (notamment *The Lord is my Shepherd)* et ses *Trois Motets anglais* de 1913 sont également fort beaux.

Le ferment révolutionnaire ne se trouve pas davantage chez les compositeurs mineurs de cette génération comme Charles Harford LIyod (1849-1919), Charles Lee Williams (1853-1935), Frederic Corder (1852-1932) ou un Écossais fortement marqué par le folklore, Hamish Mac Cunn (1868-1926). Ici encore, ce sont les compositeurs de musique sacrée qui s'avèrent les plus intéressants, sinon les plus imaginatifs, tel Charles Wood (1866-1926), Irlandais comme Stanford qui fut son professeur à Cambridge et au Royal College of Music. Son écriture chorale très raffinée intègre dans une œuvre originale des éléments inspirés à la fois du grégorien et du psaume métrique calviniste, comme le montre son service en *fa* dit *Collegium Regale* et sa *Passion selon saint Marc* (1921). Il a également contribué au collationnement de plusieurs recueils de partitions d'une grande importance *(Songs of Syon*, *An Italian choral Book*, etc.). Beaucoup plus conservateur, Basil Harwood (1859-1949), organiste d'Ely, puis de Christ Church, a laissé un beau service en *la* bémol, une trentaine de pièces d'orgue de qualité et surtout, un anthem extrêmement populaire, *O how glorious*.

On a également affirmé que la renaissance anglaise avait été favorisée par une évolution des rapports entre les compositeurs britanniques et leur public national, plus proches les uns des autres et mus par un nouvel enthousiasme. Mais le témoignage de Bernard Shaw, en 1891, comme toujours féroce et justifié, ne va guère en ce sens : « Si vous doutez qu'*Eden* soit un chef-d'œuvre, demandez leur avis au Dr Parry et au Dr Mackensie ; ils vous diront que cet oratorio du professeur Stanford les a transportés au septième ciel. On peut se fier aux conclusions du Dr Mackensie. N'est-il pas le compositeur du *Veni Creator*, que le professeur Stanford et le Dr Parry certifient comme de l'excellente musique ? Mais vous voulez sans doute savoir qui est le Dr Parry. Eh bien, c'est l'auteur de *Blest Pair of Sirens* ; pour vous assurer des mérites de cette œuvre, vous n'avez qu'à consulter le Dr Mackensie et le professeur Stanford. »

En fait, s'il faut désigner le compositeur qui, au cours du siècle (et parfois malgré lui), contribua le plus à rapprocher, en dehors de l'establishment, la musique britannique de son public national, c'est le nom d'Arthur Sullivan qui s'impose sans conteste. En tout état de cause, l'œuvre qui marqua un tournant décisif dans l'histoire de la musique anglaise, les *Enigma Variations*, fut créée en 1899, longtemps après le *Prometheus Unbound* de 1880. Elgar, son auteur, restait, à quarante-deux ans, fort peu connu du grand public. A vrai dire, on serait bien en peine de définir cette notion de « renaissance » autrement qu'en termes journalistiques. La musique et la vie musicale en Grande-Bretagne n'avaient jamais cessé d'être extrêmement actives ; elles ne sortaient nullement d'un quelconque « âge noir ». Il leur manquait seulement, et l'on a vu que le hasard y avait eu sa part, un compositeur d'importance majeure et de renommée internationale.

La carrière d'Elgar avait progressé lentement et modestement. Dans l'impossibilité de réunir la somme qui lui aurait permis d'aller étudier à Leipzig, Elgar aida son père dans sa boutique, tint avec lui l'orgue de l'église catholique Saint-George, donna des leçons de piano et de violon, dirigea des ensembles d'amateurs à Worcester et s'occupa du petit orchestre constitué, dans un but thérapeutique, à l'asile cantonal d'aliénés de Powick... En 1882, il obtint un poste de violon du rang dans un orchestre de Birmingham où il put faire exécuter, l'année suivante, sa *Sérénade mauresque*. Il épousa en 1889 une jeune fille à qui il donnait des leçons de piano, Alice Roberts, de neuf ans plus âgée que lui. Ce mariage (une mésalliance pour la famille de la fiancée, dont le père était général) fut sans doute une grande chance pour la musique. Pendant de longues années, Alice Elgar demeura l'une des très rares personnes à garder foi dans le génie de son mari. Une tentative d'installation à Londres, quelques mois après, se solda en effet par un échec et Elgar revint à Malvern, près de Worcester, où il continua à vivre de ses leçons de musique. Ses œuvres d'alors (l'ouverture *Froissart*, la *Sérénade pour cordes* en *mi mineur*) furent toutes créées à Worcester ; par bonheur, la vie musicale était intense dans cette ville, un des sièges du festival des Trois Chœurs qui donna, en 1898, le premier oratorio d'Elgar, *Lux Christi*. Entre-temps, Elgar publiait, non sans quelque préoccupation alimentaire, de la musique de salon (quadrilles, chansons, pièces faciles, etc.). Les premiers encouragements vinrent en 1897 avec la *Marche impériale* écrite pour le jubilé de Victoria et, en 1898, avec une cantate, *Caractacus*, donnée sous la direction du compositeur au Festival de Leeds. On jugera cependant de la position sociale du musicien sur le billet qu'il envoya pour se décommander à un déjeuner officiel : « Vous ne sauriez souhaiter que la présence du fils d'un accordeur de pianos et de sa femme gâtât votre plan de table. »

Plusieurs éléments concoururent au succès triomphal des *Enigma Variations*, le 19 juin 1899, au St James Hall de Londres. La musique elle-même, bien sûr. Aucun public n'aurait pu rester insensible à une œuvre où toutes les qualités d'Elgar trouvaient leur accomplissement :

une orchestration raffinée, transparente et colorée (Elgar n'oubliait pas les leçons lues dans Berlioz), une écriture subtile et néanmoins aisée dans laquelle le charme des longues phrases mélodiques s'allie à des rythmes complexes et changeants, un langage naturel, personnel, ni académique ni agressif. Il n'était pas indifférent non plus que l'orchestre fût dirigé par l'illustre Hans Richter, l'ami et le collaborateur de Richard Wagner, premier directeur de Bayreuth, l'un des plus grands chefs de son temps. Il y avait encore l'attrait du mystère. Le titre originel de l'œuvre portait en effet *Variations sur un thème original*, et l'indication « Enigma » ne fut employée par Elgar que trois semaines avant la création. Tout le monde savait pourtant que chacune des quatorze variations renvoyait à une énigme suggérée par son sous-titre : 1 : C. A. E. ; 2 : H. D. S. -P. ; 3 : R. B. T. ; 4 : W. M. B. ; 5 : R. P. A. ; 6 : Ysobel ; 7 : Troyte ; 8 : W. N. ; 9 : Nimrod ; 10 : Dorabella ; 11 : G. R. S. ; 12 : B. G. N. ; 13 : (***) ; 14 : E. D. U. On ne peut entrer ici dans le détail des explications — chaque variation désigne un familier d'Elgar et, pour la dernière, Elgar en personne —, ni chercher à identifier de quel thème (jamais exposé) le thème utilisé constitue un contrepoint[1]. Elgar ne dévoila jamais lui-même ces éléments de programme qui n'ont d'ailleurs aucune importance pour l'appréciation de l'œuvre. Mais ce goût du mystère constitue l'un des traits essentiels de l'homme, amateur acharné d'anagrammes, cryptogrammes, mots croisés et autres casse-tête. Il rappelle que le compositeur a parsemé sa musique de signes de piste sous la forme de citations, en

---

1. En 1825, Cipriani Potter avait composé une œuvre pour piano intitulée *Enigma Variations*, « dans le style de cinq pianistes éminents ». Elgar le savait-il ?

Chacun des personnages visés dans les variations a été décodé avec certitude. Il n'en est pas de même du fameux « thème non entendu », pour lequel plusieurs solutions, aussi ingénieuses les unes que les autres, ont été proposées.

général très brèves, empruntées à des œuvres antérieures. Dans *The Music Makers*, Michael Kennedy, biographe d'Elgar, en a relevé une bonne douzaine. Ce goût du mystère et de l'énigme évoque irrésistiblement, du reste, la passion que suscitait alors la publication des *Aventures de Sherlock Holmes* dont le héros, comme Elgar, jouait du violon... De toute manière, Elgar était lui-même un personnage assez indéchiffrable, qui mystifiait pour se cacher ; très extraverti, parfois dépressif, rien moins que conformiste, il préféra toujours aux fastes de Londres les rêveries du promeneur solitaire sur les chemins du Gloucestershire. Ni l'homme ni l'œuvre ne sauraient se confondre avec la fameuse première marche de *Pomp and Circumstance*[1], encore qu'Elgar, selon ses propres termes, ne considérait pas comme un déshonneur le fait de se faire jouer devant le corps des troupes.

La vingtaine d'années qui suivit recouvre la période la plus féconde de la vie d'Elgar, ponctuée de chefs-d'œuvre comme la première symphonie en *la* bémol (1908), le concerto pour violon (1910), la deuxième symphonie en *mi* bémol (1911) ou le concerto pour violoncelle (1919), les ouvertures *Cockaigne* (Dans la ville de Londre) en 1901 et *In the South* (1904), les deux suites *The Wand of Youth* (1907/1908) ou la surprenante étude symphonique *Falstaff* (1913), sans parler d'œuvres vocales telles que le cycle *Sea Pictures* (1899), l'ode *The Music Makers* ou ses oratorios, *The Apostles* (1903) ou *The Kingdom* (1906). La gloire, si longtemps attendue par Elgar, suivit rapidement le succès des *Enigma Variations*. En 1900, l'université de Cambridge décernait à l'autodidacte un doctorat *honoris causa*. En 1904 le fils de l'accordeur de pianos était anobli. La même année, Covent Garden consacrait un festival de trois jours au musicien de province, honneur encore jamais accordé en Angleterre

---

1. Il semble qu'Elgar destina tout d'abord ce thème, au demeurant fort beau, à sa première symphonie.

à un compositeur vivant. Cela ne signifiait pas qu'Elgar n'eût à vaincre bien des résistances. Ainsi, en 1900, son oratorio *The Dream of Gerontius* tomba-t-il à Birmingham. L'œuvre, bien que dirigée par Richter, avait été desservie par une distribution défaillante. Mais, de toute manière, le texte, un poème catholique et mystique du cardinal Newman, sa forme sans commune mesure avec l'oratorio bien élevé des académiques et, surtout, son langage très moderne, ne pouvaient que surprendre. Plus tard, les sots reprocheront à Elgar de n'avoir pas été le disciple de Schoenberg[1] et les sourds d'adopter un langage conservateur. Il ne manqua pas cependant de défenseurs acharnés, comme son ami Bernard Shaw ou Richard Strauss qui le fit applaudir en Allemagne. En fait, les grandes œuvres d'Elgar sont de celles dont on reconnaît l'auteur dès la première mesure, tant elles expriment une personnalité originale qui trouvait, dans les paysages des Malvern et des Cotswold, un miroir à ses humeurs changeantes, sombres, lyriques, menaçantes ou enjouées. « Les arbres jouent-ils ma musique ou est-ce moi qui joue la leur ? » feignait-il de se demander.

Elgar aura été le premier compositeur à s'intéresser de près aux possibilités offertes par les techniques de reproduction sonore. De 1914 à 1933, il dirigea lui-même plus de cinquante séances d'enregistrement de ses œuvres pour la compagnie du Gramophone His Master's Voice[2]. La Première Guerre mondiale marqua cependant un certain ralentissement à l'activité d'Elgar, qui se tourna plus volontiers vers la musique de chambre :

---

1. Qui appartenait, rappelons-le, à la génération suivante et dont les *Gurrelieder*, qui ne sont pas sans faire songer à *Gerontius*, sont postérieurs de douze ans à l'œuvre d'Elgar.

2. On trouvera la liste détaillée de ces enregistrements (dont beaucoup ont été réédités), ainsi que des commentaires fort intéressants dans le remarquable ouvrage de Jerrold Northrop Moore : *Elgar on Records : The Composer and the Gramophone*, Londres, 1974.

sonate pour violon et piano op. 82 et quatuor à cordes op. 83 (1918), quintette pour piano et cordes op. 84 (1919) et les mélodies (souvent de circonstance, mais d'une grande qualité). A la mort de sa femme, en 1924, il cessa pratiquement d'écrire. En 1932, toutefois, sur les instances de Bernard Shaw, il accepta la commande de la BBC pour une troisième symphonie et entreprit simultanément un opéra, *The Spanish Lady*, d'après la pièce de Ben Jonson, *The Devil is an Ass* (Le Diable est un crétin). La mort du compositeur, le 23 février 1934, interrompit malheureusement une nouvelle période d'activité créatrice et ces œuvres demeurèrent inachevées. Bernard Shaw avait affirmé qu'Elgar était le seul compositeur qui méritât une sépulture à Westminster Abbey. Comme on pouvait néanmoins s'y attendre, le musicien préféra le cimetière de la minuscule église de St Wulstan, à Little Malvern, en pleine campagne.

Cinq ans seulement après Elgar, le 29 janvier 1862, naissait à Bradford, dans le Yorkshire, un autre compositeur d'importance majeure, Frederick Delius. Il faut toutefois reconnaître que celui-ci pose un problème embarrassant à l'historien de la musique anglaise. Fils de parents allemands fraîchement naturalisés britanniques, Delius passa la presque totalité de sa vie aux États-Unis, en Allemagne et surtout en France. Et l'on peut se demander si le lien juridique qui le rattache à la Grande-Bretagne suffit à compenser tant une formation musicale et une expérience humaine acquises à l'étranger, qu'une œuvre très remarquable, mais aux spécificités anglaises fort douteuses. Ce point a été diversement tranché mais, puisque les histoires de la musique, française ou allemande, ignorent le nom de Delius, le droit du sol impose qu'on en traite ici.

Mélomane passionné, mais négociant cossu, le père de Delius partageait les préjugés habituels à l'égard du métier de musicien. Son fils, après un essai peu concluant dans le commerce de laines familial, préféra se faire envoyer en Floride pour y gérer une plantation d'orangers. Il n'y réussit pas mieux que dans la laine, mais il disposa ainsi de la paix et du temps nécessaires pour travailler et prendre des leçons avec Thomas Ward, un excellent musicien de Jacksonville. Il évoquera les souvenirs de ce séjour américain dans sa suite *Florida*, composée en 1887. M. Delius père finit par comprendre que les talents de son fils le portaient plus aux notes qu'aux bank-notes et Frederick put aller étudier à Leipzig, où il fit la connaissance de Grieg. Selon la chronique, le grand compositeur norvégien, convaincu du talent de Delius, invita à dîner le père de celui-ci qui, très impressionné, accepta que son fils poursuive ses études musicales. Delius s'établit alors à Paris, où il mena la vie de bohème et fréquenta davantage les peintres ou les écrivains (entre autres Munch, Gauguin, Mucha et Strindberg) que les musiciens. Il ne devait plus quitter la France que pour quelques voyages inévitables. En 1897, il se fixa à Grez-sur-Loing, près de Fontainebleau, avec sa compagne, le peintre Jelka Rosen.

Il y a peu à dire, dès lors, sur la biographie de Delius si ce n'est qu'il commença à ressentir, après la première guerre, les graves conséquences d'une syphilis contractée lors de ses joyeuses années parisiennes, vers 1895. Paralysé, pratiquement aveugle, il ne ressembla cependant jamais à la caricature d'ermite monacal qu'on a souvent faite de lui. « J'ai vu la plus belle partie de la terre et fait tout ce qui valait la peine d'être fait. Je suis content. J'ai eu une vie magnifique », disait-il à Eric Fenby, un jeune musicien qui l'assista à partir de 1928 et qui consacra toute son existence à l'œuvre de Delius. Il mourut le 10 juin 1934, quelques mois après Elgar. L'année précédente, celui-ci avait rendu visite à Delius et, en dépit du peu d'attirance de chacun d'eux pour la musique de l'autre, ils avaient fortement sympathisé.

En fait Delius, profondément égotiste, affirmait des goût très personnels. Il éprouvait pour Bach des sentiments mélangés, n'aimait ni Mozart ni Beethoven, admirait Wagner et plaçait au-dessus de tous Grieg et, surtout, Chopin — qui ne lui ressemblait guère, pourtant. Vivant à l'écart du milieu musical (notamment britannique), c'est en Allemagne que sa réputation commença à s'établir. Il fallut attendre 1907 pour que Henry Wood donnât un concert consacré à Delius et, surtout, que Thomas Beecham s'en fît le champion en Angleterre. Beaucoup de ses œuvres lyriques ne furent toutefois créées que très longtemps après sa mort : son opéra *Irmelin* (1890/92) en 1953, ses drames lyriques *The Magic Fountain* (1893/95) et *Margot la Rouge* (1902) respectivement en 1977 et 1983...

L'écriture de Delius, sans rien comporter de révolutionnaire, est très particulière. Complexe, à la fois sensuelle et intellectuelle, volontiers impressionniste, elle préfère aux larges mouvements mélodiques des séries de subtiles tensions harmoniques. Bien qu'on lui doive trois belles sonates pour piano et violon, un double concerto (1915/16), un concerto pour violon (1916) et un concerto pour violoncelle (1921), Delius préférait se couler dans des œuvres de forme libre. Ses premiers opéras (notamment *Koanga* (1895/97) subissaient encore les influences véristes, mais l'un de ses chefs-d'œuvre, *A Village Romeo and Juliet* (1899/1901), est une succession de tableaux d'une fraîcheur et d'une originalité très remarquables. Il en est de même de *Fenimore and Gerda* (1908/10). Delius recourut fréquemment à des poèmes de Walt Whitman ou d'écrivains scandinaves (Jacobsen, Ibsen, Bjørnson, Drachmann) dans ses pièces vocales et chorales, parmi lesquelles le très beau *Sea Drift* (1903/04). Mais c'est au Zarathoustra de Nietzsche, à qui il témoignait une très grande admiration, qu'il emprunta le texte de l'une de ses œuvres les plus ambitieuses, *A Mass of Life* (1904/5). Si Delius ne dédia guère que *Brigg Fair : An English Rhapsody* aux souvenirs de son Angleterre natale, il consacra plusieurs œuvres à l'Amérique (notamment

Appalachia, 1896) et une au moins à sa terre d'élection : *Paris (1899)*.

Comme le montre l'exemple d'Elgar et de Delius, la « renaissance musicale anglaise » suscitait des compositeurs dont la personnalité ne se coulait plus dans le moule convenu de la respectabilité victorienne [1]. On se représente donc avec un certain amusement la mine que fit le Major General Smyth, de l'artillerie montée du Bengale, quand sa jeune fille Ethel (née en 1858) lui annonça son intention de devenir musicienne et d'aller étudier à Leipzig. La scène a du reste été racontée par Ethel Smyth elle-même : « Plutôt te voir à six pieds sous terre ! » répondit le major général. Ethel Smyth n'en réussit pas moins à convaincre son père et, en 1877, elle partit pour l'Allemagne. Elle y rencontra Brahms qui eut sur elle une profonde influence, sans que cela diminuât pour autant l'admiration qu'elle portait à Wagner. D'abord attirée par la musique de chambre, elle se consacra principalement à l'opéra. Ce fut son amie, l'impératrice Eugénie, veuve de Napoléon III, exilée en Angleterre, qui lui fournit le sujet du premier, *Fantasio*, d'après Alfred de Musset (1894). Cinq autres suivirent : *Der Wald* en 1902, *The Wreckers* (*Les Naufrageurs*, destiné à l'Opéra-Comique de Paris et qu'elle écrivit à l'origine sur un texte français) en 1906, *The Boatswain's Mate* (Le Second Maître d'équipage) en 1915, *Fête galante* en 1923 et *Entente cordiale* en 1925. Elle est également l'auteur d'une intéressante messe en *ré* majeur. Ses œuvres, bien que souvent marquées par Brahms, ne méritent nullement le dédain avec lequel la plupart des critiques établis accueillaient [2] cette « musique de

---

1. Le phénomène ne se limite pas à la musique. Il est significatif qu'à la fin du règne de Victoria la représentation de l'Anglais évolue de l'aristocrate flegmatique ou du boutiquier cupide à celle de l'excentrique dont Phileas Fogg reste le modèle.

2. Il est probable que l'emploi du présent serait ici plus justifié.

femme ». La plus intéressante reste sans doute *The Wreckers*, dont le musicologue Nigel Burton a dit avec justesse qu'il constituait une étape à mi-chemin entre *Tristan* et *Peter Grimes*. Comme on l'imagine, Ethel Smyth rencontra les plus grandes difficultés pour faire jouer ses opéras, en dépit de la considération que lui témoignèrent, entre autres, Bruno Walter et Thomas Beecham. Elle défendit également les œuvres de ses contemporaines, notamment celles d'Augusta Holmès (1847-1903), une Anglaise née et installée en France. Ethel Smyth se jeta à corps perdu dans le mouvement des suffragettes où elle joua un rôle important. Elle fut même jetée en prison à la suite d'une manifestation particulièrement violente. Lorsque Thomas Beecham y vint lui rendre visite, il la trouva dirigeant de sa fenêtre, avec une brosse à dents, un chœur de prisonnières qui chantait sa *Marche des femmes*. Cela n'empêcha pas George V de l'anoblir, quelques années plus tard, en 1922. Peu à peu gagnée par la surdité, Ethel Smyth abandonna la composition pour l'écriture et publia de nombreux ouvrages, parmi lesquels une série de récits autobiographiques extrêmement intéressants. Elle appartenait au Groupe de Bloomsbury et fréquenta Virginia Woolf dont, à plus de soixante-dix ans, elle tomba passionnément amoureuse. Ethel Smyth mourut le 9 mai 1944.

XV

Suite anglaise

Les héritiers d'Elgar

Ralph Vaughan Williams, le compositeur le plus important de la génération qui suivit immédiatement celle d'Elgar, était né le 12 octobre 1872. Victoria entamait alors la seconde moitié de son règne et Gladstone, un *whig*, occupait pour la première fois Downing Street ; en France, Adolphe Thiers s'efforçait de consolider une république mal assurée, tandis que Bismarck gouvernait d'une poigne de fer l'Empire allemand triomphant. Karl Marx venait de publier *Le Capital*.

A la mort de Vaughan Williams, le 26 août 1958, une autre reine, Élisabeth II, régnait depuis 1953 avec, comme Premier Ministre, le *tory* Macmillan. On mettait à mal l'héritage de Staline, « génial successeur » de Marx, Engels et Lénine, disparu depuis cinq ans. Le général de Gaulle venait de reprendre le pouvoir et le chancelier Adenauer présidait aux destinées d'une Allemagne vaincue, mais démocratique. Entre-temps, le monde avait été bouleversé par deux carnages sans précédent et la désintégration de l'atome bouleversait son avenir. Souvent produits à l'étranger, le pétrole, les matières plastiques et les textiles artificiels remplaçaient les fondements traditionnels de la richesse anglaise : le charbon, le fer et la laine. D'ailleurs, l'Empire britannique n'existait plus. A Delhi et à Singapour comme à Dublin, des couleurs nationales avaient pris la place de la bannière de saint Georges. Jamais, dans l'histoire, génération n'avait vu sa vie quotidienne, son cadre, ses perspectives changer autant.

En 1872, Brahms avait créé son Concerto pour violon ; en 1958, Xénakis donnait *Pithoprakta*. Au cours de ces quatre-vingt six années, la musique n'avait pas été moins agitée que le monde. On avait fait de Wagner un dieu — ou l'incarnation du Démon. La seconde École de Vienne avait récusé le principe sur lequel l'art occidental s'appuyait depuis cinq siècles : la tonalité. Pour certains l'étude de l'électronique devait désormais supplanter celle de l'harmonie et du contrepoint [1]. Cependant, en Grande-Bretagne, les passions ne s'étaient pas déchaînées pour ce qu'un autre musicien de la génération de Vaughan Williams, Arnold Bax, appelait « les gamineries et les petits jeux à la mode sur le continent ». Il n'y avait eu à Londres ni bataille de *Tannhäuser*, ni scandale du *Sacre du Printemps*, ni affrontements à l'écoute des œuvres de Schoenberg, de Berg ou de Webern. Ce n'est pas qu'on s'en désintéressât : l'analyse des programmes des Prom's, concerts expressément destinés au public le plus large, montre qu'on y jouait régulièrement des œuvres des compositeurs les plus avancés, entre autres Schoenberg, Stravinsky ou Bartok. Mais on sait bien que les Anglais ne se plaisent guère aux débats idéologiques et, de toute manière, ils étaient trop absorbés par l'exploration des

---

1. Dont le traité classique restait, en Angleterre, celui d'Ebnezer Prout (1835-1909), *Harmony, its Theory and Practice* qui, à partir de son édition de 1901, abandonna toute référence aux curieuses thèses d'Alfred Day.

possibilités de leur musique nationale pour s'engager activement dans les querelles venues d'ailleurs [1].

Autant qu'ailleurs, toutefois, les conditions de la pratique musicale avaient évolué [2]. Le temps des chefs d'orchestre était venu : Henry Wood, Thomas Beecham, Hamilton Harty, Malcolm Sargent, Adrian Boult, John Barbirolli, Eugene Goossens, sans parler de quelques visiteurs fréquents comme Wilhelm Furtwängler. Ils parvinrent enfin à supprimer la détestable habitude du *deputy's deputy* (le remplaçant du remplaçant), dont l'Angleterre n'avait pas l'exclusivité, mais qui y était particulièrement répandue. De nouvelles formations se constituèrent : le London Symphony Orchestra en 1904, le London Philharmonic Orchestra en 1932 et, dès 1930, l'orchestre de la BBC.

Depuis les années 1860, on appréciait beaucoup en Angleterre les bands de *minstrels'* noirs (dont on trouve un écho dans une pièce de Debussy), mais la première formation de jazz, « The Original Dixieland Jazz Band » n'arriva à Londres qu'à la fin de l'été 1919. Entre-temps, la demande des musiciens professionnels avait fortement augmenté grâce au cinéma muet (trois mille salles en 1929), phénomène qui se transforma en crise lors de l'apparition du parlant. C'est toutefois dans le domaine de la pratique amateur que les mutations les plus durables se produisirent avec la grande vogue du piano à rouleau (le « pianola ») avant la Grande Guerre et, surtout, le développement du disque (le premier numéro de la célèbre revue *The Gramophone* parut en 1923) et de la radio. Lors de ses premières émissions, à l'automne 1922,

---

1. Souvent plus « professionnelle » que celle du continent, mais aussi volontiers plus agressive et plus dogmatique, la critique musicale britannique ne manqua pas de le leur reprocher durement.
2. Il va sans dire que les musiciens de la génération d'Elgar et de Delius participèrent à cette évolution. Mais, comme on l'a vu, leur activité se réduisit assez sensiblement après la Première Guerre mondiale.

la BBC avait trente mille auditeurs ; elle en comptait plus de deux millions quatre ans après. Si les chorales, les *brass bands* et les ensembles d'amateurs résistèrent assez bien à la concurrence de ces nouvelles facilités, il n'en fut pas de même de la pratique individuelle, en particulier de la musique de salon : la vente des « petits formats » tomba de 50 % entre 1925 et 1933. Dès l'origine, cependant, la BBC se considéra comme une auxiliaire de la musique. Elle sauva en 1927 les Prom's menacés par la faillite et se proposa d'améliorer la culture musicale de ses auditeurs. Deux très grands pionniers, Henry Walford Davies et Percy Scholes, s'illustrèrent dans cette entreprise et font, aujourd'hui encore, figure de modèles. Né en 1869, Walford Davies, qui avait étudié au Royal College of Music et rendu visite à Brahms quelques mois avant la mort de celui-ci, était un organiste réputé, successeur d'Elgar à la direction de la King's Music. Compositeur estimable, on lui doit de nombreuses œuvres de tout genre, parmi lesquelles il faut citer les oratorios *Everyman* (Leeds, 1904) et *The Song of St Francis* (Birmingham, 1912). A partir de 1924, il se dévoua à cette tâche pédagogique et inventa la plupart de nos formules de programmes musicaux. A la mort de Walford Davies, en 1941, le président de la BBC déclara : « On dit souvent que la radio a « fait » telle ou telle personne, mais c'est Walford Davies qui, en dix-sept ans de micro, a fait la radio. » Percy Scholes (1877-1958) ne témoigna pas moins de ferveur missionnaire et s'intéressa à toutes les formes de musique. Dans ses émissions comme dans ses remarquables ouvrages de vulgarisation ou d'érudition, il ne cessa de démontrer qu'un langage abscons ou suffisant ne constituait pas la condition décisive d'une compétence en matière de musicologie.

Dans le domaine du goût musical, deux mouvements de retour aux sources, amorcés depuis un certain temps déjà, s'amplifièrent encore : le regain de l'intérêt pour la musique ancienne — qui n'avait, à vrai dire, jamais complètement disparu — et la recherche des traditions populaires du *folk song*. Un fait illustre bien le premier. Quand George Grove (1810-1900) entreprit son fameux dictionnaire, le programme de l'ouvrage prévoyait très précisément : « Un dictionnaire de la musique et des musiciens (de 1450 à 1880) par d'éminents auteurs anglais ou étrangers, avec des illustrations et des gravures sur bois. » Mais, dès la première édition qui s'étala de 1879 à 1890, il dut remonter jusqu'aux origines. Par la suite, des musicologues comme Godfrey Arkwright (1864-1944), Richard Nunciman Terry (1865-1938) ou Edmund Fellowes (1870-1951) publièrent de nombreux recueils de madrigaux ou de musique sacrée du temps des Tudor. L'influence de ces textes peut se déceler chez des musiciens d'église comme Edmund Cuthbert Bairstow (1874-1946) et Sydney Hugo Nicholson (1875-1947) ou même chez un compositeur prématurément disparu, William Yates Hurlstone (1876-1906). Les trop rares œuvres de Hurlstone (un concerto pour piano, la suite *The Magic Mirror*, de la musique de chambre), subtilement allusives aux XVIe et XVIIe siècles anglais, justifient qu'on ait pu le considérer comme l'un des éléments les plus prometteurs de sa génération.

En Grande-Bretagne, ce n'était pas, comme en Europe centrale, le mouvement des nationalités qui poussait les folkloristes à rechercher et à collationner les airs et chansons populaires, mais l'industrialisation et l'urbanisation toujours croissantes. On a vu, du reste, qu'en Angleterre et pendant des siècles, la musique savante et la musique populaire n'avaient cessé de s'interpénétrer, sinon de se confondre. Il n'est donc pas surprenant que beaucoup de compositeurs aient accompagné dans cette quête des spécialistes tels que Cecil Sharp ou Marjory Kennedy-Frazer. Pour Vaughan Williams, la rencontre avec M. Pottipher, un vieux journalier de Brentwood (Essex) auprès de qui il recueillit l'antique chanson

Bushes and Briars, décida du sens qu'il donnerait à sa musique.

Ralph Vaughan Williams, qui succéda à Edward Elgar comme chef incontesté de l'école anglaise, naquit dans une famille très respectable, apparentée au grand céramiste Wedgwood et à Charles Darwin (son grand-oncle) et qui comptait nombre de juristes fort éminents. Contrairement à beaucoup de compositeurs, il n'y trouva que des encouragements à entreprendre une carrière musicale. A sept ans, il entrait au Royal College of Music (avec Parry) et poursuivit ses études à Cambridge. Excellent chef d'orchestre, brillant instrumentiste (il pratiquait le violon, l'alto, l'orgue et le piano), sa vocation de compositeur mit un certain temps à s'affirmer. Conscient de ses lacunes, il retourna au Royal College of Music et, surtout, alla étudier auprès de Max Bruch à Berlin en 1897 et de Maurice Ravel en 1898. A Cambridge, il avait rencontré Gustav Holst qui demeura l'un de ses amis les plus chers. Ils prirent l'habitude de se jouer les ébauches de leurs compositions et il semble que Vaughan William tira beaucoup de profit des conseils que Holst pouvait lui donner. La longue vie de Vaughan Williams fut, du point de vue personnel, sans histoire. Il refusa d'être anobli, s'occupa très activement des problèmes professionnels des musiciens britanniques et se battit en faveur des compositeurs interdits par les nazis. Sans qu'on ne puisse davantage l'accuser de chauvinisme que Bartok, son œuvre s'inscrit dans un retour délibéré et élaboré aux « eaux vives de la musique nationale ». Il symbolisa, souvent à son corps défendant, l'opposition à la seconde École de Vienne et des critiques, comme Peter Pirie, ne manquèrent pas de lui reprocher son « manque de prétention à la modernité ». Vaughan Williams s'en expliquait lui-même : « Du point de vue du langage, disait-il, Bach était un retardataire et Beethoven un précurseur. Cela ne les empêche pas d'être, l'un et l'autre, les plus grands de tous les musiciens. Modernisme et conservatisme, cela ne signifie rien ; ce qui compte, c'est d'être soi-même. »

Il n'est pas facile d'analyser en quelques lignes une œuvre immense, commencée avec le siècle et répartie sur six décennies, qui présente une diversité étonnante de formes, de couleurs sonores et d'expressions. L'habitude de Vaughan Williams de réviser, parfois profondément, ses partitions ne simplifie pas non plus la tâche[1] : ainsi, l'opéra ballade *Hugh the Drover*, terminé en 1914, représenté en 1924, fut-il remanié en 1956. Renonçant progressivement au chromatisme post-romantique de ses débuts, Vaughan Williams utilise une très large palette de techniques d'écriture, parfois juxtaposées dans la même œuvre ; il se montre tour à tour lyrique, méditatif, sombre ou bucolique. Il est significatif que, pour la plupart, les nombreux commentateurs de Vaughan Williams se soient abstenus de toute généralisation, préférant analyser les œuvres une par une. On n'en déduira pas que Vaughan Williams manque de personnalité, mais que celle-ci se tourne plus volontiers vers les sensations ou les sentiments captés dans le monde extérieur, restitués avec ce que Michael Hurd a justement nommé un « détachement passionné ». Et c'est dans la recherche et la poursuite d'un style autonome que s'opère l'unité. « En art aussi, charité bien ordonnée commence par soi-même », disait Vaughan Williams, le « soi-même » étant, bien sûr, la tradition musicale anglaise dont il connaissait à fond la richesse mélodique, la clarté rythmique, la liberté d'écriture.

Toutefois, la place centrale, essentielle, que Vaughan Williams accorde aux sources de la musique anglaise n'en fait, pas plus que Bartok, un « folkloriste ». S'il utilise volontiers, les airs traditionnels ou, comme dans la superbe *Fantaisie sur un thème de Thomas Tallis* (1919),

---

1. Les dates indiquées ici sont celles de l'achèvement de la version originale.

ceux des grands musiciens du passé britannique, cette inspiration s'avère en effet bien davantage dans le langage lui-même, par l'emploi fréquent de la modalité, des fausses relations à l'ancienne, de la superposition des tonalités majeure et mineure relative, de l'écriture polyphonique. Vaughan Williams a peu composé de pure musique de chambre ; il y préférait la voix et l'orchestre, souvent combinés comme dans sa *Sea symphony* chorale (1909), la première, sur un texte de Walt Whitman. Trois autres de ses neuf symphonies portent un titre ; la deuxième, *A London Symphony* (1913), la troisième, *Pastoral Symphony*, (1921) et la septième, *Antartica* (1952), composée, comme la sixième, à partir de sa musique pour le film *Scott of the Antarctic* (1948), dédié à l'exploration polaire. Il ne s'agit pourtant jamais d'une musique à programme, le titre indiquant seulement le point de départ de l'inspiration du compositeur, que les efforts des commentateurs pour identifier telle ou telle référence (notamment dans la *London Symphony)* irritaient prodigieusement. Aussi précisait-il ironiquement que sa Cinquième symphonie, écrite entre 1938 et 1943, mais dans laquelle le compositeur parcourt à sa manière les voies de la musique sacrée de l'époque Tudor, n'était en aucune façon une « symphonie de guerre ». Dans le domaine purement instrumental, on se bornera à signaler, parmi une foule d'œuvres fort remarquables, la magnifique romance pour violon et cordes *The Lark ascending* (1914), le *Concerto accademico* pour la même formation (1925) et le très beau ballet *Job* (1930). Dans le domaine vocal qu'affectionnait particulièrement Vaughan Williams, on citera l'une de ses premières œuvres, le cycle *Songs of Travel* sur les poèmes de Stevenson (1904), la cantate *Toward the unknown Region* sur un texte de Whitman (1906), *Five Tudor Portraits* (1935) ou la superbe suite *Flos Campi* (1925) pour alto, petit chœur et orchestre de chambre. On doit à Vaughan Williams quelques œuvres pour la scène, parmi lesquelles *Sir John in Love* (1928), sur les *Joyeuses Commères de Windsor* de Shakespeare, le sardonique *Poisonous Kiss* (1929), sous-titré « une extravagance romantique » et, la meilleure sans doute, *Riders in the Sea* (1932). On y ajoutera, bien sûr, d'innombrables airs et chansons traditionnels, retranscrits et harmonisés, ainsi qu'une dizaine de musiques de film.

Il manqua peut-être quelques années à Holst, le grand ami de Vaughan Williams, pour parachever son œuvre. Gustavus von Holst (1874-1934) avait, par son arrière-grand-père, des origines russo-scandinaves [1]. Sa mère mourut quand il avait sept ans et la désagrégation de la cellule familiale, comme sa mauvaise santé, ne facilitèrent pas ses études, en dépit des leçons qu'il recevait de son père, pianiste virtuose. Il entra néanmoins au Royal College of Music et y travailla, non sans peine, sous la férule du terrible Standford. Lors d'un concert d'amateurs qu'il fut appelé à diriger, il entra en relation avec William Morris. De sa rencontre avec cette grande figure du mouvement préraphaélite, Holst tira plusieurs facteurs dominants de sa personnalité : son attirance pour la gnose et la pensée hindouiste, ainsi que son socialisme utopique. Il entreprit incontinent l'étude du sanscrit, dont la connaissance lui permit d'adapter un épisode du *Mahabbarata* pour son opéra *Savitri* (1908) et de traduire lui-même les hymnes du *Rig Veda*, mis en musique entre 1911 et 1914. Holst, sans ressources financières, dut pendant plusieurs années gagner sa vie comme tromboniste dans divers orchestres et notamment, dans un ensemble « viennois » où il portait un uniforme de fantaisie et feignait de parler avec un accent approprié. Il trouva enfin un poste de professeur dans une institution de jeunes filles qui, s'il assurait son pain quotidien, ne lui accordait que de maigres loisirs pour composer. Cet

---

1. Holst abandonna la particule lors de la Première Guerre mondiale.

homme austère, taciturne, réservé sinon replié sur lui-même, connut du jour au lendemain, le 29 septembre 1918, un succès tardif mais retentissant lors de la création de la célèbre suite *Les Planètes*, composée de 1914 à 1916. Ce triomphe, qui n'effrayait pas peu le compositeur, fut presque immédiatement relayé par celui de la cantate pour chœur et orchestre *The Hymn of Jesus*, en 1920. L'œuvre, terminée dès 1917, utilisait des textes tirés des *Apocryphes* de saint Jean, traduits par Holst lui-même qui avait appris le grec à cette occasion. Holst n'abandonna ses tâches pédagogiques qu'en 1927, s'efforçant sans cesse d'échapper à la popularité et de prouver au public, aux critiques et aux éditeurs[1] qu'il n'était pas seulement l'auteur des *Planètes* et de l'*Hymn of Jesus*.

Comme ses contemporains, Holst s'intéressait vivement à la musique ancienne et à la *folk music*. Il s'aventura parfois encore plus loin que son ami Vaughan Williams, en particulier dans le domaine rythmique (il affectionnait les rythmes impairs à 5/4 ou 7/4) et dans celui de la polytonalité. Comme lui, il puisa largement dans le trésor des airs traditionnels, entre autres pour la *Somerset Rhapsody* (1907) ou la *Brook Green Suite* (1933). On ne peut douter que *Les Planètes* ne doivent au moins une partie de leur popularité aux talents d'orchestrateur de Holst, qu'on retrouve dans son superbe *Egdon Heath* (1927), à la mémoire de l'écrivain Thomas Hardy. Dans le domaine choral, où Holst excellait également, la très belle *Ode to Death*, sur un texte de Walt Whitman, donne une image saisissante du tempérament grave et serein du compositeur, tout empreint de philosophie orientale. On y trouvera toutefois un contraste étonnant dans l'opéra *At the Boar's Head* (1924), d'après *Henry IV* de Shakespeare et, surtout, dans la brillante comédie musicale *The Perfect Fool* (1923).

---

1. En fait, de nombreuses œuvres de Holst sont encore inédites aujourd'hui.

D'autres compositeurs de sa génération partageaient l'attirance de Holst pour l'orientalisme et l'ésotérisme[1]. Certains comme Granville Bantock (1868-1946), rabelaisien et libre penseur, y trouvaient surtout une source d'inspiration. Cet ami d'Elgar puisa tour à tour dans l'exotisme oriental pour son oratorio *Omar Kayyam* (sur les célèbres poèmes de Fitzgerald) ou son opéra *Pearl of Iran*, dans la mythologie grecque pour le ballet *The Great Old Pan* ou sa *Pagan Symphony*, et dans la tradition celtique de la haute Écosse recueillie par Marjory Kennedy-Frazer *(Hebbridean Symphony)*. Quelque peu marquée de wagnérisme, trop abondante et souvent brouillonne, la musique de Bantock est à l'image du personnage, original, voire farfelu, excessif en toutes choses et, au demeurant, fort sympathique. Chef d'orchestre, Bantock se dévoua aux autres compositeurs britanniques ainsi qu'à Sibelius, qui lui dédia sa Troisième Symphonie.

D'une ampleur bien plus considérable, une autre paire d'amis, Arnold Bax (1883-1953) et John Ireland (1879-1962) relève de la sensibilité romantique anglaise d'Elgar, colorée des reflets de l'impressionnisme. Le cas de Bax est assez curieux : originaire d'une famille aisée du Surrey, doué pour les lettres presque autant que pour la musique, il se prit d'une véritable passion pour la tradition celtique et se fit le champion de l'Irlande au point que ses poèmes indépendantistes furent interdits en 1916. Bax n'avait cependant rien d'un terroriste de l'IRA : grand amateur de cricket et surtout de femmes (en 1910, il poursuivit vainement son coup de cœur du moment, une jeune Russe, jusqu'au fond des steppes), il

---

[1]. Phénomène nullement limité à l'Angleterre comme le montrent, notamment, les exemples de Debussy ou de Scriabine. En revanche, aucun compositeur britannique ne semble avoir été tenté par le mouvement de mystique catholique dont témoignent, entre autres, la conversion d'Aubrey Beardsley ou les œuvres de Frederick Rolfe *(Le Baron Corvo)*.

termina sa vie comme directeur de la King's Music. Il se déclarait lui-même « un romantique invétéré » et précisait : « Presque toutes mes compositions d'une certaine importance et, en tout cas, mes œuvres pour orchestre se fondent sur les aspects et les couleurs des états extrêmes de la nature et sur les émotions qu'ils suscitent en l'homme. » La mer, la forêt brumeuse, la tempête, la fuite incessante de l'horizon des choses et des saisons, inspirent ses sept symphonies (de 1922 à 1939) comme ses poèmes symphoniques *The Garden of Fand*, *Tintagel*, *November Woods* ou *The Tale the Pine Knews*, ainsi que ses très belles *Variations symphoniques*. Son œuvre de chambre (notamment sa terrifiante deuxième sonate pour piano) offre également un grand intérêt, de même, il va sans dire, que ses très nombreuses chansons tirées ou inspirées de la tradition irlandaise. On retiendra également son remarquable motet à cinq voix, *Mater, ora filium* et deux musiques de film : *Malta G C* (1942) et la version *d'Olivier Twist* tournée en 1948.

Comme Bax, John Ireland provenait d'une famille fortunée qui lui permit de disposer, toute son existence, d'une certaine indépendance financière. Au contraire de son ami, cependant, Ireland ne jouait pas au séducteur et sa biographie est sans histoire. Attiré par la magie et la mystique, il se plaisait tout particulièrement dans les îles anglo-normandes dont les légendes lui inspirèrent ses poèmes symphoniques *The Forgotten Rite* ou *Mai Dun* (dont Elgar disait qu'il était la plus belle leçon d'orchestration possible), ainsi que ses mélodies et ses nombreuses pièces pour piano comme *The Island Spell* et *Sarnia*. Excellent pianiste, Ireland fut d'ailleurs l'un des meilleurs compositeurs anglais pour cet instrument, souvent délaissé par ses contemporains ; on en trouve la preuve dans sa sonate et son très remarquable concerto. L'écriture colorée, la fraîcheur, la richesse harmonique et le sens de la polyphonie caractéristiques de Ireland se retrouvent aussi dans ses ouvertures *London* et *Satyricon*.

On ne saurait négliger, enfin, de très belles compositions de musique de chambre : ses trios, ses sonates pour violoncelle et pour clarinette et, surtout, son admirable deuxième sonate pour violon de 1917. Ireland, qui avait étudié au Royal College of Music, y revint comme professeur de composition et se distingua par ses dons pédagogiques. Il eut notamment pour élève Benjamin Britten.

A vrai dire, l'enseignement de John Ireland devait beaucoup moins marquer Benjamin Britten que celui qu'il reçut d'un autre compositeur de la même génération, Frank Bridge (1879-1941), qui y occupe une place tout à fait à part. Rien de plus classique, cependant, que sa carrière : fils d'un chef d'orchestre, il étudia au Royal College of Music avec Standford et mena une vie simple et tranquille dans le Sussex, partagée entre des activités d'altiste dans plusieurs grands quatuors ou de chef d'orchestre (notamment à Covent Garden et aux Prom's) et la composition. L'écriture extrêmement élaborée de sa suite pour orchestre, *The Sea* (1910), frappa si fort Britten, encore enfant, que ce dernier en resta « complètement abasourdi ». Les autres pièces symphoniques composées à la même époque par Franck Bridge, comme *Dance Poem* (1908), *Summer* (1914) et *Lament* (1915) témoignent également d'un langage raffiné qui n'est pas sans quelque parenté avec celui de Delius. Mais le traumatisme de la guerre, le voyage qu'il fit aux États-Unis en 1923 et sa propre réflexion transformèrent profondément ses conceptions à partir du milieu des années 1920. Il se rapprocha alors d'Alban Berg et voua à celui-ci une très grande admiration. Les œuvres qui suivirent (et jusqu'à certains de leurs titres), portent la marque indéniable de la seconde École de Vienne : son troisième quatuor (1926), *Enter Spring*[1] et *There is a Willow aslant a*

---

1. C'est à cette œuvre qu'appartient le motif des célèbres *Variations sur un thème de Frank Bridge* de Benjamin Britten (1937).

Bank, inspiré de la mort d'Ophélie dans *Hamlet* (1927), *Phantasm*, pour piano et orchestre (1932), l'étonnant *Oration* pour violoncelle et orchestre (1935) et sa dernière œuvre, écrite peu de mois avant sa mort, *Rebus* (1940). On s'est demandé (Herbert Howells entre autres) si la seconde manière de Bridge rompait aussi radicalement avec l'esprit de la musique anglaise contemporaine qu'on l'a affirmé, pour l'en louer ou le lui reprocher. En fait, on ne manquera pas d'observer que ce fut par Berg, le plus expressif et le plus « romantique » du triumvirat viennois, que Bridge se sentit attiré, plutôt que par Schoenberg ou Webern. Frank Bridge, dont le soin extrême qu'il apportait à ses œuvres en explique le nombre limité, est l'un des rares compositeurs anglais dont la notoriété, actuellement grandissante, se soit solidement établie sur le continent.

On ne dira qu'un mot d'Arthur Sommerwell (1863-1937), pédagogue, éditeur de folksongs et que rendit célèbre une belle cantate, *Maud* (1898), sur un poème de Tennyson. De ses autres œuvres et, en particulier, de sa symphonie *Thalassa*, le redoutable critique Peter Pirie a écrit que « même Brahms l'eut trouvée vieux jeu ». Mais il serait tentant d'opposer à la patience de Franck Bridge les cinq musiciens turbulents qu'on désigne généralement sous le nom de « la bande de Francfort ». En réalité, hormis le séjour qu'ils firent dans cette ville, leurs opinions véhémentement anti-romantiques (« A bas Beethoven, vive Delius ! ») et leur origine sociale qui les mit tous à l'abri du besoin, ils n'ont pas grand chose en commun. Trois d'entre eux ne présentent du reste qu'un intérêt limité du point de vue musical : Balfour Gardiner (1877-1950), qui fut un compositeur avare, mais un mécène généreux, Norman O'Neill (1875-1934), très proche de Delius, qui donna une cinquantaine de musiques de scène pour Haymarket, et Roger Quilter (1877-1953), auteur de chansons et d'une *Children's Ouverture*, qui sombra dans l'aliénation.

Le quatrième, Cyril Scott (1879-1970), est d'une tout autre envergure. En Allemagne, il devint l'ami du poète Stephan George et ses relations sur le continent lui permirent d'y connaître une notoriété tout à fait exceptionnelle pour un compositeur anglais et de s'y faire surnommer « le Debussy anglais ». Ses « innovations techniques » (suppression des barres de mesure et des armatures tonales, utilisation de dissonances y compris dans une transcription du *God Save the King)* restent plus ostentatoires que véritablement révolutionnaires, mais elles n'en témoignent pas moins d'un esprit curieux, original et inventif. On retiendra particulièrement ses pièces pour piano, sa première symphonie *Heroic Suite*, sa deuxième symphonie (1903), d'un modernisme qu'Elgar n'était pas sans admirer, et son opéra *The Alchemist* (1925). Scott, qui s'intéressait à tout (la naturopathie, l'homéopathie, le spiritualisme) publia une foule d'opuscules, notamment, un essai sur... *Le Vinaigre de cidre*. On y préférera, plus sérieusement, sa belle cantate *Nativity Hymnal* (1914).

Le plus jeune des cinq de Francfort, Percy Grainger (1882-1961), sort quelque peu du cadre de cet ouvrage puisque, Australien d'origine, il fut naturalisé américain en 1914. Élève de Busoni, ami de Delius, on lui doit une foule de transcriptions de *folk songs* ou de pièces diverses (la plus célèbre reste *Handel in the Strand)* et quelques œuvres pour orchestre. Haïssant tous les genres traditionnels, il se fit l'apôtre d'une *free music* pour la composition et la reproduction de laquelle il construisit d'étranges machines, dignes de la science fiction — on peut rêver à ce qu'il aurait tiré des ordinateurs d'aujourd'hui ! Si ses capacités d'arrangeur et, parfois, son humour sont indéniables, il se peut, comme on l'a dit, qu'un « psychanalyste serait meilleur juge de sa personnalité qu'un historien de la musique ». Pervers sexuel, masochiste, complètement mégalomane (il se fit construire son propre musée à Melbourne pour y héberger quelque vingt-six mille lettres et des documents photographiques assez particuliers), il se montrait à la fois anti-latin, antisémite et anti-allemand, prônant la domination d'un race anglo-scandinave de grands hommes blonds aux yeux bleus...

Au point de vue humain, du moins, on lui préférera sûrement un autre excentrique : Gerald Tyrwhitt-Wilson, quatorzième baron Berners (1883-1950), qu'on désigne en général, plus sobrement, sous le nom de Lord Berners. Cet aristocrate, qui fit une carrière dans la diplomatie avant de se retirer sur ses terres, n'avait toutefois rien d'un amateur. En poste à Rome, sa vocation musicale fut encouragée par Casella et par Stravinsky, qui lui reconnaissait un talent exceptionnel. Lord Berners a écrit de nombreuses pièces pour piano dont les titres, au moins, lui valurent le surnom de « Satie anglais » : *Dispute entre le papillon et le canard* (en français dans le texte), *Pour un canari*, *Pour une riche tante*, etc. Son opéra en un acte d'après Mérimée, *Le Carrosse du Saint-Sacrement* fut créé à Paris en 1923. Il composa également plusieurs ballets dont *The Triumph of Neptune*, que Diaghilev monta en 1926. Un autre ballet de Lord Berners, *A Wedding Bouquet*, figure toujours au répertoire. On doit à Lord Berners une très drôle *Fantaisie espagnole*, véritable anthologie satirique de toutes les « espagnolades » auxquelles se complurent tant de compositeurs célèbres.

A l'autre extrémité de l'échelle sociale, Havergal Brian (1876-1972), issu d'un milieu ouvrier où l'on pratiquait le chant choral, débuta dans la vie comme apprenti menuisier. Musicien-né, autodidacte, la composition l'attira très vite de manière irrésistible ; il quitta son emploi et survécut grâce à de « petits emplois ». En 1907, son *English Suite* lui valut l'estime d'Elgar et l'attention du milieu musical. Deux ans plus tard, un mécène lui donnait les moyens de se consacrer entièrement à la musique. Il se lia d'amitié avec Granville Bantock, en compagnie de qui il fonda un groupe non conformiste dénommé *Step off the pavement* (Débarrassez le plancher). Son énorme *Gothic Symphony* (qui demandait un effectif de quelque sept cents exécutants) et son opéra *The Tigers*, entre autres, le firent alors considérer comme l'un des grands espoirs de la musique anglaise. Mais Brian, d'un caractère difficile, porté sur la boisson, s'aliéna beaucoup de sympathies et, après la mort de son protecteur, en 1923, il retomba peu à peu dans l'obscurité. Il devait toutefois connaître une seconde carrière à partir des années 1950, quand la critique crut redécouvrir en lui un génie méconnu, sinon persécuté. De 1951 à 1968, de nouveau joué et fêté, Brian ne composa pas moins de quatre opéras, vingt-cinq symphonies et quelques autres œuvres en tout genre. Son écriture n'avait cependant pas sensiblement évolué depuis l'époque de sa première célébrité ; il conservait notamment une prédilection, dispendieuse et très post-romantique, pour les grandes masses chorales et orchestrales. Ce regain de faveur semble assez affaibli aujourd'hui, mais Havergal Brian compte encore des partisans.

Un autre compositeur de cette génération, Samuel Coleridge Taylor (1875-1912) connut lui aussi, mais sans retour, l'infortune de sombrer dans l'oubli après une brève période de gloire intense. Ce musicien de couleur, né d'un père originaire d'Afrique occidentale et d'une mère anglaise, avait étudié auprès de Stanford au Royal College of Music avant de se consacrer à la pédagogie et à la direction. La première des trois cantates de son cycle *Hiawatha* (1900), créée par Richter le même jour que le *Gerontius* d'Elgar, lui valut une célébrité immense et immédiate. Aucune de ses œuvres postérieures, notamment un concerto pour violon, une ballade pour orchestre, des musiques de scène et *24 negro melodies*, toutes assez marquées par Dvorak, ne recueillit pourtant la faveur du public et Taylor mourut oublié. Le cas de son cadet, Benjamin Dale (1885-1943) est plus mystérieux. A vingt ans, encore étudiant, il composa l'une des plus remarquables sonates pour piano de son temps qui, en dépit de sa structure assez proche de celle de Liszt, révélait une force et une inspiration peu communes. Sa suite pour alto pour piano (1907), puis son *Introduction et andante pour six altos* (1911) et son cycle sur les poèmes de Rossetti, *Before the Paling of the Stars* (1912), laissaient également augurer un musicien tout à fait exceptionnel. Le doute ne tarda toutefois pas à paralyser Dale, qui se limita par la suite à des œuvres d'une ambition très modeste.

Le doute n'embarrassa guère deux compositeurs, nés la même année, qui entreprirent presque simultanément de donner au grand opéra allemand ses lettres de naturalisation et qu'on surnomma l'un et l'autre « le Wagner anglais » : Rutland Boughton (1878-1960) et Joseph Holbrooke (1878-1958). Fils d'un petit épicier d'Aylesbury, Boughton travailla dès l'âge de quatorze ans comme grouillot dans une agence de concerts, mais sa participation à la vie musicale locale attira l'attention du député de sa circonscription qui paya ses études au Royal College of Music, où il travailla avec Stanford. Tout jeune, Boughton avait conçu l'idée de grands cycles d'opéras à la manière wagnérienne, d'abord sur la vie du Christ, puis sur la légende du roi Arthur. Pour son Bayreuth celtique, Boughton choisit naturellement Glastonbury, au centre de la légende arthurienne et y donna, dès 1913, la première partie du cycle, *The Birth of Arthur*. La « Pentalogie » [1] de Boughton ne fut jamais donnée intégralement, mais deux de ses opéras, *Bethelehem* (1914) et *The Immortal Hour* (1915) remportèrent un succès considérable ; repris à Londres, ils battirent tous les records du box-office jusqu'en 1939 et tombèrent ensuite dans l'oubli. En fait, le « Wagner

---

1. *The Birth of Arthur, The Round Table, The Lily Maid, Galahad* et *Avalon*.

anglais » était fort peu wagnérien et ne se voulut jamais tel ; en bon anglais, il tira souvent son inspiration du *folk song* et considérait que l'utilisation massive des chœurs constituait le fondement d'un opéra national. Il ramenait ainsi ce dernier à la forme, quelque peu usée, de l'oratorio traditionnel. Boughton était un compositeur prolifique ; outre ses nombreux autres opéras, on lui doit, entre autres, deux ballets, trois symphonies, huit ouvertures ou poèmes symphoniques et cinq concertos qui n'eurent guère la faveur du public ni de la critique. Bernard Shaw n'épargna guère ce personnage agité, confus, du reste sincère et sympathique, à qui, dans la notice demandée par le *Who's who*, il conseillait de remplir ainsi la rubrique « distraction préférée » : « Se faire séduire par ses jeunes élèves. » Shaw partageait cependant les convictions d'extrême gauche de Boughton, membre du parti communiste britannique, qui avait célébré la fameuse grève générale de 1926 par un ballet : *May Day*[1].

Outre le surnom de « Wagner anglais » (et même de « Wagner cockney », c'est-à-dire l'équivalent londonien d'un « Wagner parigot »), on donna également à Joseph Holbrooke ceux de « Moussorgsky anglais », « Strauss anglais », « Berlioz anglais »... Ce dernier qualificatif provient sans doute de la propension d'Holbrooke à utiliser des masses instrumentales énormes et des instruments inusités tels que l'accordéon ou le sarrusophone[2] à la recherche duquel il fit tout exprès le voyage de Paris en compagnie de Sir Thomas Beecham. S'il se montra très actif dans la défense de la musique et des

---
1. Calembour sur « jour de mai » (la grève générale avait été lancée le 3 mai 1926) et « *Mayday* », signal de détresse utilisé par convention dans les communications en phonie.
2. Instrument à vent fabriqué en France par Sarrus au milieu du XIXe siècle. Il en existait dans tous les registres, mais il s'agit sans doute du plus grave, dont le registre était à peu près le même que celui du contrebasson.

musiciens britanniques, il n'en fut pas moins fortement influencé par les Allemands, Wagner et Strauss en particulier. Fils d'un professeur de musique, il étudia à la Royal Academy of Music avec Frederic Corder et obtint un succès immédiat avec ses oratorios *Queen Mab* (1900) et *The Bells*, donné en 1906 au festival de Birmingham en même temps que *The Apostles* d'Elgar. Le grand critique Ernest Newman écrivit que ce jeune compositeur constituait désormais « un élément fondamental de la renaissance de la musique britannique ». De plus, Holbrooke eut la chance de se faire remarquer par un grand mécène, Lord Howard de Walden, qui lui assura une vie très confortable et composa les livrets de sa trilogie celtique *The Cauldron of Annwyn*, formée des opéras *The Children of Don*, *Dylan* et *Bromwen*, représentés respectivement en 1912, 1914 et 1929. L'œuvre de Holbrooke est gigantesque à tous les sens de ce mot : son poème symphonique *Apollo and the Seamen*, outre les énormes difficultés accumulées comme à l'ordinaire par le compositeur, s'accompagnait de projections lumineuses. Dans son immense catalogue (symphonies et poèmes symphoniques, ballets, etc.), où plusieurs titres témoignent de l'inspiration d'Edgar Poe, on remarquera aussi quelques intéressantes pièces de musique de chambre, notamment le quatuor dit *Pickwick* (1911). Avec beaucoup de sévérité, Sir Thomas Beecham, qui le connaissait bien, le jugeait comme « un musicien naturellement doué, mais handicapé par des conceptions esthétiques défaillantes et un un manque total de sens critique ». Il n'est cependant pas certain que Joseph Holbrooke, tout provocateur et mégalomane qu'il soit, mérite la disgrâce totale qui succéda à sa célébrité.

On ne constate guère de rupture[1] entre les musiciens

---

1. On pourrait même prendre pour des contemporains de Parry certains compositeurs secondaires, tels que George Dyson (1883-1968), directeur du Royal College of Music et auteur d'intéressants *Canterbury Pilgrims*, inspirés de Chaucer.

nés dans les dernières années du siècle et la génération de Vaughan Williams mais, au contraire, un mouvement profond, durable, qui continue et élargit les acquis de ce musicien et d'Elgar. Bien que les intéressés s'en soient toujours défendus et qu'il n'existe aucune similitude avec les compositeurs « nationaux » d'Europe centrale et orientale, il ne semble pas exagéré de parler d'une véritable école anglaise. Chacun avec son tempérament et selon son talent, les compositeurs britanniques se reconnaissent à un lyrisme tiré à la fois du sentiment romantique de la nature et de la tradition populaire. Dans leur immense majorité, s'ils montrent une grande liberté de langage, ils ne renient pas pour autant la tonalité. Il est significatif que la seule exception notable soit celle d'un musicien d'origine néerlandaise, Bernard Van Dieren (1884-1936). Cette personnalité un peu étrange, familière des cercles artistiques mais presque inconnue du grand public, exerça une certaine influence, voire une réelle fascination sur plusieurs musiciens de son temps. Sans pour autant se soumettre aux conceptions de Schoenberg, dont il était très averti, il emploie une écriture si complexe, si chromatique que les bases tonales de ses partitions paraissent souvent brouillées. Le lyrisme de son pays d'adoption reste cependant perceptible dans ses œuvres, dont la plupart sont malheureusement épuisées ou inédites et qui comprennent, entre autres, un opéra *The Tailor*, une symphonie « chinoise », des quatuors à cordes et une très belle pièce pour voix et dix-sept instruments sur un sonnet de Spencer.

C'est sans doute Philip Heseltine qu'il impressionna le plus. Né en 1894, écrivain, critique musical, musicologue, Heseltine était un spécialiste du XVIe et du XVIIe siècles ; il publia notamment, en collaboration avec son ami et confrère Cecil Gray, un *Carlo Gesualdo, Musician and Murderer* (Carlo Gesualdo, musicien et assassin). Ami de D. H. Lawrence, celui-ci le représenta sous les traits de Halliday dans *Women in Love*. Personnalité indécise, divisée, tourmentée, il était attiré par le celtisme, l'occultisme et l'astrologie. Il noua des relations très étroites avec Delius, qu'il considérait comme son père spirituel et à qui il s'ouvrit de son désir de composer. « Tournez-vous vers la musique, mon cher garçon, lui répondit celui-ci, elle seule vous apportera la vraie satisfaction. » Philip Heseltine suivit le conseil de Delius et, sous le pseudonyme révélateur de Peter Warlock (« Pierre le sorcier »), entreprit une seconde carrière. Son œuvre n'est pas considérable et, en dehors de sa *Capriol Suite*, elle ne comprend guère qu'une centaine de mélodies. Elle n'en force pas moins l'admiration par une sobriété de moyens qui permet au musicien d'atteindre une intensité dramatique à la limite de l'insoutenable. Son chef-d'œuvre demeure le cycle *The Curlew* (Le Courlis, 1923), sur les poèmes de Yeats, où la voix est accompagnée par une flûte, un cor anglais et un quatuor à cordes. Éric Fenby en disait : « C'est la musique la plus triste que je connaisse. » Peter Warlock se suicida en 1930. On lui associera un autre miniaturiste, Charles Wilfred Orr. Celui-ci ne composa guère qu'une trentaine de mélodies qui, sans atteindre au talent exceptionnel de Warlock, n'en sont pas moins de très grandes réussites.

L'opiniâtreté avec laquelle les musiciens britanniques de cette époque[1] s'opposèrent, parfois en les digérant, aux techniques d'écriture « modernistes » venues du continent trouve une illustration particulièrement frappante dans le cas de trois compositeurs d'importance et de conceptions au demeurant très diverses : Herbert Howells, Ernest Moeran et Arthur Bliss.

Herbert Howells (1892-1982), originaire du Gloucestershire travailla au Royal College of Music avec Stanford qui, pour une fois affectueux, l'appelait « mon fils en musique ». Howells n'en ressentit pas moins fortement

---

[1]. L'exemple contemporain du groupe français des Six montre que cette tendance n'était pas exclusive à la Grande-Bretagne.

l'influence de Van Dieren, de Warlock et des impressionnistes. Auteur de mélodies pseudo-folkloriques nettement modales, d'une partition pour orchestre, *The B's* (1914), dans la manière des *Enigma Variations* et de pièces de musique de chambre, il consacra cependant une grande partie de son activité à la musique d'église : motets, anthems et services, dont le plus connu reste le *Collegium Regale* (1945) et le *Stabat Mater* de 1963. Pour ses services, il utilise la structure préconisée par Stanford, dans laquelle les différentes parties de l'office s'organisent autour d'un thème central. Leur style paraîtrait conservateur, voire répétitif, si l'on ne constatait, derrière le classicisme des formes, une foule de détails novateurs dans l'harmonie, la rythmique, la recherche des couleurs sonores.

Ernest Moeran (1890-1950), d'origine anglo-irlandaise, commença au Royal College of Music des études que la guerre interrompit. Cet ami très proche de Peter Warlock, qui montra lui-même une certaine instabilité, puisa avec éclectisme dans toutes les sources d'inspirations que son époque lui offrait et, principalement, dans les *folk songs* du Norfolk (qu'il contribua à recueillir) et dans un sentiment très vif de la nature. L'écriture de Moeran, solide et lyrique, d'une humanité sans prétention, témoigne néanmoins d'une personnalité bien affirmée, qu'il s'agisse de ses deux pièces pour orchestre de 1935 *Whythorne's Shadow* et *Lonely Waters*, de sa Symphonie en *sol* mineur (1937), de sa Sinfonietta (1939), de son concerto pour violon ou de celui qu'il composa pour sa femme, la violoncelliste Peers Coetmore.

Le plus important de tous, Arthur Bliss (1891-1975), fut d'abord un enfant terrible. Après des études au Royal College of Music et l'épeuve des tranchées (où il n'avait pas oublié d'emporter son gramophone et ses partitions), il s'était lié avec Van Dieren dont il partageait le goût pour les arts plastiques et l'intérêt pour le modernisme. Dans ses premières œuvres importantes, *Madame Nay*

(1918), *Rout* (1919, il utilise volontiers la forme de la voix soliste accompagnée par un petit ensemble instrumental, manifestement apprise de Schoenberg. Mais Bliss, romantique malgré lui, éprouvait en même temps une immense admiration pour Elgar — qui la lui rendait bien. Dès 1922, il céda à sa pente naturelle avec sa *Colour Symphony* (quatre mouvements : Pourpre, Rouge, Bleu, Vert...). Il y restera fidèle dans la suite de son œuvre très abondante, variée, stimulante et dynamique, jamais répétitive ni ennuyeuse, depuis la pastorale pour mezzo-soprano et petit orchestre, *Lie Strew the White Flocks* (1928), jusqu'au concerto pour violoncelle composé pour Rostropovitch en 1970, en passant par sa très elgarienne musique pour cordes (1935), son ballet *Miracle in the Gorbals* (1943), sombre et puissant, ou sa remarquable *Meditation on a Theme of John Blow* (1955). Bliss a moins réussi dans l'opéra, en dépit de la collaboration de J. B. Priestley pour *The Olympians* (1949). Il a écrit la musique de nombreux films, notamment celle de *The Shape of Things to Come*, dont H. G. Wells était le scénariste. Une certaine partie de la critique ne pardonna jamais à Arthur Bliss sa rupture avec la seconde École de Vienne et son retour au conservatisme. On ne peut cependant nier que le mot de Vaughan Williams, cité plus haut : « Il faut d'abord être soi-même », ne convienne particulièrement à Bliss dont l'affinité de plus en plus profonde avec Elgar ne brida jamais la personnalité. A sa mort, Arthur Bliss occupait la charge de maître de la Musique de la reine et il avait composé, à ce titre, une foule de pièces de circonstances très réussies.

Il serait injuste de tourner la page sur les musiciens anglais nés dans les dernières années du XIXe siècle sans évoquer trois d'entre eux, morts trop jeunes, qui auraient sans doute compté parmi les premiers de leur génération. George Butterworth, né en 1885, avait étudié avec un compositeur mineur, Thomas Dunhill (1877-1968) et rempli quelque temps les fonctions de critique musical au *Times*. Son intérêt le portait non seulement vers le *folk song*, mais aussi vers les danses traditionnelles anglaises (les *morris dances*), qu'il se voua à recueillir. Il s'en inspira dans sa rhapsodie *A Shropshire Lad*, sa non moins belle idylle pour petit orchestre *The Banks of Green Willow*, ses chansons du Sussex et ses deux cycles de mélodies sur les poèmes de A. E. Housman. Il donna à Vaughan Williams l'idée de la *London Symphony*, dont il fut le dédicataire. George Butterworth fut tué en 1916 par un tireur allemand isolé.

William Baines, né en 1899, mourut de tuberculose à vingt-trois ans, en 1922. En dépit de sa courte vie, il a laissé une œuvre importante, écrites dans un langage mûr et très personnel, d'une poésie à la fois fraîche et raffinée : une symphonie en *ut* mineur, un poème de concert pour piano et orchestre, un bref, mais très beau morceau symphonique, *The Island of Fay*, ainsi qu'un grand nombre de pièces pour piano et de musique de chambre, encore inédits.

Le destin d'Ivor Gurney fut peut-être plus tragique encore. Né en 1890 à Gloucester dans une famille d'artisans aisés, il étudia auprès du Dr Brewer, organiste de la cathédrale et y fit la connaissance de son compatriote, Herbert Howells (qui lui dédia un quatuor pour piano et cordes). Entré au Royal College of Music en 1911, il se heurta durement à Stanford, dont tout le séparait. La guerre interrompit ses études, qu'il reprit à son retour du front en 1917, après avoir été sévèrement gazé. Dans les tranchées, il avait écrit deux excellents recueils de poèmes dont il ne mit cependant qu'un petit nombre en musique, leur préférant ceux de A. E. Housman pour ses cycles *Ludlow and Teme* et *Western Playfield* ou les poètes du XVIe siècle pour ses *Five Elisabethan Songs*. Avec ses autres chansons, ses pièces de musique de chambre, sa *Gloucester Rhapsody*, son œuvre est celle d'un mélodiste au talent tout à fait exceptionnel. Malheureusement, sans doute à la suite de son exposition aux gaz pendant la guerre, la santé mentale d'Ivor Gurney se dégrada progressivement et, en 1922, il fallut l'interner dans une clinique psychiatrique. Il y mourut quinze ans plus tard, en 1937.

XVI

Let's make an opera
La génération de Britten

Pour arbitraire qu'elle soit, la ligne tracée entre compositeurs nés avant et après 1900 indique du moins un changement très sensible des conditions dans lesquelles la sensibilité de la nouvelle génération se forma. A l'enseignement de Stanford, qui régnait au Royal College of Music depuis plus de quarante ans, succédait celui d'un John Ireland (resté cependant assez conservateur), d'un Vaughan Williams et, surtout, d'un homme comme Reginald Owen Morris (1886-1948); tout le contraire d'un dogmatique, ce remarquable pédagogue préférait aux traités classiques le travail sur les partitions de l'âge d'or élisabéthain, dont on sait l'extrême liberté de formes et d'écriture. Ceux qui commençaient leur carrière au cours de cette période, dont le nom d'« entre-deux-guerres » décrit exactement le climat politique, ne considéraient plus les propositions de la seconde École de Vienne (atonalisme, dodécaphonisme, sérialisme) comme des innovations surprenantes ou scandaleuses. Si le public continuait à s'en effaroucher, il s'agissait pour les professionnels d'un système connu et compris qu'on choisissait d'adopter, de rejeter ou, plus subtilement, d'utiliser à sa convenance. Du reste, le monde de leurs vingt ans offrait aux jeunes musiciens bien d'autres stimulations : l'exotisme, Stravinsky, le jazz, le Groupe des Six (tellement apprécié en Angleterre que la presse se moquait de la mode de *Back to Bach* ou de ces « Mozart avec fausses notes »), sans oublier les compositeurs nordiques (Nielsen et Sibelius, entre autres) avec qui on se reconnaissait une lointaine mais authentique parenté.

Quelques traits de caractère mis à part, le cas de l'un de ces jeunes musiciens anglais, Constant Lambert, semble constituer une véritable anthologie des tendances, parfois contradictoires, de sa génération. Né en 1905, il travailla au Royal College of Music avec Vaughan Williams et ressentit l'influence des idées nouvelles de Van Dieren. Ce *golden boy* volontiers provocateur, à la forte personnalité (on a souvent dit de lui qu'il était byronien), fréquentait le groupe de Bloomsbury, entre autres Édith et ses deux frères Osbert et Sacheverell Sitwell, dont l'œuvre et l'action poétiques appartiennent autant à l'histoire musicale qu'à l'histoire littéraire de l'époque. Constant Lambert se passionnait pour le jazz, l'exotisme (l'actrice Anna May Wong, dont il tomba amoureux, lui inspira huit « chansons chinoises ») et son penchant le portait bien plus du côté français et latin que du côté germanique. Critique musical, directeur du Sadler's Well Ballet de 1931 à 1947, il a laissé une œuvre intéressante et originale tout en se définissant lui-même comme « un bon compositeur de second ordre » : le ballet *Romeo and Juliet* pour Diaghilev en 1926, la *Music for Orchestra* et *Elegia Blues* au titre révélateur en 1927 puis, en 1929, son grand succès *The Rio Grande*, cantate pour contralto, chœur, piano et orchestre sur un poème de Sacheverell Sitwell, très marquée par le jazz. La même année, Constant Lambert donnait une sonate pour piano et, en 1931, un concerto pour cet instrument dédié à la mémoire de Peter Warlock. En 1937, c'était le tour d'une œuvre curieuse, une suite en sept mouvements pour baryton, chœur et orchestre : *Summer's Last Will and Testament,* sous-titrée « Masque » et qui, sur des textes du poète élisabéthain Thomas Nashe (1567-1601), narrait la grande peste de 1592. Certains critiques déchirèrent à belles dents cette œuvre déconcertante, composite, que Constant Lambert préférait entre toutes. « Ce musicien n'a même pas de compétence en matière de musique », déclara l'un d'eux. Toujours impuissante à classer Lambert, la critique ne fut pas plus tendre pour son ballet *Tiresias* (1951), pourtant assez apprécié du public. A la suite de cet échec, Constant Lambert, depuis longtemps alcoolique, s'enivra plus encore que de coutume et mourut d'une crise de delirium tremens le 21 août 1951.

Music Ho! A Study of Music in Decline, ouvrage de réflexion publié par Constant Lambert en 1934, reste un témoignage capital, encore que souvent paradoxal, sur l'état d'esprit de l'auteur, partagé par bien d'autres musiciens anglais de l'époque. Il est même si caractéristique de cette dernière que Constant Lambert, quand il le réédita en 1948, se déclara incapable de mettre à jour un livre aussi daté. Lambert y dénonçait tout ensemble « le pastiche volontaire et stérile d'une ancienne tradition et la non moins vaine concentration sur les aspects purement mécaniques et objectifs de l'art musical ». Il visait ainsi à la fois les jusqu'au-boutistes du *folk song,* qui faisaient de celui-ci un rempart contre toute innovation, et les disciples de Schoenberg, qu'il déclarait foncièrement étranger à l'esprit de la musique anglaise et mettait très en dessous de Duke Ellington, Elgar et Sibelius. Venant d'un compositeur qui s'était trouvé à la tête d'une inévitable réaction contre Elgar dans le courant des années 1920 et qui passait, bien à tort, pour un dangereux avant-gardiste, ces propos ne pouvaient que surprendre. Lambert adjurait les musiciens de rester fidèles à leur « sang musical » et les seules réserves qu'il maintenait à l'encontre d'Elgar portaient sur les influences allemandes qu'on pouvait y déceler.

Dans son livre, Constant Lambert s'inquiétait également du danger que les nouveaux moyens de reproduction sonore faisaient peser sur la musique vivante et le risque de voir disparaître le public moyen, rebuté par les tendances intellectualistes de certains compositeurs et, plus encore, des critiques britanniques. « Quand j'ai monté *The Fairy Queen*, affirmait-il, l'appréciation la plus intelligente et la plus chaleureuse que j'aie reçue ne provenait pas d'une source académique, mais de mon marchand de fruits et légumes. »

En cela du moins, les craintes de Constant Lambert restaient vaines. Par rapport à la plupart des pays du continent, les institutions musicales britanniques marquèrent même un temps d'avance. Au lendemain de la guerre, cinq grands orchestres [1] donnaient des concerts réguliers à Londres et il fallut même créer un comité, le « London Orchestral Concert Board », pour coordonner les programmes. Une nouvelle espèce de festivals était apparue, très différente des rassemblements traditionnels de Leeds, de Birmingham ou des Trois Chœurs : les « festivals de célébrités », comme ceux de Glyndebourne (1934), d'Édimbourg (1947) ou d'Aldeburgh, fondé par Britten en 1948. Devant l'accroissement du coût de la musique (lui-même redevable en grande partie de l'amélioration notable des revenus des musiciens), on avait constitué en 1940 un grand organisme de soutien public, le « Council for the Encouragement of Music and Arts », présidé par l'illustre économiste John Maynard Keynes. Dès 1946, la BBC créait la première chaîne

---

1. Le Royal Philharmonic Orchestra de Sir Thomas Beecham, le London Philharmonic Orchestra, le London Symphonic Orchestra, l'orchestre de la BBC et le (New) Philharmonia de Walter Legge, créé à l'origine pour l'enregistrement de disques, mais qui ne tarda pas à donner des concerts publics.

radiophonique essentiellement consacrée à la musique, The Third Programm (le Troisième Programme). Enfin, on constatait le développement rapide d'un nouveau public, attiré par des œuvres à la frange du classique et de la musique de genre, telles que le *Concerto de Varsovie*, de Richard Addinsell, extrait de la bande sonore du film *Dangerous Moonlight*, dont la popularité fut extraordinaire.

Les faits semblent donner raison à Constant Lambert quand il affirmait, sans pour autant manifester la moindre xénophobie vulgaire, que les principes de la seconde École de Vienne demeuraient tout à fait étrangers à l'esprit de la musique anglaise. A de rares exceptions près, tous les compositeurs qui adoptèrent ces principes étaient soit d'origine, soit de formation continentale. Ainsi Roberto Gerhard (1896-1970), compositeur hispano-suisse, ancien élève de Granados, de Pedrell et de Schoenberg, qui s'installa en Angleterre lors de la guerre d'Espagne, en 1938. Dodécaphoniste convaincu, on lui doit des symphonies, des quatuors, des concertos pour piano ou d'autres instruments et un opéra *The Duenna*, dont le sujet appartient bien, en revanche, à la civilisation britannique, puisqu'il s'agit d'une adaptation de la pièce de Sheridan, déjà mise en musique par Thomas Linley II en 1775. Il est vrai que Prokofiev avait, quelques années avant Gerhard, choisi le même sujet pour ses *Fiançailles au couvent* (1940). Mátyás Seiber (1905-1960), élève de Kodaly, qui arriva en Grande-Bretagne en 1935, y fut accueilli par la critique d'avant-garde comme le « sauveur de la musique anglaise ». Ce musicien de talent, prématurément disparu dans un accident en Afrique du Sud, pratiquait un subtil mélange d'écritures, juxtaposant tonalité et dodécaphonisme dans sa cantate *Ulysses* (sur un texte de James Joyce) ou son *Elégie* pour alto et y ajoutant le jazz, voire le folk song comme dans son *Improvisation pour jazz band et orchestre* ou son ballet *The Invitation*. Professeur au Royal College de Music, il y eut notamment pour disciple Peter Racine Fricker (né en 1920) qui tenta lui aussi de marier le sérialisme avec une expression plus personnelle et plus lyrique dans ses symphonies, ses quatuors et, surtout, sa pièce chorale *The Vision of Judgement*. Peter Racine Fricker, installé aux États-Unis depuis 1964, y rejoignit un Écossais, Ian Hamilton (né en 1922) qui s'y était fixé dès 1960. Après des études d'ingénieur, cet Écossais s'inscrivit au Royal College of Music et commença sa carrière de musicien par des œuvres très tonales : des variations pour orchestre à cordes, des symphonies et des pièces de musique de chambre. En 1955, il se tourna vers la musique sérielle, mais la suite de son parcours (qui ne relève pas de l'histoire de la musique anglaise) semble marquer un nouveau revirement vers la tonalité, comme le montre son opéra *The Royal Hunt of the Sun* (1968).

Le représentant le plus pur et le plus dur de la seconde École viennoise *in partibus* fut sans doute une femme, Élisabeth Lutyens (1906-1983). Elle étudia l'alto et la composition au Royal College of Music, puis auprès de Georges Caussade au Conservatoire de Paris. A partir de 1936, elle prit complètement le parti de l'écriture sérielle — tout en déclarant, plus tard, qu'elle n'irait pas aussi loin que Boulez ou Stockhausen. La première œuvre importante où elle manifesta son ralliement à l'École viennoise fut son deuxième quatuor, en 1939, que suivirent près de deux cents partitions de toute nature, entre autres *O saisons, ô châteaux* (1946), un motet sur le *Tractatus Logicus-Philosophicus* de Wittgenstein, des quatuors, des pièces symphoniques, des opéras de chambre, etc. Une autre compositrice, Priaulx Rainer, originaire d'Afrique du Sud où elle était née en 1903, alla travailler avec Nadia Boulanger après ses études à la Royal Academy of Music. La plupart de ses œuvres, comme *The Greek Epigrams* (1957), sont également marquées par une structure atonale et l'emploi des agrégats de sons. Une troisième compositrice, d'origine irlandaise, Élisabeth Maconchy, née en 1907, qui étudia avec Vaughan Williams, puis au Conservatoire de Prague, n'alla pas aussi loin. Dans ses quatuors et ses opéras en un acte, elle utilise une écriture contrapuntique très resserrée, qui confère à sa musique une certaine aridité.

Enfin, les œuvres de Benjamin Frankel (1906-1974) et de Humphrey Searle paraissent témoigner de l'extrême difficulté rencontrée par les compositeurs anglais pour renoncer tout à fait aux techniques classiques d'écriture. Benjamin Frankel, autodidacte, fut d'abord un compositeur de musique de films et un arrangeur habile. Son concerto pour violon et orchestre, qui remporta un vif succès, ses sept symphonies et ses quatuors, d'écriture en principe dodécaphonique, n'en restent pas moins coulés dans les formes classiques du genre et l'on y sent le compositeur comme invinciblement attiré autour du pivot de la tonalité. Le cas de Humphrey Searle (né en 1915) est encore plus frappant. Il étudia avec John Ireland, puis s'inscrivit au Conservatoire de Vienne et prit des cours privés avec Webern. Son concerto pour piano (1944) révèle un tempérament romantique proche de celui d'un Mahler ou d'un Berg. En 1946, cependant, Searle se convertit au dodécaphonisme. Mais, qu'il s'agisse de sa trilogie pour récitant, chœur d'hommes et orchestre *Gold Road Customs*, *The Shadow of Cain* (texte d'Édith Sitwell) et *The Riverrun* (texte de Joyce), de ses symphonies, de ses opéras (notamment *Le Journal d'un fou*, d'après Gogol), la structure de la forme sonate, l'expressivité, les réminiscences de Liszt (à qui Searle a consacré un important ouvrage) semblent s'écarter sans cesse de la ligne assignée par le disciple de Webern.

Les musiciens anglais attachés à la tonalité et aux formes classiques apparaissaient, eux aussi, fort divers. Hormis quelques mineurs, c'est Edmund Rubbra (1901-1986) qui personnifie le mieux le personnage du compositeur conservateur, attaché à la tradition par le double lien de la polyphonie élisabéthaine et du *folk song*. Issu d'une famille modeste, Rubbra, après ses études avec Cyril Scott, Holst et R. O. Morris dut exercer divers métiers avant de se pouvoir se consacrer entièrement à la musique. Professeur, conférencier, journaliste, membre d'un trio qui portait son nom, il ne commença véritablement à composer qu'à la fin des années 1930. Son œuvre comporte une dizaine de symphonies (dont la plus intéressante est la cinquième, écrite en 1949), un Concerto pour alto et orchestre et une Symphonie concertante, de la musique de chambre et de nombreuses pièces vocales, en particulier un *Gloria*, des messes, des cantates et des motets fort appréciables. Pour Rubbra, marqué par les philosophies orientalistes et l'occultisme de Madame Blavatsky, le respect de la tradition n'était pas seulement un choix d'écriture, mais une attitude métaphysique. « Les vrais réactionnaires, disait-il, sont ceux qui réagissent contre la tradition. » Reprenant l'antique conception pythagoricienne, il estimait que composer, c'était redécouvrir l'ordre caché du monde.

Parti de prémisses foncièrement différentes, Alan Bush arrivait, par la voie du marxisme militant, à des conceptions très voisines. Né en 1900 dans une famille de la classe moyenne, naturiste, occultiste et « teetotaliste » [1], il avait étudié à la Royal Academy of Music avec Frederic Corder et pris des leçons particulières avec John Ireland. Dès 1924, il adhéra au parti travailliste indépendant et, en 1935, au parti communiste britannique. Un séjour à Berlin, en 1929, pour y étudier la musicologie, où il s'était trouvé le voisin de Bertolt Brecht, ne l'avait ancré que davantage dans ses convictions. Dans ses concertos, ses symphonies, ses quatuors, les règles de la musique selon Staline ne parviennent cependant pas toujours à étouffer un robuste talent. En 1948, son adhésion aux conclusions de Jdanov sur la « musique du peuple »

---

1. C'est-à-dire prêchant l'abstention absolue de toute boisson alcoolisée.

paracheva l'engagement esthétique d'Alan Bush. Les quatre opéras réalistes et militants qui suivirent, *Wat Tyler* en 1953, *Men of Blackmoor* en 1956, *Sugar Reapers* en 1966, *Joe Hill* en 1970 n'ajoutent pas à la gloire d'un compositeur qui méritait sans doute mieux que des succès d'obligation dans les salles de la DDR et des pays de l'Est.

Hormis Rubbra et Bush, toutefois, la plupart des compositeurs fidèles à la tradition ne s'inspiraient, en cela, d'aucune idéologie. Gérald Finzi (1901-1956) disposait des moyens qui lui épargnèrent toujours le souci du pain quotidien. Fort doué, il s'était contenté de leçons particulières avec R. O. Morris et se sentait également attiré par ses cours à la Royal Academy of Music et la vie à la campagne, où il excellait à la culture des pommes. Sa modestie, son goût pour la nature (et, bien sûr, du folklore) se retrouvent dans son œuvre, mélodieuse et souvent pastorale : son concerto pour clarinette et son concerto pour violoncelle, toujours très appréciés des virtuoses de ces instruments, ses belles mélodies sur des poèmes de Thomas Hardy ou ses œuvres vocales et chorales comme *Dies Natalis* (sur un texte de Traherne), *Intimations of Immortality* (Woodsworth) ou *Let us Garland brings* (Shakespeare). Il en est de même de Lennox Berkeley né en 1903, qui avait passé ses années de formation à Paris, de 1928 à 1933, où il avait travaillé avec Nadia Boulanger et fréquenté le Groupe des Six. On doit à Berkeley, catholique pratiquant, un tel oratorio, *Jonah*, et de nombreuses pièces de musique sacrée. Dans le domaine profane, on retiendra son concerto pour deux pianos, ses symphonies (en particulier la troisième, de 1969) et son opéra *Nelson*, fort attaqué par la critique d'avant-garde. Benjamin Britten estimait beaucoup ce compositeur à l'écriture solide et claire. Il fit monter deux opéras de chambre de Berkeley, *A Dinner Engagement* et *Ruth*, par son English Opera Group et collabora avec lui pour la suite de danses catalanes *Mont Juic*. De non moins solides qualités caractérisent l'œuvre de William Alwynn, né en 1905, qui, en dehors de nombreuses musiques de films, fort bien écrites, a composé entre 1949 et 1973 cinq belles symphonies que leur climat, souvent mystérieux, et leur originalité classent parmi les meilleures de son école.

Si les compositeurs de « l'avant-garde » britannique ne parviennent pas toujours dissimuler leurs attaches avec la tradition, le cas d'Alan Rawsthorne (1905-1971) est exactement inverse. Par les genres dans lesquels il choisit de composer et les principes généraux de son écriture, il appartient à la tradition classique. En revanche, notamment dans ses six cantates et ses *Études symphoniques* (1939), la perception de la tonalité s'affaiblit jusqu'à se perdre parfois. Alan Rawsthorne, qui n'avait appris la musique qu'à vingt et un ans et qui ne commença à composer à plein temps qu'à trente ans, a néanmoins laissé une œuvre abondante et intéressante : des concertos pour divers instruments, des quatuors, des pièces pour piano, un ballet, *Madame Chrysanthème* et une ouverture restée très populaire, *Street Corner* (1943). Ses trois symphonies, notamment la dernière (1964), sont également très remarquables.

On ne constate pas d'évolution sensible chez les compositeurs plus jeunes, nés autour de la Grande Guerre, qu'il s'agisse de Richard Arnell (né en 1917), auteur de cinq symphonies très colorées et bien construites, d'un ballet très populaire *Punch and the Child*, d'un opéra *Love in Transit* et de pièces de musique de chambre, de John Gardner (né en 1917), auteur de cycles de mélodies, d'un Gallois très prolifique et ultra-conservateur, Denis ApIvor (né en 1916), de Daniel Jones (né en 1912), auteur de six symphonies et de Bernard Stevens (né en 1916), professeur de composition au Royal College of Music. Mais il faut faire une place à part à une personnalité véritablement extraordinaire, Malcolm Arnold (né en 1921), certainement le compositeur le plus sifflé au monde non, certes, à cause de ses échecs, mais grâce à l'illustrissime *Pont sur la rivière Kwaï* dont il a composé, entre cent autres films, la musique. Après ses études au Royal College of Music, il obtint le Prix Cobbett de composition et la bourse Mendelssohn ; trompettiste pendant de nombreuses années au London Philharmonic, puis à l'orchestre de la BBC, il en a tiré une expérience et une science de l'orchestre exceptionnelles. Malcolm Arnold, qui ne reconnaît que la sanction du public, s'est efforcé de réconcilier la musique sérieuse et celle qui n'a pas la réputation de l'être. Il fit des débuts tapageurs avec l'ouverture *Beckus the Dandipratt* (1943), dont le brio et l'habileté conquirent immédiatement les auditeurs. La plupart de ses nombreuses œuvres, généralement du genre symphonique ou concertant, et ses opéras comme *The Dancing Master* ou *The Open Window* n'eurent pas moins de succès. En dépit des farces auxquelles il se livre parfois et de fautes de goût trop « hénaurmes » pour n'être pas volontaires, ses symphonies montrent un musicien d'une habileté consommée, très inventif, tantôt provocant, comme dans sa deuxième ou sa quatrième symphonies (1953 et 1961), tantôt sérieux et expressif, comme dans la troisième symphonie (1957), dont le mouvement lent est dédié à ses amis disparus, parmi lesquels Gerard Hoffnung [1]. Malcolm Arnold est un passionné de jazz. Il a dédié le premier mouvement de sa sixième symphonie (1967) à Charlie Parker et commenté ainsi le mouvement lent de cette même œuvre : « Lamentation pour le style be-bop qui sera mort avant que cette symphonie ne soit jouée. »

---

1. Gerard Hoffnung était le promoteur, l'animateur et le principal compositeur de festivals consacrés à des plaisanteries et à des pastiches musicaux très appréciés. Plusieurs musiciens de renom (dont Vaughan Williams et Malcolm Arnold) ne dédaignèrent nullement de prêter leur concours à ces manifestations cocasses, mais fort savantes, de l'humour anglais.

William Walton, Michael Tippett et Benjamin Britten, les trois plus grands compositeurs anglais de leur temps, ont compris, chacun à sa manière, l'adjuration de Constant Lambert : s'appuyer quand il le faut, de manière personnelle, sur la tradition nationale sans en rester prisonnier, profiter de l'évolution du langage musical sans considérer la « modernité » comme un but en soi et, enfin, toucher le cœur et l'esprit du plus grand nombre sans se laisser aller à la moindre concession. Leur réussite est attestée, de façon piquante, par l'embarras, voire les contradictions des critiques professionnels ; les uns criant au scandale à leurs moindres hardiesses, les autres dénonçant « l'anachronisme » et le « diatonisme » de leur écriture ou, au contraire, s'efforçant d'y chercher des fragments de séries ou des audaces harmoniques susceptibles de justifier leur admiration spontanée. On remarquera aussi qu'au moins dans le cas de Tippett et de Britten, la renommée de ces musiciens a, pour une fois, traversé sans peine le Channel. Ceux-ci ou celui-là ne sont pourtant pas moins anglais qu'Elgar ou que Vaughan Williams ; on doit plutôt attribuer cette nouveauté à l'internationalisation de la vie musicale, accélérée par les moyens rapides de transport et les « mass media » — ainsi, l'opéra *Owen Wingrave* de Britten fut-il créé en mai 1971 à la télévision, deux ans avant sa présentation sur une scène.

William Walton, le plus âgé, fut du reste l'ami de Constant Lambert comme celui de Van Dieren, de Peter Warlock, de Lord Benners et de George Gershwin. Né le 29 mars 1902, fils d'un professeur de chant, il entra en 1912 à l'école des choristes d'Oxford et commença à composer dès l'âge de douze ans. Il poursuivit ses études de musique à Oxford, mais échoua à ses examens et dut quitter l'université en 1920 sans avoir obtenu de diplôme. Il eut cependant la chance d'être adopté par les deux frères Sitwell chez qui il fréquenta l'intelligentsia britannique et continua de travailler la musique en autodidacte. En

1923, deux œuvres lui acquirent, d'emblée, la réputation d'un enfant terrible. Il s'agissait tout d'abord d'un quatuor qu'Alban Berg couvrit d'éloges quand il le découvrit et qu'en dépit (ou à cause) de cette approbation, Walton renia par la suite. L'autre, *Façade*, pièce pour récitant (avec mégaphone !) et six instruments sur un texte d'Édith Sitwell, s'inspirait manifestement du Groupe des Six et l'exemple français de *Parade* ou des *Mariés de la Tour Eiffel*. Cette œuvre brillante et provocatrice lui valut à l'époque l'enthousiasme de quelques-uns et l'indignation de beaucoup d'autres, notamment des critiques dont l'un concluait son article par cette gentillesse : « Il est urgent de mettre fin à ce genre de choses ! » Pour Walton comme pour les Six, la découverte du jazz avait été une révélation, dont sa remarquable ouverture *Portsmouth Point* (1925) porte les traces évidentes. Walton n'aimait pas se disperser et composait lentement ; l'orchestre et les masses chorales l'attirèrent toujours davantage que la musique de chambre ou les mélodies. En 1927, il donna une belle symphonie concertante et, en 1929, un concerto pour alto, créé aux Prom's avec Paul Hindemith en soliste. La sûreté de son écriture, son chatoiement impressionniste qui n'exclut pas la puissance en font un des chefs-d'œuvre du compositeur.

En 1931, une commande de la BBC aboutit à un autre chef-d'œuvre, le plus impressionnant sans doute, l'oratorio *Belshazzar's Feast* (Le Festin de Balthazar), sur un livret d'Osbert Sitwell d'après la Bible, créé par Sir Malcolm Sargent. Comme *The Dream of Gerontius* d'Elgar, mais d'une manière sauvage, toute différente, l'œuvre de Walton faisait éclater la convenance polie de l'oratorio anglais. La violence, la rage incandescente de cette œuvre n'a aujourd'hui rien perdu de son efficacité dramatique. Walton n'en dut pas moins attendre le milieu des années 1930 pour pouvoir vivre de ses compositions grâce à une quinzaine de musiques de films, notamment celles qu'il composa pour les mises en scène de Shakespeare par Laurence Olivier *(Henry V, Richard III, Hamlet).* En 1935, sa première symphonie, troublée, dissonante, semblait traduire la montée des périls. Pourtant, en 1939, son concerto pour violon, écrit à l'attention de Jascha Heifetz et son ouverture *Scapino* (1940) traduisait une nouvelle humeur, brillante, capricieuse et empreinte de latinité. Il s'agissait sûrement d'une prémonition, car ce ne fut qu'en 1948 que Walton rencontra et épousa une jeune Argentine, avec qui il s'établit à Ischia. L'un des seuls échecs de Walton fut son opéra, *Troilus and Cressida* (d'après Chaucer et non Shakespeare) en 1954, qui n'eut pas plus de succès après sa révision en 1977. Il ne saurait être question d'énumérer toutes les œuvres de Walton, encore que leur nombre ne soit pas considérable. On signalera cependant son concerto pour violoncelle (1956), composé pour Piatigorsky, sa deuxième symphonie (1959), les *Variations sur un thème d'Hindemith* (1963) et l'*Improvisation sur un impromptu de Benjamin Britten* (1969), très remarquables, ainsi que plusieurs œuvres de musique sacrée, composées entre 1961 et 1977. La puissance, la vitalité, la tension rythmique sont les dominantes d'une œuvre forte, intense, pas toujours optimiste, mais profondément sincère. Moderne, mais jamais moderniste, elle montre une certaine parenté de caractère (mais non, certes, de style) avec celle d'Elgar pour qui Walton éprouvait, d'ailleurs, une « admiration illimitée ». Sir William Walton (il avait été anobli en 1951), recalé dans sa jeunesse à l'examen de bachelier, reçut le grade de docteur *honoris causa* de sept universités différentes. Il mourut à Ischia le 8 mars 1983.

Né à Londres le 2 janvier 1905 dans une famille aisée, Michael Tippett passa son enfance à Wetherden, un petit village du Suffolk et n'a pas cessé, depuis, de vivre à la campagne. Sa mère avait participé au mouvement des suffragettes dont les manifestations turbulentes en faveur du vote des femmes avaient mené Ethel Smyth en prison. Il reçut des leçons de piano, prit goût à la musique et, de 1923 à 1928, étudia au Royal College of Music avec Charles Wood. Peu satisfait de ses premiers essais de composition, il se remit à l'ouvrage et prit des leçons particulières avec R. O. Morris de 1930 à 1932. Entre-temps, Michael Tippett avait commencé à travailler avec des chœurs et des compagnies d'amateurs, puis au Morley College de Londres, centre d'activités pour les chômeurs, dont il fit un lieu important par les concerts de musique ancienne et contemporaine qu'il y donnait. L'orchestre de musiciens sans emploi qu'il y constitua et qui prit le nom de South London Orchestra se fit connaître un peu partout dans la capitale. Les œuvres, assez nombreuses et de tout genre qu'il composa alors, assez influencées par Sibelius, sont demeurées inédites, du moins sous leur forme originelle. Engagé très jeune dans les luttes sociales et politiques, en principe trotskiste, mais surtout pacifiste, Michael Tippett se déclara objecteur de conscience et, refusant d'accomplir le service civil qui lui était proposé en substitution d'un enrôlement, il fut condamné en 1943 à trois mois de prison, ce qui suscita, chez sa mère, une immense fierté [1].

La maturité (et la notoriété) de Tippett ne s'avérèrent qu'en 1944 avec une œuvre étonnante, *The Child of Time*, opéra-oratorio inspiré par le destin de Herschel Grynsban, un jeune juif de dix-sept ans, qui avait assassiné en 1938 à Paris un diplomate allemand et dont le geste provoqua, de la part des nazis, de sauvages représailles. L'œuvre est construite comme une *Passion* où des négro-spirituals remplacent, à la fin de chaque partie, les traditionnels chorals. Ce premier chef-d'œuvre rassemble déjà la plupart des éléments caractéristiques de Tippett : sur un livret du compositeur lui-même et inspiré par les hommes, les mœurs et les faits de son

---

[1]. Cette condamnation n'empêcha pas Michael Tippett d'être anobli en 1966.

temps, il oppose et combine la face obscure et la face lumineuse de la condition humaine. L'écriture, fluide, variée, complexe, reste tonale ; la force de l'expression, naturellement lyrique, est parfois puissante jusqu'à l'incandescence.

Reconnu dès lors comme un musicien d'importance majeure, Tippett n'a pas cessé, depuis, d'édifier une œuvre considérable. Dans le domaine vocal, on lui doit quatre opéras (il a déclaré lui-même s'en tenir à ce nombre) : *The Midsummer Marriage* (1952), sorte de transposition villageoise de *La Flûte Enchantée*, d'où sont tirées ses célèbres *Ritual Dances* ; *King Priam* (1958), d'après Homère, œuvre assez difficile, dans laquelle le compositeur essayait une technique nouvelle marquée par l'emploi d'accords parfaits rendus dissonants par l'adjonction d'intervalles de seconde ; *The Knot Garden* (1969), qui obtint un grand succès et que Tippett compléta, afin de développer le caractère d'un personnage, par les *Songs for Dov* et, enfin, *The Ice Break* (1976), drame lyrique compact et concis dans lequel le compositeur-librettiste évoque le problème classique de la difficulté de la communication. En dehors du drame lyrique proprement dit, on retiendra tout particulièrement le cycle de mélodies *The Heart's Assurance* (1951), l'admirable *Vision of St Augustine* (1965), pour baryton, chœur et orchestre, œuvre extatique sur les *Confessions* de saint Augustin et *The Mask of Time* (1982), sorte de magistral testament philosophique pour solistes, chœur et orchestre. On y ajoutera une suite chorale inspirée de la tradition, *The Shires Suite* (1970), dont la première pièce est la version de Tippett du populaire et vénérable *Sumer is Icumen in*.

L'œuvre purement orchestral ou instrumental de Tippett n'est pas moins considérable. Il comprend notamment quatre quatuors, autant de sonates pour piano, un double et un triple concerto, un concerto pour piano (1955) dont le romantisme fait une référence explicite au quatrième concerto de Beethoven et quatre symphonies (1945, 1957, 1970, 1977). Celles-ci expriment également l'immense admiration portée par Tippett à Beethoven comme créateur, mais aussi comme homme et comme penseur. La réflexion de Tippett sur la condition humaine est en effet partout présente dans son œuvre, qu'elle irrigue de ses tensions, de son dramatisme et, bien sûr aussi, de son espoir. C'est ce qui a poussé le compositeur à rechercher la communication avec son public par tous les moyens à sa disposition : des conférences, des émissions radiophoniques (Tippett est resté longtemps un producteur assidu de la BBC) et des ouvrages comme *Moving into Aquarius* et *Music of the Angels*. C'est ce qui le conduit de même, en dépit de sa très grande liberté de langage, à rejeter l'univers musical de Schoenberg ou de Webern, qu'il juge étroit, fermé sur lui-même. Que la musique soit, pour Tippett, une éthique tout autant qu'une esthétique se traduit dans sa critique de Stockhausen qui, dit-il, « a tourné le dos à la tradition humaniste forgée par Beethoven ». Bref, Tippett ne peut que se sentir d'accord avec la manière dont W. H. Mellus a résumé son œuvre : « Une musique contemporaine qui demande une oreille contemporaine, mais qui reste en même temps liée par des relations souples avec la tradition européenne. Une musique à la fois lyrique et suprêmement élaborée... »

Avec Purcell, Benjamin Britten est sans nul doute le compositeur anglais le plus connu — l'un des rares — en France. Mais, pas plus que les raisons données plus haut à ce propos, l'incontestable génie de ce musicien ne suffit à expliquer cette exception brillante à une règle fâcheuse. Il faut y ajouter la faveur du grand public pour des pièces très accessibles comme la *Simple Symphony* ou le *Young Person's Guide to the Orchestra* et, surtout peut-être, le succès de ses opéras qui ont porté ce genre, en Angleterre, à un niveau qu'il n'avait pas atteint précisément depuis Purcell. Toutefois, si la vocalité, et pas seulement dans le drame lyrique, représente l'expression naturelle, privilégiée de Benjamin Britten, on ne saurait y limiter l'œuvre de celui-ci.

Benjamin Britten [1] était né le 22 novembre 1913 (jour de la Sainte-Cécile) dans une famille aisée où l'on appréciait beaucoup la musique. Sa mère pratiquait le chant en amateur et son père, chirurgien dentiste de renom, poussait l'exigence jusqu'à ne tolérer que la musique vivante, se refusant obstinément à acquérir un gramophone ou un poste de TSF. Dans un tel milieu, les dispositions très précoces de Benjamin Britten (qui commença à composer à cinq ans) ne pouvaient qu'être stimulées. Comme on l'a vu, la rencontre de Britten, alors âgé de neuf ans seulement, avec Frank Bridge, fut décisive. En 1927, il commençait à travailler avec celui-ci et, en 1930, il entrait au Royal College of Music. Il quitta cette institution en 1934, déçu par l'enseignement qu'on y recevait : « Quand on est plein d'énergie et d'idées, dit-il plus tard, on ne se résigne pas à perdre son temps à des dictées musicales élémentaires. » Après avoir vu *Wozzeck* à Vienne, il envisagea sérieusement d'aller étudier dans cette ville auprès d'Alban Berg, mais ce projet, encouragé par Frank Bridge, se heurta à l'opposition de ses parents, pour des raisons plus morales, semble-t-il, que musicales. Dès 1933, à dix-sept ans, sa *Sinfonietta* pour orchestre de chambre, composée l'année précédente, avait été créée à Londres, suivie par la célèbre *Simple Symphony* en 1934, dirigée par le compositeur lui-même [2] et, en 1936, par l'œuvre que Britten considéra comme son véritable « opus 1 », *Our Hunting Fathers*, pour soprano, ténor et orchestre, sur les poèmes de

---

1. Ou, pour lui donner le titre qui lui fut conféré quelques mois avant sa mort, Lord Britten of Aldeburgh.
2. Pianiste remarquable, Benjamin Britten a été aussi un grand chef d'orchestre. Nombre de ses enregistrements (qui ne se limitaient pas, et de loin, à ses propres œuvres) sont toujours des références.

W. H. Auden. Ce dernier, bien connu pour ses idées avancées, exerça une grande influence sur la sensibilité et les opinions du jeune homme ; dans le milieu des intellectuels de gauche de l'époque qu'il fréquentait, Britten côtoyait du reste bien d'autres musiciens.

Depuis 1935, Benjamin Britten s'était adonné, avec beaucoup d'application, à la composition pour le cinéma et le théâtre ; on peut penser que cette expérience scénographique contribua à affiner le sens de la dramaturgie qui devait s'affirmer dans ses opéras. C'est à la même époque que Britten rencontra le ténor Peter Pears, qui allait devenir le compagnon de sa vie et son interprète privilégié. Les *Variations sur un thème de Frank Bridge*, créées au festival de Salzbourg de 1937, consacrèrent Britten comme le grand espoir de sa génération et leur succès fit plus pour le nom de Bridge que toute l'œuvre de ce compositeur, alors injustement tenu dans l'ombre [1]. Pacifiste et objecteur de conscience comme Tippett, Britten crut prendre ses distances avec le conflit en acceptant l'invitation d'Auden et en s'installant avec Peter Pears aux USA en 1939. De ces années américaines datent *Les Illuminations* sur les poèmes de Rimbaud et les *Sonnets de Michel-Ange*, qui témoignent du goût de Britten pour les grands textes littéraires [2] et confirment son choix d'un langage limpide, fluide, épuré de toute redondance, d'une subtilité et d'une hardiesse dans l'emploi des modulations qui rendent dérisoire l'accusation d'« anachronisme » jetée par certains censeurs. Après sa *Sinfonia de Requiem* (1940), Britten donna en 1941 sa première œuvre dramatique, *Paul Bunyan*, sur un livret d'Auden. Cette opérette chorale, commandée par l'université de Columbia n'eut d'ailleurs que fort peu de succès.

---

1. *Cf.* note p. 241.
2. Parmi les autres auteurs mis en musique par Britten, on trouve Virgile, Shakespeare, John Donne, Racine, Blake, Hugo, Pouchkine, Verlaine, T. S. Eliot et Cocteau.

En 1942, Benjamin Britten et Peter Pears résolurent de rentrer en Angleterre. Exemptés du service militaire, il leur fut demandé, en compensation, de donner une série de récitals dans le pays. Sur la route du retour, Britten avait déjà commencé une sorte d'offrande à sa patrie avec l'admirable *Ceremony of Carols*, que sa fraîcheur et sa verdeur plaçaient aux antipodes des habituelles resucées folkloriques. Dès 1941, cependant, Peter Pears avait attiré l'attention de Britten sur un récit versifié, *The Borough*, de George Crabbe (1754-1832), né à Aldeburgh, dans la région du Norfolk dont Britten était lui-même originaire — détails géographiques qui ne sont pas sans importance, puisque c'est à Aldeburgh, à partir de 1948, que Britten établira et sa résidence et son célèbre festival.

Ainsi naquit le projet de *Peter Grimes*. Montagu Slater en entreprit le livret à l'arrivée en Angleterre de Britten et de Pears, qui y mirent eux-mêmes la main. Le jour de l'an 1944, Britten commença d'en composer la musique et, le 7 juin 1945, *Peter Grimes* était créé au Sadler's Wells Theatre. Ce fut un triomphe, non seulement à Londres, mais partout ailleurs. Seize Opéras, y compris la Scala, en Europe et en Amérique, inscrivirent *Peter Grimes* à leur répertoire. A moins de trente ans, Benjamin Britten devenait une institution nationale et, chose jamais vue depuis des siècles, un compositeur anglais de réputation internationale. Si la place manque ici pour analyser ce chef-d'œuvre — comme du reste les autres grands opéras de Britten —, on peut néanmoins rappeler quelques-unes des raisons qui en expliquent le succès. La première se trouve sans doute dans ce sens de la dramaturgie que Britten possédait au plus haut point et qui lui a évité de tomber dans le travers de la plupart des auteurs lyriques britanniques : le découpage statique qui faisait de l'opéra un oratorio mis en scène, avec alternance rigoureuse d'airs, de chœurs, d'intermèdes orchestraux. Les sujets choisis par Britten pour ses œuvres dramatiques (et dont on a dit, avec raison, qu'ils tournaient tous autour du thème de l'innocence outragée), créent un climat de tension que traduit, avec une acuité presque douloureuse, une musique implacablement resserrée, à la phrase tantôt coupante comme un rasoir, tantôt insupportablement ambiguë. On ne saurait négliger non plus la compétence professionnelle d'un musicien dont on a signalé les dons de chef d'orchestre, ainsi que l'extrême minutie qu'il apportait à chaque détail. Il faut constater, peut-être par-dessus tout, que Britten fait partie de ceux que leur génie naturel porte à écrire naturellement pour la voix humaine. Caractéristique sur bien d'autres points d'un certain *ethos* de la musique anglaise, il est ici l'héritier en ligne directe des compositeurs élisabéthains, pour qui, au demeurant, son attirance ne cessa de croître.

L'année suivante, il donnait au festival de Glyndebourne la première de *The Rape of Lucretia* (Le Viol de Lucrèce) sur un livret de Ronald Duncan d'après l'adaptation de la pièce de Shakespeare par André Obey. Britten avait choisi la formule de l'opéra de chambre (huit chanteurs solistes, douze instrumentistes). Il récidivait la saison d'après avec une autre œuvre à petit effectif, mais d'un genre bien différent, *Albert Herring*, d'après la nouvelle de Maupassant *Le Rosier de Madame Husson*. Il s'agissait cette fois d'une brillante comédie qui n'était pas sans parenté avec les *Savoy operas* de Gilbert et Sullivan. Entre-temps, Britten avait constitué sa propre compagnie, *The English Opera Group* et fondait son propre festival à Aldeburgh. Avec *The Young Person's Guide to an Orchestra*, sur un thème de Purcell, Britten démontrait aussi son intérêt pour les musiciens amateurs et les enfants. En 1949, ce fut *Let's Make an Opera* (Faisons un Opéra) où le public était invité à participer avec l'English Opera Group, à la répétition et à la création de *The Little Sweep* (Le Petit ramoneur) pour six chanteurs adultes, sept voix d'enfants, cordes, percussion et piano. Plus tard, en 1957, Britten écrira un autre opéra pour enfant, *Noye's Fludde.*

Après que Van Beinum eût créé, avec un succès considérable, la symphonie chorale *Spring Symphony* à Amsterdam en 1959, Britten ne revint au grand orchestre qu'en 1951 avec un opéra d'une densité et d'une violence extrêmes, *Billy Budd*, inspiré par la nouvelle de Melville. La distribution de *Billy Budd*, qui se passe sur un navire, a la singularité d'être uniquement masculine. C'est la voix aiguë du rôle-titre, le malheureux mousse Billy (toujours l'innocence outragée) qui contraste avec celle des autres matelots et du sadique Claggart. *Gloriana*, une commande royale à l'occasion du couronnement d'Élisabeth II, en 1953, n'obtint qu'un succès limité, moins sans doute en raison de la qualité de l'œuvre que de celle du public officiel. Britten ne s'était pas dérobé à ce travail de circonstance qu'il estimait, avec Walton et Tippett, relever des devoirs d'un compositeur à l'égard de la communauté à laquelle il appartient. Pour lui aussi, cette obligation allait de pair avec celle, encore plus importante, de ne pas, selon ses propres paroles, « rester dans cette tour d'ivoire sans perspectives qui fait paraître une grande partie de la musique moderne obscure et insupportable ». Il affirmait en même temps que, par principe favorable à toutes les idées nouvelles, aussi étranges qu'elles fussent, il se refusait à « faire des expériences pour le plaisir des expériences ». On comprend que ces idées, largement exprimées, aient pu lui valoir, plus encore que sa musique, la critique des censeurs à la page.

Le cinquième grand opéra de Britten, *The Turn of the Screw*, en 1953, sur le livret de Myfanwy Piper d'après la célèbre nouvelle de Henry James, *Le Tour d'écrou*, est sans doute son chef-d'œuvre le plus achevé, mais aussi, il faut dire, le plus atrocement pervers. Les moyens limités employés par Britten (il s'agissait ici encore d'un opéra de chambre) ne font que renforcer l'angoisse de ce

« chant poétique d'une innocence impossible ». Il en est de même de l'écriture, d'une très grande subtilité et dont le principe, en dépit du thème à douze notes de l'écrou que certains ont assimilé à une « série », demeure fermement accroché à la tonalité.

Le ballet *The Prince of Pagodas* (1956), composé après un séjour à Bali, marque l'introduction dans l'orchestre de Britten d'un pupitre savoureux de percussions, que le compositeur continuera d'employer dans ses œuvres lyriques. On en trouve un exemple dans *Le Songe d'une nuit d'été* (1960), d'après Shakespeare, dont la féérie raffinée et chatoyante est cependant loin d'être innocente. Après cette œuvre astringente, Britten ne reviendra plus à l'opéra pendant plus de dix ans. C'est dans un tout autre registre que se situent les œuvres qui dominent la décennie des années 1960, au premier rang desquelles il faut placer le célèbre *War Requiem* (1962), composé pour l'achèvement de la reconstruction de la cathédrale Saint-Michel de Coventry... ville dont la destruction par les bombardements fut si systématique qu'on tira de son nom le verbe « conventriser ». Nul n'avait davantage vocation à dénoncer l'absurdité et les malheurs de la guerre que Britten le pacifique — le pacifiste. Son intense conviction ne cesse pas d'animer une expression musicale qui, en dépit des effectifs importants qu'elle requiert, ne cède jamais à la fausse éloquence. Cette œuvre poignante résume peut-être tout Britten, avec sa sincérité, sa tendresse, son lyrisme, sa violence, sa compassion. Dans le *War Requiem*, Britten juxtapose, avec une efficacité inouïe, le rituel latin de la messe pour les défunts et des textes du poète Wilfrid Owens, tué dans les dernières heures qui précédèrent l'armistice de 1918. « Mon sujet, c'est la guerre, déclarait Britten, la guerre et la grande pitié de la guerre. Poésie et pitié sont une et même chose, mais tout ce qu'un poète peut faire, c'est avertir. »

Il n'est pas très aisé d'affecter à un genre classique la série des trois œuvres nommées par Britten « church parable » (paraboles ecclésiastiques). C'est un spectacle de « No » japonais, intitulé *Sumidagawa*, qui suggéra à Britten la forme du premier, *The Curlew River* (1962), drame religieux médiéval qui se déroule dans la région des Fens. Le deuxième, *The Burning Fiery Furnace* (1966), où Britten a mis, selon ses propres termes, « les couleurs et les vitraux de Chartres », est tiré de l'histoire biblique du cruel Nabuchodonosor et le troisième, *The Prodigial Son* (1968), de l'apologue du fils prodigue. Ces « opéras d'église », dont l'écriture rigoureuse, voire austère, ne contredit pas la tension dramatique, sont destinés à la représentation sur un parvis, à la manière des « mystères » médiévaux.

Au cours de cette décennie, Benjamin Britten composa également l'opéra pour la télévision auquel on a déjà fait allusion, *Owen Wingrave*, d'après une autre nouvelle de Henry James, ainsi que plusieurs œuvres à l'intention de Rostropovitch : une sonate en 1961, une symphonie pour orchestre avec violoncelle en 1963 et deux suites pour instrument seul en 1965 et 1968, auxquelles s'en ajoutera une troisième en 1972. Pendant ce temps, Britten n'avait pas cessé ses activités de pianiste, de chef d'orchestre et, bien sûr, de directeur de son festival d'Aldeburgh. Il écrivit également des cadences pour le concerto pour violoncelle en *ut* majeur de Haydn et pour le concerto pour piano en *mi* bémol K 482 de Mozart.

On verra sans doute le chant du cygne de Britten dans son dernier opéra, *Mort à Venise*, d'après le roman de Thomas Mann dont le pessimisme subtil et le caractère ambigu ne pouvaient que convenir à l'auteur du *Tour d'écrou*. Il n'est guère étonnant non plus d'y retrouver, à un degré suprême, le sens mélodique, le refus de la rhétorique et de l'effet gratuit dont ses œuvres, depuis quarante ans, avaient donné l'exemple. Britten disparut prématurément le 4 décembre 1976. Il avait consacré ses dernières forces à son troisième quatuor.

On s'est parfois appuyé sur le gloire même de Britten

pour contester son « anglicité ». Dans tous les cas, la démonstration se ramène au syllogisme suivant : a) « Il n'y a pas de grands compositeurs anglais » ; b) « Britten est un grand compositeur » ; donc : « Britten n'est pas anglais ». Rien n'aurait plus irrité Britten, qui affirmait que son *War Requiem* n'était nulle part mieux à sa place qu'à la cathédrale de Coventry à laquelle il était dédié. L'« anglicité » de Britten n'aurait du reste aucune importance s'il s'agissait d'une vaine question d'orgueil national. En fait, l'absurdité de la proposition tient tout entière dans celle de la prémisse majeure du syllogisme, qui révèle, une fois de plus, l'ignorance de la richesse et de la continuité de la musique anglaise. Autant, si l'on voulait dire la beauté d'un sommet, ignorer la chaîne qui l'entoure et le réduire à un pic isolé.

XVII

Le tunnel sous la Manche
La musique anglaise aujourd'hui

Dans son dernier chapitre — celui qu'il doit consacrer à la musique dont il est le contemporain —, l'historien achoppe à une épreuve difficile. Le sottisier des plus illustres auteurs rappelle qu'on ne saurait regarder de trop près son temps sans un certain strabisme, défaut que la plus grande prudence ne parvient pas à corriger tout à fait.

Pareille constatation ne fut jamais aussi évidente : aux oppositions de personnalités ou de styles s'ajoutent aujourd'hui des divergences foncières sur la conception même de l'art musical, c'est-à-dire de son langage, de son écriture (y compris au sens le plus matériel, graphique, du terme), de son exécution et de son public, voire de sa fonction culturelle et sociale. Sauf à militer, on se bornera donc, comme ici, à ne citer que quelques noms, à n'indiquer que quelques tendances, en laissant l'avenir décider de l'importance de ceux-là ou de la pérennité de celles-ci.

De telles précautions semblent d'autant plus nécessaires qu'en Angleterre, les grandes ruptures ne se produisirent véritablement qu'assez tard ; sous leur forme la plus radicale [1], elles ne sont guère apparues qu'au début des années 1960. En une époque où les idées et les hommes vont très vite, les partisans d'une « nouvelle musique » britannique se signalaient dix ou quinze ans, sinon plus, après Berio, Boulez ou Stockhausen. Encore durent-il, dans bien des cas, chercher leur marque à l'étranger : ainsi Alexander Goehr (né en 1932) alla-t-il travailler auprès d'Olivier Messiaen ; Peter Maxwell Davies (né en 1934) auprès de Petrassi ; Richard Rodney Bennett (né en 1936) auprès de Pierre Boulez ; Nicholas Maw (également né en 1936) auprès de Max Deutsch ; Brian Ferneyhough (né en 1943) auprès de Klaus Huber, etc.

Ce mouvement est d'une tout autre nature que celui qui poussait, un siècle auparavant, les jeunes compositeurs britanniques à étudier à Leipzig. Ceux-ci espéraient y trouver un niveau de formation musicale classique que le système d'enseignement anglais ne pouvait (ou n'était pas réputé) apporter. Du reste, le choix d'un lieu dont le conservatoire avait été fondé par Mendelssohn, lui-même lié à l'Angleterre par des liens très intimes, était significatif. Pour les contemporains, au contraire, le recours à des maîtres étrangers manifeste une révolte contre le type de langage musical toujours prédominant en Angleterre et contre la tradition stylistique héritée de la « renaissance » elgarienne. Certains d'entre eux n'ont pas hésité à comparer ce « tunnel sous la Manche » à celui que des prisonniers seraient contraints de creuser pour s'évader de leur geôle.

Et pourtant, ici encore, le tempérament britannique réserve bien des surprises. Les prises de position les plus avancées n'empêchent pas les compositeurs de puiser à l'occasion, sinon de manière fréquente, à plusieurs sources de l'art national, comme la polyphonie de la Renaissance,

---

1. Le terme « radical », qui a conservé en anglais tout son caractère révolutionnaire, est d'ailleurs celui par lequel on désigne, notamment, les musiciens d'avant-garde.

la musique élisabéthaine ou le chant populaire. Peter Maxwell Davies, le musicien le plus connu de sa génération, en fournit un excellent exemple. Avant son séjour auprès de Petrassi à l'Accademia di Santa Cecilia de Rome, il avait étudié au Royal College of Music de Manchester et fondé, avec ses condisciples Alexander Goehr et Harrison Birtwistle, la « Nouvelle École de Manchester ». Celle-ci, renforcée du pianiste John Ogdon, s'exprimait notamment par le truchement d'un petit ensemble, « The Pierrot Players »[1], ainsi dénommé d'après le *Pierrot lunaire* de Schoenberg, sur lequel son effectif était calqué. Mais d'autres références ne sont pas moins explicites chez Peter Maxwell Davies : celle de John Taverner, dont la personnalité et la musique l'ont marqué au point de lui consacrer plusieurs œuvres, entre autres la *Second Fantasia on John Taverner's In Nomine* (1963) et un opéra, *Taverner* (1970), d'après des documents de l'époque ; l'attirance de Peter Maxwell Davies vers la musique ancienne se retrouve d'ailleurs dans des compositions comme sa messe *L'Homme armé* (1968) ou d'autres pièces de musique sacrée. Le compositeur, qui séjourne souvent dans les îles Orcades, au nord de l'Écosse, où il a créé un festival, s'est également inspiré de chants anciens pour des compositions comme l'*Hymn to St Magnus* (1972), *Stone Litany* (1973) ou l'opéra *Martyrdom of St Magnus*[2] (1977). Enfin, l'intérêt pour le jazz (déjà éprouvé par des compositeurs des générations précédentes), se manifeste aussi dans sa musique ; en témoigne le titre d'une œuvre célèbre qui semble résumer la complexité, parfois déroutante, de ses conceptions : *St Thomas Wake : Foxtrot on a Pavan by John Bull* ! En fait, depuis son premier succès au festival de Cheltenham

---

1. Après le retrait de Birtwistle, l'ensemble a pris le nom de « Fires of London ».
2. Saint Magnus est le patron des Orcades (Orkneys) et la cathédrale de Kirkwall, la capitale de l'archipel, lui est vouée.

en 1959, avec la *St Michael Sonata* pour dix-sept instruments à vents, l'œuvre très abondante de Peter Maxwell Davies témoigne de l'originalité et de la diversité de son talent, ainsi que de sa maîtrise technique exceptionelle : un « motet pour orchestre » comme *Wordes Blis* (1969), sur une monodie du XIIIe siècle, les symphonies (en particulier la troisième, de 1978 et la quatrième, de 1989), l'opéra *The Light House* (1979), les *Four Lessons* pour deux pianos (1978), etc. Il semble que Peter Maxwell Davies tende à se rapprocher toujours davantage du public, confortant ainsi une image de musicien « classique » au langage « moderne ». On se contentera d'en citer pour exemple *Cendrillon*, opéra pour enfants en deux actes (1980), genre mis à l'honneur en Angleterre par Benjamin Britten.

Le cas de son ami Alexander Goehr, co-fondateur de la New Manchester School n'est pas moins révélateur. Fils du grand chef d'orchestre Walter Goehr (1903-1960) lui-même élève de Schoenberg, il naquit à Berlin en 1932, un an avant que le nazisme ne contraigne son père à s'installer définitivement en Angleterre. S'il manifesta immédiatement ses affinités avec la seconde École de Vienne, il semble cependant que les traits post-romantiques de Schoenberg l'attiraient davantage que le rigoureux sérialisme de Webern, comme le montrent sa cantate de chambre *The Deluge* (1961), la *Little Symphony* (1963) composée à la mémoire de son père ou son opéra *Arden Must Die* (1966). En 1968, ses saynètes musicales pour le Music Théâtre Ensemble, qu'il dirigeait, avaient un contenu volontiers iconoclaste (tel *Naboth Vineyard*, sur la Bible) ou même politique (*Shadow Play*, *Sonata about Jerusalem*). Peu à peu, cependant, le langage d'Alexander Goehr devenait plus nuancé et plus original avec la *Symphonie en un seul mouvement* (1970) ou *Metamorphosis/Dance* (1974). A partir de son *Psaume IV*, Goehr se détachait progressivement des recherches « technologiques et matérialistes » de l'avant-garde pour se tourner vers un style de composition « plus humain et traditionnel ». Goehr se sert dès lors des techniques de la polyphonie et d'une adaptation personnelle de la basse chiffrée utilisée par Jean-Chrétien Bach : on en trouve le témoignage dans son deuxième opéra *Behold the Sun* (1984) et dans une « offrande musicale » au titre constitué d'initiales transparentes : *J. S. B. 1985*. La préoccupation de revisiter les structures classiques (forme sonate, variations) apparaît également dans la *Sinfonia* de 1979 et la *Symphony with Chaconne* (1987). Parmi les œuvres les plus récentes d'Alexander Goehr, on citera celles où, dans la tradition élisabéthaine, la musique se met au service de grands textes littéraires : *Eve Dreams in Paradise* (sur le *Paradis* de Milton, 1988) ou *Sing, Ariel* (1990) sur des textes de divers poètes.

Le troisième homme du brelan de la New Manchester School, Harrison Birtwistle (né en 1932) est demeuré plus fermement ancré dans ses conceptions originales, influencées par Varese, Webern et le Stravinsky de la période sérielle. Son *Refrain and Chorus*, pour quintette à vents, avait été publié dès 1957, mais ce ne fut qu'avec *Ring a Dumb Carillon* (1965), pour voix, clarinette et percussions, que Bistwistle atteignit à une certaine notoriété, non dénuée de contestation. Si, en dépit de son titre, *Chorales* (1963) est écrit pour grand orchestre, le compositeur se plait à multiplier les combinaisons vocales et instrumentales *(Medusa, Down the Greenwood Side,* 1969, *Linoi I* et *Linoi II,* etc.). Le temps a beaucoup inspiré Britwistle *(The Triumph of Time,* pour orchestre et *Chronometer,* pour bande magnétique, 1972), qui a passé sept mois à l'IRCAM pour y réaliser la bande de l'opéra que lui avait commandé l'English National Opera : *The Mask of Orpheus* (1983). L'œuvre la plus célèbre du compositeur est sans doute son opéra *Punch and Judy* (1967), où la tradition scénique de la commedia dell'arte et du théâtre de marionnettes se marie à une musique dont le dramatisme et la violence sont loin d'être absents. Depuis 1976, il assure une direction musicale au National Theatre de Londres.

Si l'importance des trois de Manchester (et, surtout, celle de Peter Maxwell Davies) ne les avait placés en tête de ce chapitre, l'ordre chronologique eut commandé de commencer par trois autres compositeurs nés autour de 1930. L'Écossaise Thea Musgrave, née en 1928, a étudié au Conservatoire de Paris avec Nadia Boulanger, qui lui a inculqué le souci d'une écriture solide et structurée. Acquise aux principes de la seconde École de Vienne, on lui doit de nombreuses pièces de musique de chambre, des œuvres symphoniques et concertantes et, d'abord peut-être de la musique pour la scène, comme son ballet *Beauty and the Beast* et ses opéras. La dramaturgie du premier, *Decision* (1965) manquait de relief, mais *Mary, Queen of the Scots* a déjà été repris deux fois depuis sa création en 1977. Récemment encore, *Harriet the Woman called Moses* (1985) confirme l'évolution de Thea Musgrave vers une expression plus brillante et plus dramatique. Malcolm Williamson, né en 1931 en Australie, s'est installé en Angleterre au début des années 1950. Il y a travaillé avec Elisabeth Lutyens ; organiste, converti au catholicisme, il a consacré à la musique religieuse chorale et à son instrument une partie de son œuvre, marquée par l'exemple d'Olivier Messiaen. Sa personnalité déborde cependant largement ces influences et le cadre de l'écriture sérielle. On trouve l'écho de son goût pour la comédie musicale dans ses *Cinq Cantates* et son sens de l'écriture lyrique dans ses opéras, notamment dans l'un de ceux qu'il a destinés aux enfants : *Julius Caesar Jones*. Malcolm Williamson est également l'auteur d'une œuvre symphonique et concertante très intéressante qui illustre la manière dont la musique britannique sait adapter un langage venu du continent au lyrisme et à l'expressivité qui lui sont propres.

Alun Hoddinott, né en 1929, manifeste quant à lui sa

préférence pour des formes, sinon pour un langage plus classiques. D'un tempérament puissant, généreux, il parvient, paradoxalement, à concilier l'emploi de la série avec une écriture tonale. Élève d'Arthur Benjamin[1], il demeure très attaché à son pays de Galles, auquel il a dédié plusieurs œuvres : *Two Welsh Nursery Tunes*, *Folk Song Suite for Small Orchestra*, *Four Welsh Dances*, etc. Il manifeste une prédilection particulière pour la symphonie (il en a déjà composé six) et le concerto (quatorze, en particulier pour alto, clarinette, harpe, hautbois et, bien sûr, piano et violon). Nombre de ces œuvres ont été commandées par des festivals (Landlaff, Cheltenham, etc.) et témoignent du rôle important (et traditionnel) que ces institutions jouent toujours en Grande-Bretagne dans la création musicale. En 1989, son *Star Children* a été créé aux célèbres « Prom's » de Londres. L'œuvre abondante d'Alun Hoddinott comprend également des pièces vocales et chorales, de la musique de chambre et neuf sonates pour piano.

Son compatriote et cadet, William Mathias (1934-1992) témoigne lui aussi de la vitalité (et de la popularité) des partisans d'une musique ancrée à ses bases nationale et traditionnelle. Mathias, qui commença très jeune à composer, étudia à l'université du pays de Galles, puis à la Royal Academy of Music avec Lennox Berkeley. Depuis son premier succès, avec sa sonate pour clarinette (1957), sa notoriété n'a cessé de grandir, grâce à son écriture fortement charpentée, son sens rythmique et la richesse de sa polyphonie — dont témoignent ses quatuors, ses concertos et ses symphonies — la deuxième, de 1983, dite *Summer Music*, a pour référence la légende celtique et arthurienne et la troisième (1992) créée par

---

1. Arthur Benjamin (1892-1962), professeur au Royal College of Music, a composé de nombreuses œuvres, en particulier dans le domaine de la « musique de genre » et de la comédie musicale (*Prima Donna*, *The Devil Take Her*, etc.).

l'orchestre de la BBC du pays de Galles, qui l'avait commandée. Ses opéras *The Servants* (1980) et *Riddles* (1988) font preuve des mêmes qualités, tout comme l'une de ses dernières œuvres, *World's Fire* (1989), sur les poèmes de Gerard Manley Hopkins. William Mathias est aussi un vrai compositeur de musique d'église. Le sens du sacré s'allie avec la connaissance des contraintes chorales de la « cathedral music » dans ses motets, sa messe *Aedis Christi* (1984) et ses anthems, en particulier *Let the People praise Thee O God*, composé pour le mariage du prince de Galles en 1981 ou l'un des plus récents (1988), *I will celebrate*, commandé par une église américaine.

John McCabe, né en 1939, appartient lui aussi au courant qui donne la priorité à l'expression personnelle dans un cadre classique. Excellent pianiste, il a étudié au Royal College of Music de Manchester, puis à Munich. Sa nature passionnée, souvent assez sombre, qui n'est pas sans rappeler celle de Sibelius, se manifeste dans ses belles symphonies (1965, 1971) et sa musique de chambre. On retrouve son lyrisme et son attachement à la tradition dans ses remarquables *Notturni ed Alba* (1970), construits sur des chants médiévaux et dans sa pièce pour cor et piano, *The Castle of Arianhod* (1973).

D'autres musiciens de la génération des années 1930 ont refusé de se laisser enfermer dans un parti-pris définitif, choisissant un éclectisme esthétique qui leur a valu, de la part de la presse, les qualificatifs de « compositeurs du mi-chemin » ou de... « radicaux-conservateurs » ! C'est le cas de Nicholas Maw, né en 1935. Comme William Mathias, il eut Lennox Berkeley comme professeur à la Royal Academy of Music. Ses *Eight Chinese Songs* furent créées dès 1958 à l'un des concerts de la « Society for Promotion of Modern Music », institution britannique qui a joué et qui continue à jouer un rôle déterminant dans la découverte des jeunes talents. La même année, Nicholas Maw obtenait une bourse du gouvernement français pour travailler à Paris avec Max Deutsch et Nadia Boulanger. Depuis lors, il a poursuivi sa carrière dans les genres les plus variés, qu'il s'agisse de pièces pour orgue *(Essay)*, de musique de chambre, de son opéra *The Rising of the Moon* (1970) ou d'une brillante comédie musicale *One Man Show* (créée en 1964), qui, comme par hasard, est une satire des diverses attitudes à l'égard de l'art contemporain. D'abord atonal, voire sériel, Nicholas Maw ne jette aucune exclusive sur aucune forme de langage. En fait, depuis *Live Studies* pour quinze cordes solistes (1973) et *La Vita nuova* pour soprano et petit orchestre (1979), son écriture se rapproche de plus en plus du langage harmonique classique.

Tout en s'affirmant « sériel », Richard Rodney Bennett, né en 1936, n'en pratique pas moins avec virtuosité le mélange des genres, empruntant ici au langage tonal classique, là au jazz, voire à la musique « pop ». N'a-t-il pas déclaré lui-même à propos de son sérialisme : « C'est ma manière naturelle de composer, bien qu'au fur et à mesure que j'avance, je sente de plus en plus le besoin de références tonales et de thèmes mélodiques. » Pianiste de talent (il a beaucoup interprété les œuvres pour piano de Boulez), sa connaissance de l'instrument s'avère dans son concerto pour piano (1968), d'une grande maîtrise d'écriture. Richard Rodney Bennett est également un symphoniste et un compositeur d'opéra : *The Mines of Sulphur*[1] (1965), *All the King's Men* (1968), *Victory* (1970) ; *The Eagle has two Heads*, etc. Depuis 1975, Bennett fait de fréquents séjours aux États-Unis ; il laisse une large place dans son œuvre à la musique populaire, au jazz et à la musique de films (notamment pour ceux de Joseph Losey).

---

1. Après avoir été donnée à Paris, au théâtre des Nations, en 1965, l'œuvre fut montée à l'opéra de Marseille, en version française, sous le titre les *Mines de souffre*, en janvier 1967.

Parmi les musiciens anglais de cette génération qui conservent une position plus « radicale », il faut sans doute citer en premier lieu Anthony Gilbert, né en 1934. Venu tard à la musique, il ne commença à étudier la composition qu'à vingt-cinq ans au Morley College avec, entre autres, Mátyás Seiber et Alexander Goehr. Gilbert s'est beaucoup dévoué à faire connaître la musique des autres compositeurs, notamment à la tête de la Society for the Promotion of New Music. Son œuvre, intéressante et variée, comporte aussi bien des pièces chorales que des sonates pour piano, des symphonies, un opéra en un acte *(The Scene Machine*, 1970) ou une pièce pour violon et bande magnétique, *A Treatment of Silence* (1974). Depuis, Anthony Gilbert montre un intérêt accru pour la modalité indienne, comme en témoigne son « *song drama* » composé pour la radio, *The Cakravaka-Bird* (1977). Bernard Rands, né en 1935, a travaillé avec Dallapiccola et Berio ; ce dernier semble avoir beaucoup influencé le goût de Rands jour la voix soliste parlée, insérée dans la texture musicale. Anthony Payne, né en 1936, a acquis sa notoriété dans la critique musicale avant de se faire reconnaître compositeur avec sa *Phoenix Mass* de 1965. Il associe souvent, comme dans *The Songs of the Clouds* (1980), la forme classique du poème symphonique et une écriture très avant-gardiste.

David Blake, né en 1936, fut l'élève de Hans Eisler à Berlin, lui-même, comme on sait, élève de Schoenberg. Aussi, dans son œuvre, l'influence de ce dernier se combine-t-elle à des emprunts stylistiques aux musiques extra-européennes : extrême-orientale dans le cas de sa cantate *Lumina* (1969), sur des textes d'Ezra Pound ou caraïbes comme dans son opéra *Toussaint* (1976). Blake est aussi l'auteur de quatuors à cordes très intéressants. David Bedford, né en 1937, a étudié avec Lennox Berkeley avant d'aller travailler avec Luigi Nono. D'abord franchement atonal, laissant dans ses œuvres une très large liberté aux exécutants, David Bedford semble tenté par le minimalisme et l'influence de la musique « pop ». En dehors de pièces pour orchestre telles que *Music for Albion Moonlight* ou pour voix et orchestre de chambre *(The Tentacles of the Dark Nebula)*, on remarquera à cet égard son « concerto » pour groupe de rock et orchestre *Star's End* (1974). De même, Gordon Crosse, né en 1937, élève de Petrassi et proche de Peter Maxwell Davies, semble, depuis 1966, se rapprocher sensiblement d'une musique anglaise à la manière de Benjamin Britten. Jonathan Harvey (né en 1939) utilise aussi bien les instruments que la bande magnétique *(Persephone Dream)* et son œuvre sacrée témoigne de ses efforts pour assortir, à la manière d'Olivier Messiaen, le langage le plus avancé à la tradition liturgique.

Enfin, le cas de Cornelius Cardew (1936-1981) présente un exemple frappant des retournements brutaux que peuvent subir les opinions des critiques et du public contemporains. Prématurément disparu, ce pianiste, élève de la Royal Academy of Music, travailla plusieurs années à Cologne avec Karl-Heinz Stockhausen, puis avec John Cage. Il renia cependant très vite ces paternités, se montrant même extrêmement agressif dans son livre *Stockhausen serves Imperialism* (Stockhausen au service de l'impérialisme) où ses convictions marxistes-léninistes-maoïstes se donnaient libre cours. Ses œuvres musicales, en général accompagnées de longues notices explicatives, portent souvent des titres très classiques (sonate, octuor, etc.), mais leur écriture et leur caractère aléatoire les placent à la pointe de l'extrême avant-garde. Dans le climat « post-soixante-huitard », Cornelius Cardew fut salué comme le nouveau génie de la musique britannique. Cet enthousiasme est fort retombé depuis et l'on ne saurait guère prendre l'œuvre de Cardew pour autre chose que ce qu'elle est : une musique expérimentale, au sens le plus strict de ce terme. Les partitions-tableaux de Tom Phillips (né en 1937) ressortissent également, toutes choses égales d'ailleurs, à cette catégorie.

Parmi les compositeurs nés dans les années 1940, c'est Brian Ferneyhough qui semble aujourd'hui à la fois le plus original et le plus représentatif de la « nouvelle musique » britannique. Après des études à Birmingham et à la Royal Academy of Music, Ferneyhough né en 1943 a poursuivi ses recherches auprès de Ton de Leeuw à Amsterdam et de Klaus Huber à Bâle. Applaudi très tôt en France, c'est cependant à Amsterdam, en 1948, qu'il a remporté son premier succès (le Prix Gaudeamus) avec *Sonatas* pour quatuor à cordes. Une partie importante de sa carrière s'est déroulée à l'étranger, notamment à Darmstadt et à Fribourg. Sa musique, extrêmement complexe, très personnelle, difficilement définissable, va très au-delà de ses sources post-weberniennes et de l'influence de Boulez ou de Stockhausen. Très dense, marquée de fortes tensions (Peter Pirie a parlé à ce sujet, avec raison, d'un « romantisme cosmique »), elle pose aux interprètes des problèmes d'exécution que le compositeur a rendus volontairement insolubles, par défi ou de manière à y introduire des éléments aléatoires. Ferneyhough utilise aussi bien les instruments classiques que l'électronique. Parmi ses œuvres principales, on citera ses quatuors à cordes (dont le dernier est de 1987), la *Missa Brevis* pour voix solistes (1969), l'énorme *Firecycle Beta* pour orchestre (1971), *Time and Motion Study* (1977) pour clarinette basse solo, les *Carceri d'Invenzione* (1982), *Mnemosyne* (1986) pour flûte basse et bande magnétique et la *Chûte d'Icare* pour hautbois, clarinette et petit ensemble, créé au Musica de Strabourg en 1988.

Roger Smalley, également né en 1943, est installé depuis une quinzaine d'années en Australie, où il enseigne à Perth. Après sa scolarité au Royal College of Music, il prit des cours particuliers avec Alexander Goehr puis, en 1965, avec Stockhausen à Cologne. Pianiste, Smalley a créé en Grande-Bretagne cinq des *Klavierstücke* de ce dernier. Ses œuvres ne sont pas exemptes de références musicales (à l'élisabéthain John Blitheman dans ses *Gloria Tibi Trinitas* de 1965) ou politiques (citations de Mao Tsé Toung dans *Zeitebenen*, 1973). Parmi les œuvres les plus récentes de Roger Smalley, dont le langage reste très personnel, on citera son quatuor à cordes (1980) et l'intéressant *Concertstück* pour violon et orchestre de la même année, sa symphonie, créée aux Prom's'de 1982, ainsi que son concerto pour piano (1985).

Martin Dalby (né en 1942) a étudié la composition et l'alto au Royal College of Music et travaillé en orchestre pendant plusieurs années. Cette expérience instrumentale est lisible dans son œuvre où le même langage très avancé se retrouve aussi bien dans des genres classiques, musique de chambre, symphonie ou pièces pour grand orchestre comme *The Tower of Victory* (1973), concerto pour alto (1974), que dans les combinaisons les plus diverses : *Concerto Martin Pescatore* pour onze instruments à cordes (1971), *El Remanso del Pitido* (1974) pour douze chanteurs, dont huit amplifiés, etc.

Tim Souster (né en 1943), a travaillé avec Stockhausen à Darmstadt après des études auprès de Richard Rodney Bennett. Il affectionne particulièrement l'association de la bande magnétique avec l'orchestre, en particulier le groupe de type rock. Gavin Bryars, toujours de 1943, grand admirateur de Satie, ne semble pas encore avoir terminé son évolution après des œuvres très « expérimentales » comme *The Sinking of the Titanic* ou *Medea* (1984). On citera enfin l'un des très rares élèves anglais de Jean Barraqué, Bill Hopkins (1943-1981), à la trop courte carrière.

Toujours dans la mouvance de la « nouvelle musique », Michael Finissy (né en 1946) mène une double carrière de pianiste et de compositeur. Il a parfois utilisé les techniques aléatoires, mais son œuvre n'en porte pas moins la marque d'un lyrisme naturel : *Ives*, 1976, pour le centenaire de Charles Ives, *Goro*, 1977, *Piano concerto n° 5*, 1980, etc. Il s'intéresse beaucoup à la musique pour la scène et pour le film *(Orfeo, Vaudeville)*. Nigel Osborne, né en 1948, a recouru lui aussi à ces techniques. Après avoir travaillé la musique sérielle avec Egon Wellesz, il a étudié, puis travaillé en Pologne et contribué à la fondation d'un groupe d'improvisation de musique électronique qui faisait des tournées dans des clubs d'étudiants et d'ouvriers. Sa cantate *Seven Words* (1973) et *I am Goya* (1977) ont reçu des récompenses importantes. Parmi ses œuvres plus récentes, on notera *Sinfonia I* (1982), le ballet *Wildlife* et son opéra *The Last Summer*, commandé par la BBC. Nicola Le Fanu (née en 1947) est la fille d'Élisabeth Maconchy. Son œuvre abondante, où l'on peut percevoir l'influence de ses maîtres Petrassi et Peter Maxwell Davies, a abordé tous les genres, depuis la musique de chambre jusqu'à l'opéra *(The Last Laugh)*. Outre le nom de John Casken, né en 1949, qui se situe dans la ligne de Lutoslawski, on retiendra celui de Colin Matthews, né en 1946, dont le concerto pour violoncelle (1984) manifeste l'écriture très complexe et résolument atonale. Mais on n'aura garde de le confondre avec son frère, David Matthews, né en 1943, demeuré fidèle au langage classique et auteur de symphonies remarquables.

Parmi les compositeurs nés au cours de cette décennie des années 1940, il n'en manque pas, en effet, pour se refuser à rejeter les bases de la tonalité (ou de la modalité), quitte à en renouveler le mode d'emploi. Robin Holloway, né en 1943, élève d'Alexander Goehr, est resté le plus proche du style rapsodique d'un Schumann ou d'un Brahms. Son opéra *Clarissa* (1976), son *Ode on the Death of God*, ses pièces pour orchestre et ses lieder témoignent d'un néo-romantisme violent et sincère. Michael Berkeley (né en 1948), fils aîné de Lennox Berkeley, mais élève de Rodney Richard Bennett, a coulé son lyrisme dans des œuvres à l'écriture très élaborée : sa symphonie en un mouvement (1980), *Or Shall we Die* (1982) ou son récent concerto pour orgue (1987). Ce courant compte même un transfuge de la « nouvelle musique », Paul

Patterson, né en 1947. Après ses études à la Royal Academy of Music, Patterson s'était beaucoup rapproché des compositeurs de l'école polonaise, en particulier de Penderecki et de Lutoslawki. Dans sa pièce pour orchestre *Cracowian Counterpoints*, composée au début des années 1970, l'adhésion au sérialisme se manifeste sans ambiguïté. A partir des années 1980, toutefois, ses œuvres, qui se signalent par un sens raffiné des couleurs sonores, traduisent une évolution de plus en plus marquée vers un langage plus traditionnel, depuis *At the Still Point of the Turning World*, écrit pour le Nash Ensemble en 1980, jusqu'au *Stabat Mater* de 1986 en passant par la *Mass of the Sea* de 1983 et la *Missa Brevis* de 1985. *Rebecca*, l'une des plus récentes, est spécialement destinée aux jeunes musiciens, l'un des publics préférés de Paul Patterson.

L'intérêt de ce dernier, dans sa nouvelle manière, pour la musique chorale et religieuse ne constitue sans doute pas une coïncidence. Les deux représentants les plus significatifs du courant « classique » ont, en effet, consacré une grande partie de leur œuvre à l'expression du sacré. Geoffrey Burgon (né en 1941) a commencé sa carrière comme trompettiste avant de pouvoir subsister de ses compositions pour la radio et la télévision. Il s'est taillé un grand succès populaire avec la musique qu'il a composé pour plusieurs séries télévisées, en particulier *Tinker, Tailor, Soldier, Spy*[1] sur le célèbre roman d'espionnage de John Le Carré. Mais chaque épisode de cette série s'achevait sur un *Nunc dimittis* sans concession, révélateur des tendances profondes du compositeur. Depuis *At the round earth's imagined corners*, pour soprano, trompette et orgue sur un poème de de John Donne (1971), la ferveur, le lyrisme naturel, mais subtil de Geoffrey Burgon se sont affirmés dans une soixantaine d'œuvres, parmi lesquelles on citera *This World from*

---

1. Publié en français sous le titre *La Taupe*.

(1980), *But have been found again* (1983), un *Magnificat*, et, plus récemment, une pièce orchestrale *The World again* et une cantate *Revelations* (1985).

John Tavener [1] a suivi une voie tout à fait particulière. Né en 1944, Tavener a étudié à la Royal Academy of Music avec Lennox Berkeley avant de devenir titulaire de l'orgue de Saint-Jean à Kensington, où il demeura jusqu'en 1976, date à laquelle il se convertit à l'Église orthodoxe. Il fut découvert en 1966 grâce à *The Whale* (La Baleine), devenu un classique du répertoire et que suivirent de très nombreuses œuvres, comme son concerto pour piano (1963), des pièces pour orchestre de chambre, son opéra *Thérèse* (1976), inspiré de la vie de sainte Thérèse de l'Enfant Jésus, et de nombreuses compositions au titre, sinon au caractère funèbre : *A Celtic Requiem* (1969), *Little Requiem for Father Malachy* (1972), *Ultimos Ritos* (1975), etc. Depuis sa conversion, Tavener s'est inspiré à la fois des textes et de la tradition byzantine. *Ikon of Light* (1984), traduit ainsi dans un langage à la fois authentiquement liturgique, populaire et d'une extrême maîtrise harmonique, l'une des personnalités les plus énigmatiques et les plus fascinantes de la musique anglaise contemporaine.

La génération la plus récente des compositeurs anglais semble moins marquée par les querelles doctrinales sur la nature du langage musical. L'écriture tonale ou le sérialisme, les instruments classiques ou l'électronique, le jazz et la tradition populaire peuvent se retrouver tour à tour chez un même compositeur, voire dans une même œuvre. Il faut sans doute y voir l'effet d'un certain retour général à l'expression personnelle, mais aussi le pragmatisme caractéristique du tempérament britannique et l'influence d'un contact plus fréquent avec le grand public musical. On constatera à cet égard que, dans le

---

1. Qui affirme descendre en ligne directe de son grand homonyme du XVIe siècle.

domaine de la musique enregistrée, grâce notamment à de nombreuses fondations, la discographie des jeunes compositeurs s'avère beaucoup plus abondante et plus éclectique en Grande-Bretagne qu'en France. De même, comme on a déjà eu l'occasion de le remarquer, les « Prom's », séries de concerts éminemment populaires, accordent une place non négligeable à des créations dont, souvent, la commande leur revient.

Ainsi créa-t-on aux « Prom's » de 1979 une symphonie d'Olivier Knussen (né en 1952) : la troisième, car la première de ce compositeur précoce remontait à ses quinze ans... Bien que dodécaphonique et même sérielle, l'œuvre de Knussen, par ailleurs chef d'orchestre, fait parfois de franches incursions dans le domaine de la tonalité *(Tryptich*, 1979 ; l'opéra en un acte *When the Wild Things are*, 1983 ; *Higetty Pigglety Pop !*, 1985, etc.). Né la même année, Dominic Maldowney a étudié avec Bernard Rands et David Blake. Il emprunte à une gamme encore plus large de techniques dont son concerto pour saxophone et orchestre, hommage au jazz, créé aux Prom's de 1984 reste exemplaire. On citera, parmi ses autres œuvres *Dark Times* (1981) et *Duration of Exile* (1983) sur des textes de Brecht, ainsi que son concerto pour piano (Prom's de 1983). Depuis quelques années, Maldowney s'intéresse beaucoup à la musique pour la scène, le cinéma et la télévision.

Élève d'Élisabeth Lutyens, collaborateur de Luciano Berio, Robert Saxton (né en 1953) est déjà à la tête d'une œuvre importante, très rythmique, d'une grande richesse de timbres, qui ne se soucie guère des idéologies musicales ; on y trouve aussi bien des cantates sur des textes de Rimbaud et de Hölderlin (1980), des pièces dont l'instrumentation comporte une bande magnétique *(What does the song hope for ?* , sur des poèmes d'Auden, 1974), un concerto pour orchestre (« Prom's de 1984) ou une symphonie pour orchestre de chambre, *The Circles of Light* (1986). Malcolm Singer, né en 1973, a eu une formation très internationale : à Cambridge, puis avec Donatoni à Sienne, que suivit une bourse d'études auprès de Nadia Boulanger à Paris et, enfin, une autre bourse pour travailler avec Ligeti à Hambourg. Beaucoup de ses œuvres ont du reste été créées sur le continent, en particulier en France : *Divertimento* pour flûte violon, violoncelle et piano préparé (1974), *Methinks it were an easy Leap* pour piano (Radio France, 1977), etc.

Nombreux sont les autres compositeurs de cette dernière génération qui mériteraient d'être signalés ici : Stephen Oliver, James Dillon (nés en 1950), Simon Bainbridge (né en 1952), etc. On se limitera cependant à souligner l'œuvre d'une jeune Écossaise, Judith Weir (née en 1954). Élève de Robin Holloway, elle a notamment composé plusieurs opéras en un acte dont l'un, *King's Harald Saga* (1979), pour soprano solo et qui ne dure que dix minutes, est intitulé avec humour « grand opéra en trois actes ». On rappellera aussi sa pièce pour orchestre *The Ride over Lake Constance* (1984) et des œuvres inspirées par les traditions musicales de l'Espagne : *Missa del Cid* (1988) ou de la Chine : *The Consolation of Scholarship* (1985) ou *A Night at the chinese Opera* (1987).

Le plus récent espoir de la musique britannique se nomme George Benjamin. Né en 1960, il a travaillé le piano et la composition à Paris auprès d'Yvonne Loriod et d'Olivier Messiaen et suivi avec Alexander Goehr le cursus du King's College de Cambridge. A vingt ans, en 1980, la création à la BBC, puis un peu partout, de *Ringed the flat Horizon*, pour violoncelle et orchestre, lui valait une renommée rapide et internationale, relayée par le succès de *At first Light*, pour orchestre et de *A Mind of Winter*, pour soprano et orchestre. *Antara* (1987), qui utilise les sonorités des flutes de pan indiennes a été préparée à l'IRCAM où l'œuvre a été créée en 1989. Il serait peut-être prématuré de le placer déjà, comme on l'a fait, parmi les classiques de la musique britannique.

Mais comment ne pas admirer la coïncidence qui consacre Benjamin, *nomen numen*, comme le plus jeune rejeton d'une des familles les plus anciennes et les mieux pourvues de la musique occidentale ?

Chronologie générale

211	Mort de l'empereur Septime Sévère à York.
429	Visite de saint Germain en Angleterre.
596	Saint Augustin, envoyé du pape Grégoire, arrive en Angleterre et fonde l'abbaye de Canterbury.
664	Synode de Whitby.
792	Début des invasions vikings.
1065	Consécration de l'abbaye de Westminster.
1066	Bataille d'Hastings. Couronnement de Guillaume le Conquérant.
XIᵉ siècle	Construction des grandes cathédrales et abbayes : Canterbury, Winchester, Gloucester, Durham, etc., et de la Tour de Londres.
1099	*Prise de Jérusalem par les Croisés.*
1152	Mariage d'Henry d'Anjou (futur Henry II d'Angleterre) et d'Aliénor d'Aquitaine, divorcée de Louis VII de France.
1163	*Début de la construction de N.-D. de Paris.*
1169-72	Début de la conquête de l'Irlande par les Anglais.
1170	Meurtre de Thomas Becket.

CHRONOLOGIE GÉNÉRALE

1180	La Bible de Winchester (enluminures prégothiques).
1209	Fondation de l'université de Cambridge.
1215	La *Magna Carta* limite les pouvoirs royaux.
1252-1257	Roger Bacon enseigne à Oxford.
1337	*Naissance de Giotto.*
	Début de la guerre de Cent Ans.
1340	Naissance de Chaucer.
1346	Victoire anglaise de Crécy.
1340	Fondation du collège d'Eton par Henry VI.
1370	Anges musiciens de la cathédrale de Gloucester.
1415	Victoire anglaise d'Azincourt.
1431	Mort de Jeanne d'Arc.
1455-1485	Guerre des Deux Roses.
1477	Premier livre imprimé en Angleterre par William Caxton.
1483	Assassinat des enfants d'Édouard.
1517	*Martin Luther dénonce les Indulgences.*
1520	Entrevue du Camp du Drap d'Or entre Henry VIII et François Ier.
1525	Le cardinal Wolsley offre Hampton Court (commencé en 1515) à Henry VIII.
1532	Rupture avec Rome.
	Holbein, peintre de la cour d'Henry VIII.
1534	Acte de Suprématie. Autonomie de l'Église d'Angleterre.
1539	Les Six articles de l'anglicanisme.
1553-1558	Règne de Marie « la Sanglante ». Retour provisoire au catholicisme.
1559	Traité de Cateau-Cambrésis : l'Angleterre renonce à Calais, dernière possession sur le continent.
1564	Naissance de Shakespeare.
1585	Exécution de Mary Stuart.
1588	Défaite de l'*Invincible Armada*.
1605	Dernier complot catholique : la « Conspiration des Poudres ».

1611	Traduction officielle de la Bible.
1618	Exécution de Sir Walter Raleigh.
1620	Départ du *Mayflower* de Portsmouth.
1627	Siège de La Rochelle.
1628	Assassinat de Buckingham. Harvey met en évidence la circulation du sang.
1629	Charles Ier dissout le Parlement et décrète le *Personal Rule*.
1630	Rubens à Londres.
1634	Restauration de Saint-Paul par Inigo Jones.
1635	Van Dyck en Angleterre.
1637	Le premier *Covenant*.
1642-1646	Première guerre civile.
1642	Naissance d'Isaac Newton.
1645	Bataille de Naseby, défaite de Charles Ier.
1648	Seconde guerre civile.
1649	Exécution de Charles Ier.
1658	Mort de Cromwell.
1659-1669	*Journal* de Pepys (1633-1703).
1660	La Restauration : Charles II monte sur le trône.
1679	Loi de l'*Habeas Corpus*.
1661	Ouverture des Jardins du Vauxhall.
1662	Création de la *Royal Society*.
1665	La Grande Peste.
1666	Le Grand Incendie de Londres.
1668-1718	Sir Christopher Wren reconstruit la Cité et ses églises.
1676-1685	Séjours de Largillière en Angleterre.
1689	Déposition de Jacques II. Déclaration des Droits.
1695	Abolition de la censure.
1707	Union de l'Angleterre et de l'Écosse. Fondation à Londres de la « Society of Antiquarians ».
1715	Campbell : *Vitruvius Britannicus*.

CHRONOLOGIE GÉNÉRALE

1717	Fondation à Londres de la Franc-Maçonnerie « historique ».
1719	Daniel De Foe : *Robinson Crusoe*.
1720	Scandale financier du « South Sea Bubble ».
1726	Swift : *Voyages de Gulliver*.
1733	Invention de la navette volante.
1735	Hogarth : *The Rake's Progress*.
1737	Premier des bustes de Haendel par Roubillac.
1740	Richardson : *Pamela*.
1741	Ouverture des Jardins du Ranelagh.
1746-1753	Séjours du peintre Canaletto en Angleterre.
1752	Adoption du calendrier grégorien.
1753	Fondation du British Museum.
1769	Brevet de la machine à vapeur de James Watt.
1779	Mort de l'ébéniste Thomas Chippendale.
1786-1788	Dernières œuvres de Gainsborough.
1793	Boswell : *Vie de Samuel Johnson*. La République française déclare la guerre à la Grande-Bretagne.
1797	William Blake : illustrations pour les *Nuits* de Young.
1798	Malthus : *Essais sur la population*.
1801	Union de la Grande-Bretagne et de l'Irlande. Lord Elgin transporte à Londres les frises du Parthénon.
1807	Premier navire à vapeur de Robert Fulton. Turner : *Sun rising through Vapour*.
1808	Incendie de Covent Garden.
1812-18	Lord Byron : *Childe Harold*.
1814	Première locomotive de George Stevenson.
1815	Victoire de Waterloo.
1820	Walter Scott : *Ivanhoe*.
1821	Faraday : lois de l'électromagnétisme. Famine en Irlande.
1824	Ouverture de la National Gallery.
1825	Première ligne ferroviaire entre Stockton et

	Darlington.
	Légalisation des syndicats.
1829	Les droits civiques sont accordés aux catholiques britanniques.
1832	Grande réforme électorale.
1834	Abolition de l'esclavage dans l'Empire britannique.
1839	Premier marteau pilon de James Nasmyth.
	Agitation chartiste.
	Mariage de Victoria avec Albert de Saxe-Cobourg.
1840	Création du timbre poste en Grande-Bretagne.
1845	Famine en Irlande.
	Les Juifs éligibles en Grande-Bretagne.
1846	Le libre échange des blés.
1847	Emily Brontë : *Les Hauts de Hurlevent.*
	Fondation de la « Fraternité pré-raphaélite » par le peintre Millais.
1851	Grande exposition du Crystal Palace.
1851-1852	Ruskin : *Les Pierres de Venise.*
1852	H. Beecher-Stowe : *La Case de l'oncle Tom.*
1858	Suppression de la Compagnie des Indes.
1859	Darwin : *L'Origine des espèces.*
1860	Construction du métro de Londres.
	Codification et extension du libre échange.
1868	Premier ministère Disraeli.
1873	Maxwell : *Traité d'électricité et de magnétisme.*
1876	Victoria, impératrice des Indes.
1888	Fondation du parti travailliste en Écosse.
1891	Conan Doyle : *Les Aventures de Sherlock Holmes.*
1904	L'Entente Cordiale.
1906	Fondation du scoutisme par Baden Powell.
1917	Prise de Jérusalem par les troupes britanniques.
	Déclaration Balfour sur le sionisme.
1921	Indépendance de l'Irlande du Nord.

1922	Galsworthy : *La Saga des Forsythe*.
1924	Mac Donald : premier gouvernement travailliste.
1926	Grève générale.
1928	D. H. Lawrence : *L'Amant de Lady Chatterley*.
1931	La Grande-Bretagne abandonne l'étalon or.
1932	Aldoux Huxley : *Le Meilleur des mondes*.
1935	T. S. Eliot : *Meurtre dans la cathédrale*.
1945-51	Gouvernement travailliste d'Attlee. Les nationalisations.
1947	Indépendance de l'Inde, du Pakistan et de la Birmanie.
1956	Expédition anglo-française de Suez.
1973	La Grande-Bretagne entre dans le Marché Commun.
1979	Margaret Thatcher devient Premier Ministre.
1982	Guerre des Malouines.

Chronologie des événements musicaux

525	Boèce : *De institutione musica*.
591-604	Pontificat de saint Grégoire. Création de l'*Antiphona missarum* et de la *Schola cantorum* de Rome.
650	L'abbé de Wearmouth demande à Rome un maître de chant.
747	Le concile de Cloveshoe rend le chant grégorien obligatoire en Grande-Bretagne.
vers 860	Scot Erigène : *De divisione natura*.
XIe siècle	Hymne à deux parties de Saint-Étienne (Cornouailles). Chansonnier de Cambridge. *Winchester Troper*.
1023	Guido d'Arezzo : *Micrologus de arte musica*.
vers 1100	Création de la Chapelle Royale.
1180	Giraldus Cambresis parle de chants à deux parties au Pays de Galles.
vers 1200	J. de Garlande : *De musica mensurabili positio*.
vers 1240	*Sumer is icumen in*.
1280	W. Odington : *De speculatione musices*.
1290	Trouvères à la cour d'Édouard Ier.
fin XIIe	Premiers chants anglais notés.

CHRONOLOGIE DES ÉVÉNEMENTS MUSICAUX

1322	Interdiction par le pape du contrepoint dans la musique religieuse.
1369 (?)	Naissance de Dunstable († 1453).
1420	Manuscrit d'Old Hall.
1443	Premier doctorat en musique décerné par l'université de Cambridge.
1445	Mort de Power.
1500	« Sarum Missal », premier livre imprimé (par Richard Pynson) de musique notée en Grande-Bretagne.
vers 1502	Eton Choirbook.
1520	Robert Fayrfax (1464-1521) dirige les musiciens de Henry VIII au Camp du Drap d'Or.
avant 1530	Taverner : *Missa Gloria Trinitatis*.
1549	John Merbecke : *Book of Common Prayer Noted*.
1573	Tallis : *Spes in alium*, motet à 40 voix.
vers 1580	Première mention certaine du thème *Greensleeves*.
1588	Yonge publie en Angleterre son recueil *Musica transalpina*.
1597	John Dowland : *First Book of Songs*. Thomas Morley : *A Plaine and Easie Introduction to Practicall Musicke*.
1600	Thomas Weelkes (1570-1623) : *Les Cris de Londres*.
1611	Byrd (1542-1623) : *Psalms, Songs and Sonnets*.
1612	Orlando Gibbons (1583-1625) : *Madrigals and Mottets of 5 parts*.
1613	Premier recueil de musique gravée en Angleterre : *Parthenia*, pièces pour clavier de Byrd, John Bull et Orlando Gibbons.
1617	*Lovers made men*, masque de Ben Jonson, musique de Nicolas Lanier, premier exemple anglais de « stile recitativo ».
1633	*Histriomastrix*, pamphlet puritain de William Prynne contre la musique.

1644	Ordonnance pour la déposition et la destruction des orgues.
1648	John Playford fonde sa maison d'éditions musicales.
1656	*The Siege of Rhodes*.
1660	Reconstitution de la Chapelle Royale.
1672	Premiers concerts publics et payants (John Banister).
1674	Cambert et Grabu fondent à Londres une académie d'opéra à la française.
1678	Publication des premières œuvres de Purcell (né en 1659).
1681	*Vénus et Adonis*, de John Blow.
1689	*Didon et Énée*, de Purcell.
1691	*King Arthur*, de Purcell.
1695	Mort de Purcell.
vers 1700	Pepusch se fixe en Angleterre.
1705	Inauguration de l'Opéra de Haymarket.
1710	Fondation de l'Academy of Ancient Musick. Premier voyage de Handel en Angleterre.
1711	Handel : *Rinaldo*.
1712	Handel s'établit à Londres.
1714	Geminiani (1687-1762) s'établit en Grande-Bretagne.
1716	Buononcini s'établit à Londres.
1724	Fondation du « Three Choirs Festival ».
1725	A Paris, fondation des « Concerts Spirituels » sur l'exemple anglais des sociétés de concert.
1726	Handel devient citoyen britannique.
1728	Fondation de l'*Academy of Antient Musick*. Gay : *The Beggar's Opera* (musiques harmonisées par Pepusch).
1732	Inauguration du théâtre de Covent Garden.
1740	Thomas Arne (1710-1778 : *Alfred*, masque (où figure le célèbre *Rule Britannia)*.
1741	Fondation de la Madrigal society.
1742	Création à Dublin du *Messie* de Handel.

1744	Publication du *God save the Queen* dans le *Thesaurus Musicus*.
1749-1755	Boyce (1711-1779) : *Lyra Britannica*.
1759	Mort de Handel.
1762	Jean-Chrétien Bach s'installe à Londres. Fondation du « Catch Club ».
1764	Voyage de Mozart en Angleterre.
1765	J.-C. Bach et K.-F. Abel fondent les Bach-Abel concerts.
1766	Muzio Clementi (âgé de quatorze ans) s'installe en Angleterre. Fondation de l'Anacreontic Society.
1772	Premier orgue de Barbarie, fabriqué par Flight & Kelly.
1776	Charles Burney : *General History of Music*. Sir John Hawkins : *A general History of Science and Practice of Music*.
1781	Salomon (1745-1815) s'installe à Londres et s'efforce d'y attirer Haydn.
1792	Viotti (1755-1824) s'installe à Londres.
1783	Broadwood dépose le brevet du pianoforte à pédales. Fondation du « Glee Club ».
1784	Grandes célébrations Handel à Westminster.
1787	Samuel Arnold (1740-1802) commence la publication des 36 volumes des œuvres complètes de Haendel.
1791	Début de la vogue de la valse en Angleterre.
1791-1794	Séjours de Joseph Haydn en Angleterre.
1794	Dragonetti (1763-1846) perfectionne la technique de la contrebasse à Londres où il s'est établi.
1803	Dibdin (1745-1814) : première autobiographie d'un compositeur.
1810	Le grand organiste et compositeur Samuel Wesley (1766-1837) collabore à une édition du *Clavecin bien tempéré*.

1812-1836	John Field (1782-1837) : *Nocturnes*.
1813	Fondation de la London Phliharmonic Society.
1826	Création d'*Oberon* et mort de Weber à Londres.
1829	Sir Charles Wheatstone dépose le brevet de l'accordéon.
1821	Moscheles (1794-1870) s'établit à Londres.
1843	Balfe (1808-1870) : *The bohemian Girl*. Curwen : *Grammar of Vocal Music*. Popularisation de la méthode dite « Tonic Sol Fa » (solfège à *do* variable).
1846	Création d'*Elijah* de Mendelssohn au festival de Birmingham sous la direction du compositeur.
1851	Fondation de la New Philharmonic Society — Premier chef d'orchestre : Hector Berlioz.
1855	Tournée de concerts de Richard Wagner en Angleterre.
1858	Fondation des Concerts Hallé à Manchester.
1873	Arthur Sullivan (1842-1900) : *The Light of the World*, oratorio.
1875	Gilbert et Sullivan créent la première de leurs comédies musicales : *Trial by Jury*.
1878	Charles Grove entreprend son dictionnaire.
1880	Sir Hubert Parry (1848-1918) : *Prometheus unbound*.
1887	Stanford (1852-1924) : *Troisième Symphonie*.
1898	Bernard Shaw : *The Perfect Wagnerite*.
1899	Elgar (1857-1934) : *Enigma Variations*. Publication du manuscrit dit *Fitzwilliam Virginal Book* (pièces des XVIe et XVIIe siècles pour clavier).
1901	Ouverture du Wigmore Hall.
1902	Delius (1862-1934) : *Appalachia*.
1904	Fondation de l'orchestre symphonique de Londres (L. S. O.).

CHRONOLOGIE DES ÉVÉNEMENTS MUSICAUX

	Premier chef : Hans Richter.
1906	Ethel Smyth : *The Wreckers*.
	Holbrooke (1878-1958) : *The Bells*.
1907	Franck Bridge (1879-1941) : *Isabella*.
1910	Vaughan-Williams (1872-1958) : *Sea Symphony* (1re Symphonie).
1913	Création du thème de *Tipperary*, de Jack Judge.
1916	Bantock (1868-1946) : *An Hebridean Symphony*.
1918	Holst : *Les Planètes*.
	Ireland (1879-1962) : *Forgotten Rite*.
1921	Fondation du syndicat britannique des musiciens.
1925	Bax (1883-1953) : *Première Symphonie*.
1930	Fondation de l'orchestre de la BBC (Adrian Boult).
1931	Fusion de Saddler's Well et de l'Old Vic Opera : fondation de l'*English National Opera*.
1932	Fondation de l'orchestre philharmonique de Londres (L. P. O.) par Thomas Beecham.
1933	Walton (1902-) : *Belshazzar's Feast*.
1934	Création du Festival de Glyndebourne.
1937	Premier grand succès de Britten (1913-1976) avec *Variations sur un thème de Franck Bridge*.
1939	Concerts de midi à la National Gallery (Myra Hess).
	Michael Tippett (né en 1905) : *Concerto pour 2 orchestres à cordes*.
1944	Création d'une faculté de musique à l'université d'Oxford.
1946	Fondation de l'orchestre royal philharmonique (R. P. O.) par Thomas Beecham.
1951	Rapport du comité des archevêques de l'Église d'Angleterre : *Music in Church*.

Chronologie des rois d'Angleterre

Wessex

802-839	Egbert.
839-858	Ethelwulf.
858-860	Ethelbald.
860-866	Ethelbert.
866-871	Ethelred Ier.
871-900	Alfred.
900-924	Édouard Ier, « L'aîné ».
924-939	Athelstan, « rex totius Britannia ».
939-946	Edmond Ier.
946-955	Edred.
955-959	Edwig.
957-975	Edgar.
975-978	Édouard II, « Le martyr ».
978-1016	Ethelred II, « L'irrésolu ».
1016	Edmond II, « Côte de fer ».
1016-1035	Canute.
1035-1040	Harold Ier, « Pied de lièvre ».
1040-1043	Hardicanute.
1042-1066	Édouard III, « Le confesseur ».
1066	Harold II.

CHRONOLOGIE DES ROIS D'ANGLETERRE

Normands et Plantagenêts

1066-1087	Guillaume Ier, « Le conquérant ».
1087-1100	Guillaume II, « Rufus ».
1100-1135	Henry Ier.
1135-1154	Stephen.
1154-1189	Henry II.
1189-1199	Richard Ier, « Cœur de Lion ».
1199-1216	Jean, « Sans Terre ».
1216-1272	Henry III.
1272-1307	Édouard Ier.
1307-1327	Édouard II.
1327-1377	Édouard III.

York et Lancaster

1377-1399	Richard II.
1399-1413	Henry IV.
1413-1422	Henry V.
1422-1461	Henry VI.
1461-1483	Édouard IV.
1483-1485	Richard III.
...	(Édouard V).
1485-1509	Henry VII.

Tudor et Stuart

1509-1547	Henry VIII.
1547-1553	Édouard VI.
1553-1558	Mary Ire, « La sanglante ».
1558-1603	Élisabeth Ire.
1603-1625	Jacques Ier.
1625-1649	Charles Ier.
1649-1658	Le Commonwealth : Olivier Cromwell, « Lord Protecteur ».
1658-1660	Interrègne : Richard Cromwell — Lambert — Monk.

1660-1685   Charles II.
1685-1688   Jacques II.
1689-1702   Guillaume III et Mary II († 1694).
1702-1714   Anne.

Hanôvre

1714-1727   Georges Ier.
1727-1760   Georges II.
1760-1820   Georges III.
1820-1830   Georges IV (Régent dès 1810).
1830-1837   Guillaume IV.
1837-1901   Victoria.
1901-1910   Édouard VII.
1910-1936   Georges V.
1936   Édouard VIII.
1936-1952   Georges VI.
1952-   Élisabeth II.

Éléments de bibliographie

Les ouvrages en français sur la musique anglaise sont rares, souvent épuisés et, en général, incomplets ou dépassés. La bibliographie en anglais offre en revanche un choix d'une extrême abondance et d'une grande qualité. La musicologie n'est-elle pas une invention anglaise...

En laissant de côté les très nombreuses monographies de compositeurs et les ouvrages techniques ou étroitement spécialisés, on se contentera d'indiquer ici une sélection d'ouvrages particulièrement intéressants pour le lecteur désireux d'aller au-delà des développements, nécessairement limités, du présent ouvrage. Sauf indication contraire, le lieu d'édition est Londres.

SUR LES DIVERSES ÉPOQUES

Franck Harrison, *Music in Medieval Britain*, Routledge & Kegan Paul, 1958.

John Stevens, *Music and Poetry in the Early Tudor Court*, Methuen, 1961.

John Harley, *Music in Purcell's London*, Dobson, 1969.

Percy Scholes, *The Puritans and Music in England and New England*, Oxford University Press, 1974.

Sous la direction de H. Diack Johnstone et Roger Fiske, *Music in Britain, The Eighteenth Century*, Blackwell Reference, 1990.

Sous la direction de Nicholas Temperley, *Music in Britain, The Romantic Age, 1800-1914*, The Athlone Press, 1981.

Michael Trend, *The Music Makers, The English Musical Renaissance from Elgar to Britten*, Weidenfeld & Nicolson, 1985.

Peter J. Pirie, *The English Musical Renaissance, XXth century Composers and their works*, Victor Gollancz, 1974.

Sur certains aspects de la musique britannique

E. D. Mackerness, *A Social History of English Music*, Routledge & Kegan Paul, 1964.

Kenneth R. Long, *The Music of the English Church*, Hodder & Stoughton, 1972.

Eric Walter White, *A History of the English Opera*, Faber & Faber, 1983.

Enfin, on trouvera une mine inépuisable d'informations dans le *New Grove Dictionary of Music and Musicians*, 20 vol., Macmillan (diverses éditions).

Index

Les chiffres en italiques renvoient à des développements sur les compositeurs.

ABEL, Carl-Friedrich : 178.
ABYNGDON, Richard : 34, 37.
ADDINSELL Richard : 259.
ADDISON, Joseph : 177.
ADENAUER Konrad : 229.
ALBERT, Prince : 28, 196, 202.
ALBERTI Domenico : 163.
ALBERTI Giuseppe Matteo : 163.
ALBICASTRO Henricus (Heinrich WEISSENBURG VON BISWANG : 166.
ALBINONI, Tommasso : 166.
ALDHELM, Saint : 24.
ALDRICH, Henry : *130*, 131.
ALFRED le Grand : 15, 24.
ALISON, Richard : 95.
ALWYNN, William : 264.
ANGLICUS : 20.
ANDERSON : 165.
AMNER, John : 117.
ANTONIN, le Pieux : 14.
APIVOR, Denis : 264.
ARAGON, Catherine d' : 43.
ARBUTHNOT, John : 93.
AREZZO, Guy d' : 17.
ARIOSTI, Attilio : 153.
ARKWRIGHT, Godfrey : 233.
ARNE, Michael : 172.
ARNE, Richard : 171.
ARNE, Susannah : 171.

ARNE, Thomas : 169, *170, 171, 172*, 174, 176.
ARNELL, Richard : 264.
ARNOLD, Malcolm : *264-265*.
ARNOLD, Samuel : *186*, 187.
ARTHUR, roi : 11.
ARTHUR, Sir : 209.
ASHMOLE, Elias : 100.
ASHTON, Hugh : 42.
ASHWELL, Thomas : 37, 42.
ATHELSTAN : 21, 24.
ATTWOOD, Thomas : 181, 182, 192.
ATTWOOD WALMISELEY Thomas : 192.
AUBER Daniel-François-Esprit : 202.
AUBREY, John : 138.
AUDEN, Wystan Hugh : 273, 296.
AUGUSTIN, dit de CANTERBURY : 15.
AUGUSTIN, Saint : 270.
AVISON, Charles : *167-168*, 183.

BABELL, William : 163.
BACCHUS DYKES, John : 203.
BACH, Jean-Chrétien : 8, 178, 283.
BACH, Jean-Sébastian : 112, 182, 193, 234.
BACH (homonyme) : 162.

BACHE, Francis-Edouard : 199.
BAÏF, Jean Antoine de : 72, 96.
BAINBRIDGE, Simon : 297.
BAINES, William : *253*.
BALFE Michael William : 190, *201-202*.
BANESTER, Gilbert : 36, 161.
BANESTIR V. BANESTER, Gilbert.
BANISTER, John : 110, 122, *127-128*.
BANTOCK, Granville : *239*, 244.
BARBIROLLI, John : 8, 231.
BARDI, Comte : 107.
BARNETT, John : *203*.
BARRAQUÉ, Jean : 292.
BARRINGTON, Daines : 185.
BARRY, Gérald : 16.
BARTHÉLÉM, François : 185.
BARTOK, Béla Viktor János : 230, 234, 235.
BATESON, Thomas : 92.
BATTISHILL, Jonathan : 181.
BAX, Arnold : 230, *239-240*.
BEARDSLEY, Aubrey : 239.
BECON, Thomas : 51.
BÈDE, moine de Jarrow : 15, 16.
BEDFORD, duc de : 29, 31, 32.
BEDFORD, David : *289-290*.
BEDINGHAM, John : 32.
BEECHAM, Sir Thomas : 8, 226, 228, 231, 247, 248, 258.
BENJAMIN, Arthur : *286*.
BENJAMIN, George : *297-298*.
BERG, Alban : 230, 241, 242, 261, 267, 272.
BEETHOVEN, Ludwig van : 8, 85, 171, 180, 188, 194, 195, 200, 226, 234, 242, 270, 271.
BEETHOVEN Ludwig van (grd père) : 161.
BEINUM, Edouard van : 276.
BENEDICT, Julius : 196.
BENNERS, Lord : 266.
BENNET, John : 92.
BENNETT Rodney Richard : 281, 288, 292, 293.

BERIO, Luciano : 281, 289, 296.
BERNERS, Baron V. TYRWHITT-WILSON, Gérald : .
BERKELEY, Lennox : *263-264*, 286, 287, 289, 295.
BERKELEY, Michael : *293*.
BERLIOZ, Hector : 10, 180, 195, 196, 215, 221, 247.
BIANCHI, Francesco : 201.
BICKERSTAFF, Isaac : 187.
BINCHOIS, Gilles : 26.
BIRTWISTLE, Harrison : 282, *284-285*.
BISHOP, Henry : 196, *201*, 214.
BISMARCK, Otto Edward Léopold : 229.
BJØRNSON, Bjørnstjerne : 226.
BLACK, John : 100.
BLAKE, William : 273.
BLAKE, David : *289*, 296.
BLAVATSKY, Madame : 262.
BLAZE François-Henri, Joseph : 201.
BLEWITT, Jonathan : 202.
BLISS, Arthur : 250, *251-252*.
BLITHEMAN, John : 66, 93, 292.
BLOW, John : *132-135*, 137, 138, 139, 146.
BOCCHERINI, Luigi : 161.
BOLEYN, Anne : 41, 54, 69.
BORDES, Charles : 216.
BOSWELL, James : 163.
BOTTICELLI, Sandro : 36.
BOUGHTON, Rutland : *246-247*.
BOULANGER, Nadia : 260, 263, 285, 288, 297.
BOULEZ, Pierre : 260, 281, 288, 291.
BOULT, Adrian : 7, 180, 231.
BOWER, Richard : 54.
BOYCE, William : 132, 169, 170, 185.
BRADE, Williams : 94.
BRAGANCE, Catherine de : 122.
BRAHMS, Johannes : 10, 216, 227, 228, 230, 232, 242, 293.

INDEX

BRECHT, Berthold : 156, 262, 296.
BREWER, Docteur : 253.
BRIAN, Havergal : 244, 245.
BRIDGE, Frank : *241-242*, 272, 273.
BRITTEN, Benjamin : 7, 9, 241, 255, 258, 263, 266, 271, *272-279*, 283, 290.
BRITTON, Thomas : 110, *128*.
BROWNE, John : 36.
BRUCH, Max : 234.
BRUNCKER, Lord : 126.
BRYARS, Gavin : *292*.
BRYDGES, James premier duc de Chandos : 151.
BULL, John : *93-94*, 95, 108.
BONONCINI : 148, 153, 162, 166.
BURBAGE, John : 73.
BURELL, John : 32.
BURGATE, R. de : 20.
BURGON, Geoffroy : 294.
BURNAND, Franck : 204.
BURNEY, Docteur Charles : 7, 108, 132, 170, *175-188*.
BURNEY, Fanny : 176.
BURTON, Avery : 37.
BURTON, Nigel : 228.
BUSH, Alan : *262-263*.
BUSONI, Ferruccio Benvenuto : 243.
BUTTERWORTH, George : *252-253*.
BYRD, Thomas : 85, 96.
BYRD, William : 45, 58, 59, 65, 69, 76, 78, 79, *85-87*, 92, 99, 108, 109, 112, 130.
BYRON George, dit Lord : 192.
BYTTERING : 32.

CACCINI, Giulio : 75, 107.
CAEDMON : 24.
CAGE, John : 290.
CAMBERT, Robert : 126.
CAMPIAN, Thomas : 95, 96, 99.
CAMPION V. CAMPIAN, Thomas.
CANTELOUBE, Marie-Joseph : 216.
CARDEW, Cornelius : *290*.
CAREW, George : 54.

CAREY, Henry : 156.
CARISSIMI Giacomo : 130, 131, 157.
CARLTON, Richard : 95.
CARVER, Robert : 46.
CASTRUCCI : 162.
CASE, John : 88.
CASELLA, Alfredo : 244.
CASKEN, John : 293.
CASTIL-BLAZE V. BLAZE, François-Henri Joseph.
CATHERINE, Reine : 118.
CAUSSADE, Georges : 260.
CAUSTUN, Thomas : 66.
CAVALIERI, Emilio : 75, 107.
CAVENDISH, Michael : 92.
CELLIER, Henri : 210.
CESAR, Jules : 14.
CHANDOS, duc de : 154, 156.
CHARLES Ier : 91, 98, 99, 104, 106, 112, 114, 116.
CHARLES II Stuart : 102, 104, 113, 115, 121, 122, 123, 124, 131, 133.
CHARLES QUINT : 41.
CHARLES LE TÉMÉRAIRE : 27.
CHAUCER, Geoffrey : 21, 248, 268.
CHERUBINI, Luigi : 8.
CHESTERFIELD, Lord : 166.
CHILD, William : 112, 115.
CHOPIN, Frédéric : 79, 196, 198, 226.
CHURCH, Christ : 184.
CIMAROSA, Domenico : 161.
CLARENCE, Thomas duc de : 31.
CLARKE, Jeremiah : *131*, 168.
CLARKE-WHITFELD, John : 192.
CLAY, Fred : 204, 210.
CLAYTON, John : 148.
CLÉMENT VII : 43.
CLEMENTI, Muzio : 179.
CLÈVES, Anne de : 38.
CLYFF, John : 29.
COCTEAU, Jean : 273.
COETMORE, Peers : 251.
COFFEY, Charles : 155.

COGAN, Philip : 184.
COLDHAM, Henry : 88.
COLEMAN, Charles : 110, 117.
COLEMAN, Edward M. et Mme : 110, 117.
COLERIDGE-TAYLOR, Samuel : 245.
COLLETT, John : 183.
CONSTANCE, Empereur : 14.
COOK, Benjamin : 184.
COOK, Henry : 110, *122-123*.
COOKE, capitaine James : 126, 131, 133.
COOKE, John : 32.
COOKE, Tom : 202.
COOPER, John : 97, 98, 114.
CORBETT William : 147, 265.
CORDER Frédéric : 218, 248, 262.
CORELLI, Franco : 144, 147, 152, 162, 165.
CORNYSHE, William dit « le jeune » : 37, 40, 41, 42, 44.
COSTA, Michael : 196.
COTTO OF AFFLIGEN, John : 17.
COX, Richard : 62, 64.
COXE Révérend William : 152.
COXSUN, Robert : 45.
COWARD, Henry : 190.
COWPER, John V. COOPER, John.
COWRVILLE : 72, 96.
CRABBE, George : 274.
CRAMER, Wilhelm : 178.
CRANMER, Thomas : 51, 52.
CREIGHTON Robert : 130, 131.
CRISP, Laud : 126.
CHRISTINE IV de Danemark : 89.
CROFT, William : 147, 181.
CROMWELL, Oliver : 17, 104, 108, 110.
CROMWELL, Richard : 104.
CROMWELL, Thomas : 44.
CROTCH, William : 185.
CURWEN, John : 190.
CUTHBERT BAIRSTOW, Edmund : 233.
CUZZONI, Madame : 162, 163.

DALBY, Martin : *292*.
DALE, Benjamin : *245-246*.
DALLAPICCOLA, Luigi : 289.
DAMETT, Thomas : 32.
DARWIN, Charles : 197, 234.
DAVENANT, William : 107, 110, 121, 124.
DAVIS : 8.
DAVY, Richard : 37.
DAY, Alfred : 197, 230.
DAY, John : 59.
DEBUSSY, Claude : 231, 239, 243.
DEFOE, Daniel : 160.
DELIUS (père) : 225.
DELIUS, Frederick : 95, *224-227* 231, 241, 242, 243, 250.
DENNIS, John : 126.
DERING, Richard : 99, 108.
DESCARTES, René : 145.
DEUTSCH, Max : 281, 288.
DIAGHILEV, Serge : 244, 256.
DIBDIN, Charles : *187*.
DICKENS, Charles : 206.
DIEREN Bernard van : *249*, 251, 256, 266.
DIEUPART, Charles : 148.
DILLON, James : 297.
DONATONI, Franco : 297.
DONNE, John : 72, 89, 273.
DOWLAND, John : 70, 72, 77, *87-91*, 98.
DRACHAMANN : 226.
DRAGONETTI, Domenico : 183.
DRAKE, Francis : 70.
DRYDEN, John : 11, 72, 134, 138, 139, 141, 143.
DUFAY, Guillaume : 26, 30, 32, 37.
DUNCAN, Ronald : 275.
DUNHILL, Thomas : 252.
DUNSTABLE, John : 26, 27, *29-32*.
DUSSEK, Johann Ludwig : 179.
DYSON, George : 248.
DVORAK, Antonin : 196, 217, 245.

EAST, Michael : 100.

INDEX

EAST, Thomas : 100.
ECCLES, John : 125, 132, 141, 146.
EDOUARD IV : 33, 34, 35.
EDOUARD VI : 43, 51, 53, 54, 58, 60, 62, 63, 66, 105.
EDOUARD VII : 165, 206.
EDWARDS, Richard : 66.
EISLER, Hans : 289.
ELGAR, Edward : 10, 95, 124, 211 *213-224*, 225, 227, 229, 231, 232, 234, 239, 240, 243, 244, 245, 248, 249, 252, 257, 258, 266, 267, 268.
ELIOT Thomas Stearns : 273.
ELISABETH I : 50, 54, 55, 58, 59, 60, 61, 68, 69, 71, 72, 75, 79, 81, 84, 86, 89, 91, 94, 99, 102.
ELISABETH II : 229, 276.
ELLEN : 64.
ELLINGTON, Duke : 257.
ENGELS, Friedrich : 229.
ERSKINE, Thomas Alexander, comte de Kelly : 179.
EUGENIE, Impératrice : 227.
EXCETRE : 32.
EXETER, duc d' : 47.
EVELYN, John : 107, 121, 122.

FAIRFAX, Robert : 37, 40, 42, 44.
FARMER, John : 92.
FARNABY, Giles : 95.
FARRANT, Richard : 65.
FAUSTINA Madame : 162.
FAWKES, Guy : 86.
FELLOWES, Edmund : 233.
FELTON William : 152.
FENBY, Eric : 225, 250.
FERNEYHOUGH, Brian : 281, *291*.
FERRABOSCO, Alfonso Ier : 71, 81, 87, 91.
FERRABOSCO, Alfonso II : 91.
FERRABOSCO, Alfonso III : 92.
FERRABOSCO, Henry : 92.
FERRABOSCO, John : 92.
FESTING, Michael Christian : 152, 171.

FICIN, Marcile : 35.
FIELD, John : *198*, 199.
FILIUS DEI, Johannes : 20.
FINGER, Gottfried : 125.
FINISSY, Michael : *292*.
FINZI, Gérald : 263.
FISCHER, John Abraham : 184.
FISCHER, Johann Christian : 184.
FITZGERALD, Francis Scott Key : 239.
FLEMMYNG, Richard : 35.
FORD, Thomas : 100.
FOREST, John : 32.
FRANCK, César : 8.
FRANÇOIS Ier : 38.
FRANKEL, Benjamin : *261*.
FRÉDÉRIC II de Prusse : 39.
FREETH, John : 194.
FRICKER, Peter Racine : *260*.
FRYE, Walter : 32, 33.
FÜRTWÄNGLER, Wilhem : 8, 231.

GABRIEU : 71.
GAINSBOROUGH, Thomas : 178, 184.
GALANDE, Jean de : 17.
GALLES, Prince de V. EDOUARD VII.
GALLIARD John Ernst : 156.
GARDINER, Balfour : 242.
GARDINER, John Eliot : 8.
GARDNER, John : 264.
GARRICK, David : 164, 170, 176.
GARTH, John : 183.
GAUGUIN, Paul : 225.
GAULLE, Général de : 229.
GAY, John : 154, 155.
GEMINIANI, Francesco Xaviero : *165*, 167.
GEORGE V : 124, 228.
GEORGE, Stephen : 243.
GERHARD, Roberto : 259.
GERMAN, Edward : 210.
GERSHWIN, George : 266.
GERVAISE, Claude : 100.
GESUALDO, Carlo : 71.

GIBBONS, Christopher : 117,118, 133.
GIBBONS, Edward : 99, 118.
GIBBONS, Ellis : 99.
GIBBONS, Fernando : 99.
GIBBONS, Orlando : 45, *99*, 108, 117.
GIBBONS, William : 99.
GIBBS, Joseph : 174.
GILBERT, Anthony : *289*.
GILBERT, William Schenck : 9, 76, 172, *204-212*, 275.
GILES, Nathaniel : 95.
GIRALDUS CAMBRENSIS V. BARRY, Gerald.
GLASTONE : 229.
GLOVER, Sarah Anne : 190.
GLUCK, Christoph Willibald : 161, 182.
GOEHR, Alexander : 281, 282, *283-284*, 289, 291, 293, 297.
GOEHR, Walter : 283.
GOGOL, Nicolas Vassilievitch : 261.
GOLDSMITH, Oliver : 164, 198.
GOLDWYN, John : 131.
GOMBERT, Nicolas : 65.
GOOSSENS, Eugene : 231.
GOSS, John : 192.
GOSSEC François-Joseph : 161.
GOSTLING, John : 142.
GOUNOD, Charles : 8, 196.
GRABU (T) Louis : 121, 126, 127.
GRAINGER, Percy : *243-244*.
GRANADOS, Enrique : 259.
GRAY, Cecil : 249.
GREENE, Maurice : *168-169*, 170.
GRÉGOIRE LE GRAND : 15.
GRIEG, Edvard Hagerup : 225, 226.
GRÉTRY André Ernest Modeste : 8, 161.
GROSSE, Gordon : *290*.
GROVE, George : 205, 215, 233.
GRUNDY, Syney : 210.
GRYNSBAN, Herschel : 269.

GUÉRANGER, Don : 191.
GUILLAUME LE CONQUÉRANT : 22.
GURNEY, Ivor : *253-254*.

HADRIEN, Empereur : 14.
HALL, Henry : 131.
HALLÉ, Charles : 196, 214.
HALLE, Edward : 39.
HAMILTON, Ian : 260.
HANDEL, Georg Friedrich : 8, 110, *145-159*, 160, 161, 162, 163, 166, 168, 173, 184.
HANSLICK, Eduard : 211.
HARDY, Thomas : 238, 263.
HARRIS, Renatus : 129.
HARRISON : 120.
HARTY, Sir Herbert Hamilton : 8, 231.
HARVEY, Jonathan : *290*.
HARWOOD, Brasil : 218.
HASSE, Johann Adolf : 161.
HATTON, Lord : 116.
HAWES, William : 202.
HAWKINS, John : 138, 177, 178.
HAYDN, Joseph : 8, 34, 79, 179, 182, 183, 192, 278.
HAYES, John : 121.
HAYES, Philip : 185.
HAYES, William : 173, 185.
HAYM, Nicolas : 148.
HEBDEN, John : 173.
HELMORE, Thomas : 191.
HEIDEGGER, Martin : 153.
HEIFETZ, Jascha : 268.
HENRY I : 22.
HENRY III PLANTAGENÊT : 20.
HENRY IV : 28.
HENRY V : 28, 29, 31.
HENRY VI : 28, 29.
HENRY VII : 35, 36, 40.
HENRY VIII : 36, 37, 38, 40, 41, 42, 43, 44, 45, 46, 47, 48, 49, 50, 53, 54, 58, 60, 69, 71, 79, 80, 81, 102.
HENRY TUDOR duc de Richmond : 35.

INDEX

HERSCHEL, William : 167.
HERVÉ Florimond RONGÉ, dit : 207.
HESELTINE, Philip V. Peter Warlock.
HEYWOOD, John : 45.
HILL, Aaron : 148.
HILL, Christopher : 103.
HILTON II, John : 78, 117.
HINDEMITH, Paul : 267.
HINGSTON, John : 123, 137, 138.
HODDINOTT, Alun : *285-286*.
HÖLDERLIN, Friedrich : 296.
HOFFNUNG, Gerard : 265.
HOGARTH, George : 189.
HOLBORNE, Anthony : 82.
HOLBROOKE, Joseph : 246, *247-248*.
HOLDER, Reuben : 194.
HOLE, William : 108.
HOLGATE, Archevêque d'York : 52, 55.
HOLLENHEAD : 206.
HOLLOWAY, Robin : *293*, 297.
HOLMÈS, Augusta : 228.
HOLST, Gustav : 234, *237-239*, 262.
HOMÈRE : 270.
HONEGGER, Arthur : 8.
HOOK, James : 183.
HOOPER, Edmond : 95.
HOPKINS, Bill : 292.
HORN, Edward : 203.
HOTBY, John : 27, 33.
HOUSMAN, Alfred Eward : 253.
HOWARD : 141.
HOWARD, Catherine : 38.
HOWARD de Walden, Lord : 248.
HOWELLS, Herbert : *250-251*, 253.
HUBER, Klaus : 281, 291.
HUDSON, George : 110.
HUGO, Victor : 273.
HOWELLS, Herbert : 242.
HUMMEL, Johann Nepomuk : 196.
HUMPHREY, Pelham : 122, *131-132*, 133, 137.

HUMPHREYS, Samuel : 158.
HUMPHRIES, John : 152.
HUNT, Leigh : 197.
HURD, Michael : 235.
HUTCHENSON, Mgr : 54.
HUTCHINSON, Richard : 129.
HYGONS, Richard : 37.

IBSEN, Henrik : 226.
INDY, Vincent d' : 216.
IRELAND, John : 239, *240-241*, 255, 262.
IVES, Charles : 292.

JACKSON, Enderby : 191.
JACKSON, William : 184.
JACOBSEN, Jens Peter : 226.
JACQUES 1er : 75, 84, 86, 89, 91, 98, 99, 102, 103, 106.
JACQUES II : 121, 124, 138, 142.
JACQUES III : 46.
JACQUES IV : 46.
JAMES, diacre d'York : 16.
JAMES, Henry : 276, 278.
JDANOV : 262.
JEAN, archi-chantre : 16.
JEFFREYS, George V. JEFFRIES, George.
JEFFRIES, George : 116.
JEFFRIES, Stephen : 129.
JENKINS, John : *115*, 116.
JENNENS, Charles : 158.
JOHNSON, Robert : 46, 98.
JOHNSON, Samuel : 163, 164.
JONES, Daniel : 264.
JONES, Inigo : 91, 106, 111.
JONES, Robert : 98.
JONSON, Ben : 72, 75, 89, 91, 98, 107, 224.
JOSQUIN DES PRÉS : 8.
JOYCE, James : 259, 261.
JULLIEN, Louis-Antoine : *194-195*.
KELLY, Comte de : 183.
KELLYK, Hugh : 37.
KELWAY, Thomas : 174.
KENNEDY, Michael : 222.

KENNEDY-FRAZER, Marjory : 233, 239.
KIEL, Friedrich : 217.
KILLIGREW, Thomas : 124.
KING, Charles : 174.
KINLOCH, William : 100.
KIPPS : 120.
KNIPP madame : 126.
KNOX, John : 53.
KNUSSEN, Olivier : 296.
KODALY, Zoltán : 259.
KYTCH, Jean-Christian : 162.

LAMBE, Walter : 37.
LAMBERT, Constant : *256-257*, 258, 259, 266.
LAMPE, John Frederic : 174.
LANDMANN, Henry : 73.
LANIER, Nicolas : 107, 112.
LANIÈRE, Nicolas V. LANIER, Nicolas.
LASSUS, Roland de : 71, 91, 148.
LAUD, archevêque de Canterbury : 104.
LAUDER, James : 100.
LAURENT LE MAGNIFIQUE : 27.
LAW, John : 146.
LAWES, Henry : 106, 110, *113*, 114.
LAWES, William : *113-114*.
LAWRENCE, David Herbert : 249.
LAYCOCK, Samuel : 194.
LECOCQ, Alexandre Charles : 207.
LEE WILLIAMS, Charles : 218.
LEEUW, Tom de : 291.
LE FANU, Nicola : *293*.
LÉNINE Vladimir Illitch OULIANOV, dit : 229.
LÉONARD : 180.
LEONIN, Leoninus : 17.
LE ROY, Adrian : 71, 88.
LESLIE, Harry : 203.
LEVERIDGE, Richard : 147.
LIGETI, György : 297.
LINLEY, Thomas I : 185.

LINLEY, Thomas II : 185, 199, 259.
LIPTROT HATTON John : 203.
LISZT, Franz : 196, 198, 246, 261.
LLOYD, Charles Harford : 218.
LLOYD, John : 41.
LOCKE, Matthew : 110, *117-118-119*, 137.
LODER, Edwin James : 203.
LOGIER, Johann : 197.
LONG, Kenneth R. : 84, 85, 109, 142.
LORIOD, Yvonne : 297.
LOUIS XIV : 121, 122, 140.
LOUIS XV : 146.
LOSEY, Joseph : 288.
LUDFORD, Nicholas : 42.
LULLY, Jean-Baptiste : 8, 10, 122, 126, 169.
LUTHER, Martin : 43.
LUTOSLAWSKI, Witold : 293, 294.
LUTYENS, Elisabeth : 260, 285, 296.

MABAN de Wexham : 16.
MABECKE, John : 55, 66, 67.
MAC CUNN, Hamish : 218.
MACFARREN, George Alexander : 197, 201, 202.
MACKENSIE, Alexander : 213, *216-217*, 219.
MAC MILLAN : 229.
MACONCHY, Elisabeth : 261, 293.
Mc CABE, John : *287*.
MAHLER, Gustav : 10, 261.
MALDOWNEY, Dominic : *296*.
MANLEY OPKINS, Gérard : 287.
MANN, Thomas : 278.
MANNS, August : 214.
MANNOX, Henri : 39.
MARCELLO, Benedetto : 167, 183.
MARENZIO, Lucas : 89.
MARKAM, Clements Robert : 33.
MARIE-ANTOINETTE, reine : 180.
MARRINER, Neville : 8.
MARSH, John : 185.

INDEX

MARTHER, Joseph : 194.
MARTIN LE FRANC : 26, 30.
MARX, Karl : 229.
MARY, reine : 53, 54, 58, 60, 61, 62, 64, 103, 124, 140, 141.
MASSINGER, Philip : 89.
MATHIAS, William : *286-287*.
MATTEWS, Colin : 293.
MATTHEWS, David : 293.
MAUPASSANT, Guy de : 275.
MAW, Nicolas : 281, *287-288*.
MAXWELL DAVIES, Peter : 281, *282-283*, 285, 290, 293.
MAYNARD KEYNES, John : 258.
MELANI, Jacopo : 140.
MELLUS, W.H. : 271.
MELVILLE, Herman : 276.
MEMMO, Fra Dionisio : 48, 71.
MENDELSSOHN-BARTHOLDY, Félix : 8, 180, 182, 192, 195, 196, 198, 199, 200, 205, 206, 211, 265, 281.
MENUHIN, Yehudi : 8.
MERBECKE, John : 51, 66.
MERCADANTE, Saverio : 202.
MÉRIMÉE, Prosper : 244.
MESSIAEN, Olivier : 281, 285, 290, 297.
MEYERBEER, Giacomo : 8, 203.
MICHALUS : 29.
MICHEL ANGE Michelangelo Buonarroti, dit : 36.
MICHON, Jacques : 79.
MILTON, John : 95, 106, 107, 113, 158, 171, 173.
MOERAN, Ernest : 250, *251*.
MOLIÈRE Jean-Baptiste Poquelin, dit : 140.
MOLINA, Tirso de : 140.
MONK, Général : 104.
MONTEVERDI, Claudio : 71, 75, 87, 107, 116.
MONTGOMERIE, Alexander : 101.
MORE, Thomas : 45.
MORELL, Thomas : 158.
MORGAN, Kenneth : 14.
MORRIS : 120.
MORRIS, Reginald Owen : 262, 263.
MORRIS, William : 237.
MORLEY, Thomas : 82, 85, *92-93*, 109.
MORTON, Robert : 27.
MOUSSORGSKY, Modest Pétrovitch : 247.
MOSCHELES, Ignaz : 196, 205.
MOZART, Wolfgang Amadeus : 8, 136, 141, 144, 178, 181, 182, 185, 188, 192, 197, 199, 201, 226, 256, 278.
MUCHA : 225.
MUDGE, Richard : 174.
MÜNCH, Charles : 225.
MUNDY, John : 95.
MUNDY, William : 65, 95.
MURE OF RAWALLAN, William : 101.
MUSARD, Philippe : 194.
MUSGRAVE, Théa : 285.
MURPHY, T. : 164.
MUSSET, Afred de : 227.

NAPOLÉON Ier : 192.
NARES, John : 173.
NASHE, Thomas : 257.
NEWARK, William : 37.
NEWMAN, Cardinal : 223.
NEWMAN, Ernest : 248.
NEWMAN, John : 191.
NICHOLINI : 162.
NICHOLSON, Sydney Hugo : 233.
NICOLINI : 148, 152.
NIELSEN, Carl : 256.
NIETSCHE, Friedrich : 226.
NONO, Luigi : 289.
NORRIS, Thomas : 184.
NORTH, Roger : 121, 177.
NORTHROP MOORE, Jerrold : 223.
NOVELLO, William Vincent : 197.
NUNCIMAN TERRY, Richard : 233.

OBRECHT, Jacob : 37.

OCKEGHEM, Johannes : 37.
OFFENBACH, Jacques : 8, 207.
OGDON, John : 282.
OLIVER, Stephen : 297.
OLIVIER, Laurence : 267.
OLYVER : 32.
O'NEILL, Norman : 242.
ONSLOW, Georges : 8, 199.
ORANGE, Guillaume d' : 124.
ORLÉANS, Philippe d' : 39.
ORR, Charles Wilfred : 250.
OSBORNE, Nigel : 293.
OSWY : 16.
« OTTOBI » V. HOTBY, John.
OUSELEY, Révérend Frederick : 193.
OWEN, Robert : 189.
OWEN MORRIS, Reginald : 255.
OWENS, Wilfrid : 277.
OYLY CARTE, Richard D' : 206, 207, 208, 209, 210.

PAISIELLO, Giovanni : 161, 186.
PALESTRINA, Giovanni Perluigi da : 71, 130.
PARKER, Charlie : 265.
PARMIGIANINO V. ROMANO Giulio.
PARRY, Hubert : 211, 213, 216, 219, 234, 248.
PARSLEY, Osbert : 64.
PARSONS, Robert : 66, 85.
PATTERSON, Paul : *294*.
PAXTON, Stephen : 184.
PAXTON, William : 184.
PAYNE, Anthony : *289*.
PEACOCK LOVE, Thomas : 197.
PEARS, Peters : 273, 274.
PEARSALL, Robert : *192*.
PEARSON, Henry Hugo : 199, 216.
PEDRELL, Felipe : 259.
PEEBLES, David : 46.
PERRSON, Martin : 98.
PENDERECKI, Krzysztof : 294.
PENNARD : 32.
PENNICUIK, Sir John Clerk of : 147.

PEPUSCH, Johann : 147, 154, 155, 161, 162, 163, 166.
PEPYS, Samuel : 47, *120-135*, 137.
PERGOLESE, Giovanni Battista : 188.
PERI, Jacopo : 75, 107.
PEROTIN : 17.
PERSILL, V. Henry (Purcell).
PETERS, France : 138.
PETRASSI, Goffredo : 281, 282, 290, 293.
PHILIPPE II d'ESPAGNE : 53, 60.
PHILPPE DE BOURGOGNE : 27.
PHILIPS, Peter : 94.
PHILLIPS, Tom : *290*.
PILKINGTON, Francis : 99.
PINKNYS : 120.
PIPER, My Fanwy : 276.
PIRIE, Peter : 234, 242, 291.
PLANQUETTE, Robert : 207.
PLAYFORD, John : 109, 114, 117.
PLAYFORD, Henry : 109.
PLEYEL, Ignaz : 179.
PLUMMER, John : 32.
POE, Edgar : 248.
POPE, Alexander : 158.
PORTER, Walter : 117.
POTTER, Cipriani : *200*, 214, 221.
POTTIPHER : 233.
POUCHKINE, Alexandre Sergveievitch : 273.
POUND, Ezra : 289.
POWEL : 32.
POWER, Leonel : 30, 31, 32.
PRENTICE, Henry : 37.
PRIEST, John : 139.
PRIESTLEY, J.B : 194, 252.
PROUT, Ebnezer : 230.
PRYNNE, William : 105.
PURCELL, Daniel : 125, 141.
PURCELL, Edward : 138.
PURCELL, Henry : 9, 11, 76, 112, 116, 118, 123, 125, 131, 132, 133, 134, 135, *136-144*, 146, 151, 154, 213, 271, 275.
PURCELL, Thomas : 137.

PUTTA de Rochester : 16.
PYAMOUR, John : 32, 33.
PYCARD : 32.
PYGOTT, Richard : 45.

QUELDRYK : 32.
QUILTER, Roger : 242.

RACINE, Jean : 273.
RAINER, Priaulx : 260.
RAMEAU, Jean-Philippe : 167.
RAMSEY, Robert : 116.
RANDS, Bernard : *289*, 296.
RAUENOCROFT, Thomas : 98.
RAVEL, Maurice : 234.
RAWSTHORNE, Alan : *264*.
RAYNOR, Henry : 106.
REDFORD, John : 45.
REINECKE, Carl : 217.
REYNOLDS, Josuah : 164.
RHYS, Philip ap : 45.
RICHARD III : 35.
RICHTER, Hans : 221, 245.
RIEVAULX, Aeldred de : 17, 18, 23.
RIMBAUD, Arthur : 273, 296.
ROBERTS, Alice : 220.
RODWELL, George : 203.
ROGERS, Benjamin : 117.
ROLFE, Frederick : 239.
ROMANO, Giulio : 113.
ROSEINGRAVE, Daniel : 131.
ROSEN, Jelka : 225.
ROSSETER, Philip : 83, 95, 99.
ROSSETI, Stefano : 246.
ROSSINI, Gioachino Antonio : 186, 201, 202.
ROSTROPOVITCH, Mstislav Leopoldovitch : 252, 278.
ROUBILLAC : 146.
ROWLEY, Samuel : 63.
RUBBRA, Edmund : *261-262*, 263.
RUBENS, Pierre Paul : 106.
RYVES : 105.
ROUSSEAU, Jean-Jacques : 8, 176.

SACCHINI, Antonio : 161.
SAGE, Alphonse le : 39.
SAINT LOUIS : 20.
SALISBURY, John de : 17.
SALOMON, Johann Peter : 179.
SAMPSON, Richard : 54.
SARGENT, Malcolm : 8, 231, 267.
SARRUS : 247.
SARTI, Giuseppe : 161.
SATIE, Erik : 244, 292.
SAUNDERS, George, dit Pinto : 199.
SAX, Adolphe : 191.
SAXE, Maréchal de : 145.
SAXGTON, Robert : *296*.
SCARLATTI, Alessandro : 126.
SCARLATTI, Domenico : 161, 167.
SCHOENBERG, Arnold : 223, 230, 242, 252, 257, 259, 271, 282, 283, 289.
SCHOLES, Percy : 108, *232*.
SCHUBERT, Franz : 199.
SCHUMANN, Robert : 7, 10, 180, 199, 200, 206, 211, **293**.
SCHUMANN, Clara : 198.
SCOTT, Cyril : *243*, 262.
SCRIABINE, Alexandre : 239.
SEARLE, Humphrey : *261*.
SEIBER, Mátyás : *259*, 289.
SELDEN : 103.
SENESINO : 163.
SÉVÈRE, Septime : 14.
SEYMOUR, Jane : 51.
SHADWELL : 140, 141.
SHAKESPEARE, William : 7, 46, 72, 74, 75, 84, 85, 89, 96, 98, 106, 107, 139, 140, 141, 170, 171, 173, 205, 237, 263, 267, 268, 273, 275, 277.
SHARP, Cecil : 216, 233.
SHAW, Bernard : 217, 219, 223, 224, 247.
SHELBYE, William : 45.
SHELLEY, Percy Bysshe : 213.
SHEPLY : 120.
SHEPPARD, John : 64, 65.

SHERIDAN, Richard : 259.
SHIELD, William : *187-188*.
SIBELIUS, Jean : 239, 256, 257, 269, 287.
SIDNEY, Philip : 72, 91.
SIMPSON, Christopher : 117.
SIMPSON, Thomas : 94.
SINGER, Malcom : *296-297*.
SINGLETON, John : 122.
SITWELL, Édith : 261, 267.
SITWELL, Osbert : 266, 267.
SITWELL, Sacheverell : 256, 266.
SLATER, Montagu : 274.
SMALLEY, Roger : *291-292*.
SMART, Henry : 192.
SMETHERGELL, William : 183.
SMITH, Adam : 164.
SMITH, Bernard, dit Father Smith : 120, 129.
SMITH, John Christian : 173.
SMYTH, Ethel : *227-228*, 268.
SMYTH, Major General : 227.
SOLTI, Georg : 8.
SOMERSET, duc de : 51.
SOMMERWELL, Arthur : 242.
SOUSTER, Tim : 292.
SOUTHWELL, William : 184.
SPENSER, Edmund : 72, 169, 249.
SPOHR, Ludwig : 196.
STALINE Joseph : 262.
STAMITZ, Johann : 179.
STANLEY, John : 33, 173.
STEINER, John : 197.
STERNDALE BENNETT, William : *199-200*.
STERNE, Laurence : 180.
STEVENS, Bernard : 264.
STOCKHAUSEN, Karlheinz : 260, 271, 281, 290, 291.
STONE Robert : 33.
STORACE, Nancy : 184.
STORACE, Stephen : *188*.
STRAUSS, Richard : 223, 247, 248.
STRAVINSKY, Igor : 230, 244, 256, 284.
STRINBERG, August : 225.

STROGERS, Nicolas : 95.
STRUTT, John : 189.
STUART, Jacques : 100.
STUART, Mary : 84, 89, 100.
STURGEON : 32.
SULLIVAN, Arthur : 9, 76, 172, *204-212*, 219, 275.
SWINBURNE, Algernon : 208.
SWYNFORD : 32.

TALLIS, Thomas : 44, 45, *58-64*, 109, 130, 148.
TASSE, Le : 165.
TAVERNER, John : 42, *44-45*, 62, 63, 282, 295.
TENNYSON, Alfred : 242.
TERAMO, Maître Zacharias de : 31.
THIERS, Adolphe : 229.
TIPPETT, Michael : 266, *268-271*, 273, 276.
THORNE, John : 45, 66.
TINCTORIS, Johannes : 26, 30, 36.
TIPTOFT, John comte de Worcester : 35.
TOMKINS, Thomas : 86, 96.
TOMKINS, Thomas II : 96.
TORELLI, Giuseppe : 166.
TRAHERNE : 263.
TRAVERS, John : 174.
TSÉ TOUNG, Mao : 292.
TUDOR, Henry : 40.
TUDWAY, Thomas : *130-131*.
TUNSTED, Simon : 17.
TURNER, William : 123.
TYE, Christopher : 44, 62, 63, 64, 65.
TYES : 32.
TYRWHITT-WILSON Gerald, baron Berners : *244*.

URFEY, d' : 141.

VALENTINE, John : 183.
VARESE, Edgar : 284.
VAUGHAN WILLIAMS, Ralph : 62, 229, 230, 233, *234-237*, 238,

INDEX

249, 252, 253, 255, 256, 261, 265, 266.
VERDELOT, Philippe : 49.
VERDI, Giuseppe : 196.
VERLAINE, Paul : 143, 273.
VICTORIA, reine : 28, 196, 202, 214, 220, 227, 229.
VICTORIA, Tomas Luis de : 71.
VILLIERS STANDFORD, Charles : 113, *217-218*, 219, 237, 241, 246, 250, 251, 253, 255.
VINCENTIO, Seignor : 126.
VINCI, Léonard de : 36.
VIOTTI, Giovanni Batista : 179.
VIRGILE : 273.
VIVALDI, Antonio : 163.
VOGELSANG, Andreas : 91.

WAGNER, Richard : 8, 180, 196, 200, 216, 221, 226, 227, 230, 247, 248.
WAINWRIGHT, Robert : 184.
WAKEFIELD, Mary : 214.
WALFORD DAVIES, Henry : *232*.
WALKER : 39, 53, 198.
WALLACE, Élisabeth : 203.
WALLACE, William Vincent : *203*.
WALPOLE, Horace : 154, 177.
WALSH, John : 147.
WALTER, Bruno : 228.
WALTHER, Johann Gottfried : 157.
WALTON, William : *266-268*, 276.
WARD, John : 98.
WARD, Thomas : 225.
WARLOCK, Peter : *249-250*, 251, 256, 266.
WARWICK, duc de Northumberland : 51.
WARWICK, Thomas : 95.
WEARMOUTH, abbé de : 16.
WEBB, John : 111.
WEBER, Carl Maria von : 8, 180, 195, 196, 201.
WEBERN, Anton von : 230, 242, 261, 271, 283, 284.
WEBSTER, John : 89.

WEDGWOOD, Josiah : 234.
WEELKES, Thomas : 77, 87.
WEILL, Kurt : 156.
WEIR, Judith : 297.
WEISSENBURG von BISWANG, Henricus : V. ALBICASTRO, Heinrich.
WELDON, John : 125, 146, 169.
WELLESLEY Garrett, comte de Mornington : 185.
WELLESZ, Egon : 293.
WELLS, Herbert George : 252.
WESLEY, Charles : 184, 185.
WESLEY, Révérend John : 181.
WESLEY, Samuel : *182-183*, 185, 193.
WESLEY, Samuel Sebastian : *193*.
WESTRUP, Sir Jack Allan : 39, 144, 198.
WHARTON, duc de : 164.
WHISTLER, James Abbott McNeill : 208.
WHITE, Robert : 64.
WHITMAN, Walt : 226, 238.
WHYTHORNE, Thomas : 94, *96-97*.
WIECK, Friedrich : 198.
WILBIE, John : V. WILBYE, John.
WILBYE, John (Wilbie) : 77, 92, 96.
WILDE Oscar : 208.
WILDER, Philip van : 49, 81.
WILFRID, de Ripon : 16.
WILLIAM, Sir : 124.
WILLIAMSON, Malcolm : 285.
WILSON, John : 112, 117.
WINCHECUMBE, William de : 20.
WINCHESTER, Maklebite de : 20.
WINTON, W. de : 20.
WISE, Michael : 129, 130, 133.
WITTGENSTEIN Ludwig : 260.
WONG, Anna Mary : 256.
WOOD, Anthony : 115.
WOOD, Charles : 269.
WOOD, Henry : 131, 214, 226, 231.
WODDCOCK, Robert : 147.

WOODSWORTH, William : 263.
WOOLF, Virginia : 228.
WOLSLEY, cardinal : 44, 45, 48.
WREN, Christopher : 124, 125, 133.
WRIGHT, Thomas : 184.
WYATT, Sir Thomas : 48.

XÉNAKIS, Iannis : 230.

YATES HURLSTONE, William : 233.
YONGE : 71, 77.
YOUNG, Cecilia : 171.

ZARLINO, Gioseffo : 56, 57.
ZACHOW, Friedrich : 145.

Table des matières

Avant-propos : le mur de l'Atlantique .. 7

I   Britannia, Angelcynn, Englaland *(la musique de l'Angleterre médievale)* 12

II   La contenance angloise *(le siècle de Dunstable)* 26

III   Le Camp du Drap d'Or *(la musique des premiers Tudor)* 38

IV   Une liturgie à refaire *(les conséquences musicales de la Réforme)* 50

V   Shakespeare & Cie *(l'âge d'or élizabéthain)* 68

VI   Diabolus in organum *(la musique sous les Stuart et pendant la guerre civile)* 102

VII   Les plaisirs de Samuel Pepys *(les musiciens de la Restauration)* 120

VIII   The Fairy King *(Henry Purcell)* 136

IX	L'irrésistible ascension de George Frederic *(Handel et l'Angleterre)*	145
X	L'heureux commerce de ses semblables *(les contemporains anglais de Handel)*	160
XI	Les voyages du Docteur Burney *(l'âge classique)*	175
XII	La musique adoucit les mœurs *(la musique au temps de la révolution industrielle)*	189
XIII	« Une soirée au Savoy » *(la « comédie musicale »)*	204
XIV	Le violon de Sherlock Holmes *(Elgar, le « renouveau » de la musique anglaise)*	213
XV	Suite anglaise *(les héritiers d'Elgar)*	229
XVI	Let's make an opera *(la génération de Benjamin Britten)*	255
XVII	Le tunnel sous la Manche *(la musique anglaise aujourd'hui)*	280
	Annexes : Chronologie générale	300
	Chronologie des événements musicaux	306
	Chronologie des rois d'Angleterre	312
	Éléments de bibliographie	315
	Index	317

Achevé d'imprimer en octobre 1992
sur les presses de l'Imprimerie Carlo Descamps
59163 Condé-sur-l'Escaut

ISBN 2-213-02997-0
35.56.8939.01.7
Dépôt légal : novembre 1992
N° d'éditeur : 1002
N° d'imprimeur : 7693

Imprimé en France

35-8939-7